イギリスにおけるインクルーシブ教育政策の歴史的展開

水 野 和 代 著

風 間 書 房

目　　次

第 1 部　研究の課題と方法 …………………………………………… 1
序章　研究の課題と方法 ……………………………………………… 3
　第 1 節　研究課題の背景と分析の視点 ………………………………… 3
　第 2 節　研究の対象および研究の方法 ………………………………… 10
　第 3 節　本研究の構成 …………………………………………………… 11

第 1 章　先行研究の分析 ……………………………………………… 21
　第 1 節　障害児教育政策論の先行研究 ………………………………… 21
　　第 1 項　ノーマリゼーション原理（The Principle of Normalization）………… 21
　　第 2 項　インテグレーション概念（The Concept of Integration）・統合教育
　　　　　　（Integrated Education）………………………………………………… 27
　　第 3 項　インクルージョン（Inclusion）……………………………………… 32
　　第 4 項　インクルーシブ教育（Inclusive Education）………………………… 35
　第 2 節　イギリスの障害児教育政策・インクルーシブ教育政策の先行
　　　　　研究 ……………………………………………………………… 40
　第 3 節　日本の障害児教育政策・特別支援教育政策・インクルーシブ
　　　　　教育政策の先行研究 …………………………………………… 47

第 2 部　インクルーシブ教育に至る障害児教育政策論の
　　　　　歴史的展開 ……………………………………………………… 59
第 2 章　インクルーシブ教育の源流──ノーマリゼーション原理── …… 61
　第 1 節　「ノーマリゼーション」の言葉の起源 ……………………… 61
　第 2 節　ノーマリゼーション原理の歴史的展開 ……………………… 62

第3節　北欧型と北米型のノーマリゼーション原理 ………………… 67
　第4節　ノーマリゼーション原理の世界的な展開 …………………… 71
　第5節　イギリスにおけるノーマリゼーション原理 ………………… 72
　第6節　日本における「Normalization」……………………………… 75
　第7節　ノーマリゼーション原理の本来の意味と課題 ……………… 78

第3章　ノーマリゼーション原理からインテグレーション概念・
　　　　統合教育への発展過程 ………………………………………… 87
　第1節　インテグレーション概念・統合教育の歴史的展開 ………… 87
　第2節　イギリスにおけるインテグレーション概念・統合教育の歴史
　　　　　的展開 ……………………………………………………………… 90
　第3節　日本におけるインテグレーション概念・統合教育の歴史的
　　　　　展開 ………………………………………………………………… 95
　第4節　インテグレーション概念・統合教育の本来の意味 ………… 98
　第5節　インテグレーション概念・統合教育の課題 ………………… 101

第4章　インクルーシブ教育の歴史的展開 ……………………………… 107
　第1節　インクルージョンとは何か──ソーシャル・エクスクルージョン
　　　　　からソーシャル・インクルージョンへ── …………………… 107
　第2節　EUの政策におけるインクルージョン ……………………… 108
　第3節　イギリスの政策におけるインクルージョン ………………… 112
　第4節　障害児教育政策におけるインクルージョン ………………… 113
　第5節　インクルーシブ教育の概念規定──「プロセスとしてのインク
　　　　　ルージョン」と「フル・インクルージョン」── …………… 115
　第6節　インクルーシブ教育の世界的な動向 ………………………… 119
　第7節　インクルーシブ教育の本来の意味と課題 …………………… 123

第3部　イギリスにおけるインクルーシブ教育政策の歴史的展開 …………………………………………………………………… 133

第5章　戦前・戦後のイギリスにおける障害児教育の発展過程 …… 135
- 第1節　障害児に対する組織的教育の成立 ………………………… 135
- 第2節　障害児公教育制度成立への歴史的展開 …………………… 138
- 第3節　「1944年教育法（Education Act 1944）」成立の背景 …………… 147
- 第4節　「1944年教育法」の特徴——障害カテゴリーの拡大—— ………… 149
- 第5節　「1944年教育法」の課題 …………………………………… 151
- 第6節　「1970年教育（障害児）法（Education（Handicapped Children）Act 1970）」——全員就学へ—— ………………………… 154

第6章　「ウォーノック報告」にみるインクルーシブ教育への萌芽 ………………………………………………………………… 161
- 第1節　「ウォーノック報告」成立の背景 ………………………… 161
- 第2節　「ウォーノック報告」の特徴 ……………………………… 163
- 第3節　「1981年教育法（Education Act 1981）」成立の背景 ………… 169
- 第4節　「1981年教育法」の特徴——統合教育の明示—— ……………… 171
- 第5節　「ウォーノック報告」・「1981年教育法」の成果 …………… 172
- 第6節　「ホール・スクール・アプローチ（Whole School Approach）」の登場 ……………………………………………… 175
- 第7節　「1981年教育法」施行後の残された課題 ………………… 177

第7章　インクルーシブ教育の実現過程 …………………………… 181
- 第1節　「1988年教育改革法（Education Reform Act 1988）」成立の背景 … 181
- 第2節　「1988年教育改革法」の特徴——市場原理の導入—— ………… 183
- 第3節　「1988年教育改革法」が特別な教育的ニーズのある子どもに与えた影響 ……………………………………………… 186

第4節 「1993年教育法（Education Act 1993）」成立の背景 ………… 190
第5節 「1993年教育法」・「実施要綱（Code of Practice）」の特徴 …… 196
第6節 「1993年教育法」・「実施要綱」の成果と課題 ……………… 199
第7節 「1995年障害者差別禁止法（Disability Discrimination Act 1995: DDA）」──障害者差別の撤廃── ……………………………… 201

第8章 インクルーシブ教育の原則採用 ……………………………… 207
第1節 白書『学校における卓越さ（Excellence in Schools）』 ……… 207
第2節 緑書『全ての子どもに卓越さを：特別な教育的ニーズへの対応（Excellence for All Children: Meeting Special Educational Needs）』 …………………………………………………………… 212
第3節 インクルーシブ教育の推進 …………………………………… 215
第4節 エックスクルージョンからインクルージョンへ …………… 217
第5節 「特別な教育的ニーズへの対応：行動計画（Meeting Special Educational Needs: A Programme of Action）」 ………………… 219
第6節 「2001年特別な教育的ニーズおよび障害法（Special Educational Needs and Disability Act 2001）」 ……………………………… 221
第7節 「特別な教育的ニーズ実施要綱（Special Educational Needs -Code of Practice-）」──「実施要綱」の改訂── ……………… 224

第9章 近年のイギリスにおけるインクルーシブ教育政策の展開 … 229
第1節 緑書『全ての子どもが大切だ（Every Child Matters）』 …… 229
第2節 「2004年子ども法（Children Act 2004）」──子どもの権利強化── …………………………………………………………… 235
第3節 緑書『全ての子どもが大切だ：子どものための変革（Every Child Matters: Change for Children）』 ……………………… 238
第4節 「子どもと学習者のための五ヶ年計画（Five Year Strategy for

　　　　　　　Children and Learners)」………………………………… 243
　第5節　「特別な教育的ニーズ（SEN）」に関する議論 ……………… 245
　第6節　特別な教育的ニーズの再検討 ………………………………… 250
　第7節　緑書『支援と大志：特別な教育的ニーズと障害への新たな
　　　　　アプローチ（Support and Aspiration: A New Approach to Special
　　　　　Educational Needs and Disability）』……………………………… 257
　第8節　「2014年子ども・家族法（Children and Families Act 2014）」・
　　　　　「特別な教育的ニーズと障害に関する実施要綱：誕生から
　　　　　25歳まで（Special Educational Needs and Disability Code of
　　　　　Practice: 0 to 25 years）」………………………………………… 265

第10章　イギリスにおけるインクルーシブ教育の成果と課題 ……… 273
　第1節　イーストサセックス州・小学校訪問調査の背景と目的 ……… 273
　第2節　調査対象と調査方法 …………………………………………… 275
　　第1項　データ ………………………………………………………… 275
　　第2項　調査方法 ……………………………………………………… 277
　第3節　分析結果 ………………………………………………………… 283
　第4節　考察 ……………………………………………………………… 296
　補完資料 …………………………………………………………………… 303

第4部　総括 ……………………………………………………………… 317
終章　本研究の総括 ……………………………………………………… 319
　第1節　障害児教育政策論の歴史的展開の総括 ……………………… 319
　第2節　イギリスにおけるインクルーシブ教育政策の歴史的展開の
　　　　　総括 …………………………………………………………… 322
　第3節　日本への示唆 …………………………………………………… 327
　第4節　今後の研究課題 ………………………………………………… 339

参考資料「イギリス障害児教育・インクルーシブ教育史年表」………… 341
参考文献 ……………………………………………………………… 355
謝辞 …………………………………………………………………… 371

第 1 部　研究の課題と方法

序章　研究の課題と方法

第1節　研究課題の背景と分析の視点

　世界的に見て、近代以前、障害児は収容や保護の対象であり、教育を受ける対象とは見なされてこなかったといえる（小宮山，1974）。公教育制度が確立していく中で、ようやく教育の対象とされたが、障害児に対する教育は、義務教育に組み込まれてからも一貫して通常教育とは別の枠組みとして位置づけられ、処遇されてきたのである（木村，2009）。近年、時代の変化に対応して、こうした枠組みを転換しようとする動きが活発となり、インクルーシブ教育（Inclusive Education）の展開という新しい動向が、世界の障害児教育政策の潮流となっている。

　イギリス[1]では、インクルーシブ教育の基盤といえる「障害児（者）教育調査委員会報告書（Report of the Committee of Enquiry into the Education of Handicapped Children and Young People, Cm. 7212）」（以下、「ウォーノック報告」）[2]が1978年に発表されている。その精神は1994年、ユネスコ（UNESCO）とスペイン政府の共催の「特別なニーズ教育に関する世界大会（World Conference on Special Needs Education）」において採択された「特別なニーズ教育における原則、政策、実践に関するサラマンカ声明ならびに行動大綱（The Salamanca Statement on Principles, Policy and Practice in Special Needs Education and a Framework for Action）」（以下、「サラマンカ声明」）に引き継がれている。

　その根底にあるものはインクルージョンの原則であり、インクルーシブ教育の実現が提起されている。インクルーシブ教育は、子どもの差異を認め、

多様な「特別な教育的ニーズ（Special Educational Needs: SEN）」のある子ども達を学校教育に包摂する通常学校教育の改革である。「特別な教育的ニーズ」のある子どもとは、障害、言語・文化的な背景や貧困などの理由から、学習における困難さがある子どものことを指している[3]。

また、重要であるのは、学校教育から排除される傾向にある子ども達の教育を受ける権利や発達が保障される点である。「サラマンカ声明」は、従来の障害児教育と通常学校教育という分け方ではなく、子どもの特別な教育的ニーズに対応した教育的支援の保障を、子どもの権利として認めることを求めている。

イギリスでは、1997年ブレア労働党政権における緑書（Green Paper）[4]『全ての子どもに卓越さを：特別な教育的ニーズへの対応（Excellence for All Children: Meeting Special Educational Needs)』において、インクルーシブ教育政策の推進が明言され、「2001年特別な教育的ニーズおよび障害法（Special Educational Needs and Disability Act 2001)」で法制化されている。また、2007年3月にはインクルーシブ教育を提唱する「障害者の権利に関する条約」（以下、「障害者権利条約」）に署名し、2009年6月に批准している。

さらに、「特別な教育的ニーズ」という新概念が導入されて三十年以上が経過し、その見直しを図るため、教育省は2011年3月に緑書『支援と大志：特別な教育的ニーズと障害への新たなアプローチ（Support and Aspiration: A New Approach to Special Educational Needs and Disability)』を提出し、専門家、関係団体、学校関係者、親等の意見を集約した上で、2012年5月に緑書『進展と次なる一歩（Support and Aspiration: A New Approach to Special Educational Needs and Disability –Progress and Next Steps-)』を提出している。

この緑書は、2014年3月に制定された「子ども・家族法（Children Families Act 2014)」に繋がり、それに基づき2014年9月に「特別な教育的ニーズと障害に関する実施要綱：誕生から25歳まで（Special Educational Needs and Disability Code of Practice: 0 to 25 years)」が出されている。そして、インク

ルーシブ教育政策に関わる新制度 "Education, Health and Care Plan"（以下、「EHCプラン」）も開始されている。「EHCプラン」により、誕生から25歳までの特別な教育的ニーズや障害のある子ども・青年とその親は、教育・保健・ソーシャルケアの支援を一つのシステムとして横断的に受けることができるようになった。

　現在、イギリスにおけるインクルーシブ教育は、旧制度の見直しから新制度導入の段階に入り、教職員の育成や専門性の向上、財源の確保、カリキュラムの改革、関係機関との連携体制の構築など、様々な課題への対応を迫られている。

　他方、日本では、国際的な動向の影響を受け、2006年「学校教育法」改正時の審議でインクルージョンの国際的動向を踏まえるという附帯決議[5]がなされている（衆議院, 2006）。そして、2007年4月1日付で「特別支援教育の推進について」（文科初125）と題する通知が文部科学省から出され、特別支援教育がスタートしている。同年9月、日本政府は「障害者権利条約」に署名し、国内法の整備に着手した後、2014年1月にようやく批准している。今まさにインクルーシブ教育を国内でどのように整備していくのかを具体的に考えなければならない段階にある。

　しかし、現行の特別支援教育は、政府や文部科学省が部分的に切り取った形でインクルーシブ教育を解釈し、障害児のみを対象としたため、それ以外の特別な教育的ニーズのある生徒は「特別な教育的ニーズ」があっても、特別支援教育の対象とは見なされていないのである。また、通常学級にいる障害児が実際に適切な支援を受けているかといえばそうではなく、特別支援教育支援員[6]の配置についても地域格差が生じている（荒川, 2010）。

　そのため、現在も特別支援教育の網の目にかからず、支援を必要としている障害児や特別な教育的ニーズのある生徒は多数いるのである。つまり、日本の特別支援教育は、インクルーシブ教育に向けての基礎的環境整備が遅れており、イギリスの状況に比べて、発展途上にあるといえる。今後、どのよ

うにインクルーシブ教育を実現し、展開していくのか、さらなる研究が必要とされている。

以上述べてきたことを踏まえ、本研究は教育法・制度・政策の歴史研究に基づき、社会情勢によって、政府や教育を司る省庁などの政策主体がどのような課題を設定し、どのようなものを対象化してきたのかという視点で以下の研究課題を明らかにするものとする。

第一に、インクルージョンの理論およびインクルーシブ教育の概念規定などの先行研究を分析した結果、障害児教育政策論の原点であるノーマリゼーション原理から、インテグレーション概念・統合教育、インクルージョン・インクルーシブ教育に至る過程において、各々を個別に検討した先行研究は見られるが、一つの流れとして、その歴史的展開を分析した先行研究はほとんど見られなかった。

第1章で詳述するが、障害児教育政策論の研究としては、インクルージョンとは何であるかを分析したもの（Oppenheim, 1998; 清水, 2002; 吉原, 2005; 岩田, 2008; Liasidou, 2012）、インクルージョンとソーシャル・エックスクルージョン、貧困、EUの関係性について分析したもの（Percy-Smith, 2000; 中村, 2002; Bhalla & Lapeyre, 2004; 吉原, 2005; 福原, 2007; 岩田, 2008）などがある。また、インクルーシブ教育政策に特化した研究としては、概念規定に関するもの（Sebba & Sachdev, 1997; Booth, 1999; Ainscow, 1999; Mittler, 2002）などがある。

しかし、いずれの研究も、ノーマリゼーション原理からインクルージョン・インクルーシブ教育までの歴史的展開を社会情勢と共に分析・考察したものではない。それゆえ、本研究ではノーマリゼーション原理にまで遡り、いかなる歴史的展開の中でインクルーシブ教育の理論が構築され、世界の障害児教育政策の潮流となったのかを明らかにする。

第二に、先行研究には見られない新たな視点として、イギリスにおけるインクルーシブ教育政策の歴史的展開を障害児教育の成立期からインクルーシ

ブ教育政策に至るまで、社会情勢を踏まえながら、教育法の変遷を中心に分析・考察する。また、イギリスにおけるインクルーシブ教育政策の歴史的展開・教育実践の成果や課題、課題克服の経緯から示唆を導き出し、今後、日本においてどのようにインクルーシブ教育を実現させていくのか、何が必要であるのか、その方向性と在り方を明らかにする。

　第１章で詳述するが、イギリスにおけるインクルーシブ教育の研究動向は、実践研究が中心である。インクルーシブ教育を推進するための学校改革に関するもの（Ainscow, Booth & Dyson et al., 2006）、学校関係者向けの指針を示したもの（DCSF, 2008; Booth & Ainscow, 2011; Cheminais, 2015; Ekins, 2015）、効果的な教育実践について示したもの（Ainscow, 2011）、親との協同に関するもの（Beveridge, 1997）、親向けに指針を示したもの（Chitty & Dawson, 2012）などが見られる。

　歴史的展開を扱ったものにしても、障害児の義務教育の成立期から戦後までの歴史的展開を扱ったもの（Pritchard, 1963）や1980年代までのもの（Solity, 1992）などであり、扱っている期間が限定的であるといえる。リデルとブラウン（Riddell, S. & Brown, S.）は、「1980年代の初めまで、保健やソーシャルサービスの様な公共支出の他の主要な分野は、広く分析されていたにも関わらず、教育政策に関する文献はあまりなかった。」（Riddell & Brown, 1994: 3）と述べ、その背景には、1970年代後半まで、戦後の「1944年教育法」が、政治的、文化的、観念的な見地からも賛同を得ていたため、教育政策に関する文献が欠如していたことを指摘している。

　また、真城知己が述べている通り、「障害児教育史に関する研究はPritchard以降、イギリスにおいてもほとんどなされていない状態」（真城, 2010: 4）であると指摘できる。つまり、インクルーシブ教育の視点が欠けており、一連の流れを追った教育法・制度・政策の歴史研究が求められているのである。

　また、1978年にインクルーシブ教育の礎となる「ウォーノック報告」を発

表した際の委員長であるウォーノック（Warnock, M.）は、2005年に現行のインクルーシブ教育制度の課題を示した論文（Warnock, 2005）を発表している。ウォーノックは、「ウォーノック報告」から三十年以上経過した今、見直しの時期が来たとしてインクルーシブ教育制度の再検討を求めている。その背景には、「1981年教育法（Education Act 1981）」によって導入された付加的な予算措置の根拠となるステイトメント制度の曖昧さから混乱や批判が起こっていたことが挙げられる。

　ベバリッジ（Beveridge, S.）は、既に1993年にインクルーシブ教育における「特別な教育的ニーズ」の定義の曖昧さを指摘している（Beveridge, 1993）。また、ノーウィッチ（Norwich, B.）もウォーノックとは異なった視点から、インクルーシブ教育制度の見直しを求めた論文（Norwich, 2010）を発表している。ノーウィッチは、インクルーシブ教育政策や実践の課題について、徹底した研究が十分になされていないと指摘している。

　インクルーシブ教育制度の限界性を指摘した、これらの論文を受け、政府や教育省は検討を重ね、2014年から新たな制度である「EHCプラン」を導入している。現在のイギリスにおけるインクルーシブ教育は制度上の移行期にあり、「EHCプラン」が現場における実践に浸透するように、ガイドラインを示した様々な文献（Cheminais, 2015; Ekins, 2015; Briggs, 2016）が発表されている。

　イギリスのインクルーシブ教育は、現在、旧制度の限界を超えて、新制度を打ち出し、新たな段階に入ったといえる。イギリスにおける「特別な教育的ニーズ」という新概念が導入されて約三十年が経過した今、歴史的展開のみならず、課題克服の第一歩を踏み出すに至る経緯、課題解決の方法から、日本のインクルーシブ教育への示唆を導き出すという視点は、今までの先行研究には見られない、本研究の独自のものである。

　第三に、イギリス現地小学校において調査を実施し、どのようにインクルーシブ教育政策が実践に反映され、教員や親はその成果と課題をどのよう

に捉えているのかを明らかにする。

　先行研究では、政府報告書において、インクルーシブ教育が子どもの達成に与える影響を調査したもの（DfES, 2004）がある。しかしながら、実際にイギリスの現地小学校において、政策がどのように実践に反映されているかという視点に基づき設問を設定し、「特別な教育的ニーズコーディネーター（Special Educational Needs Coordinator）」（以下、SENCO）や特別な教育的ニーズのある生徒の親に対して、質問紙調査・訪問調査を行った研究の蓄積はまだ十分ではないといえる。

　また、実際の実践現場におけるインクルーシブ教育政策の反映性と関与者の評価を調査することは、イギリスだけではなく、インクルーシブ教育に向かっている日本にとって、特に必要なものである。

　従って、本研究では、SENCOや特別な教育的ニーズのある生徒の親にインクルーシブ教育政策の実施に関わる調査を行い、その結果から、インクルーシブ教育実践の成果と課題の傾向を提示する。そして、インクルーシブ教育の先駆的な役割を果たしているイギリスの実態から、今、まさにインクルーシブ教育に向かおうとしている日本に対して、どのような示唆が与えられるか考察したいと考える。

　社会的や文化的な背景の違いから、イギリスの制度・政策をそのまま模倣することはできないが、イギリスのインクルーシブ教育政策の在り方を一つの規範としてみることは可能であると考える。特に、イギリスのインクルーシブ教育政策の発展の先進性とその課題克服の経緯から、インクルーシブ教育に取り組んでいく日本が学ぶべき点は非常に多いと考えられる。

　また、インクルーシブ教育から生起した問題に対する過去のイギリスでの対応策を分析していくと、その結果として、日本での対応策を検討する上で有益な示唆が得られると考える。その意味で、本研究は日本における今後のインクルーシブ教育政策の構築・推進に寄与するものであり、そこに意義があると考える。

第2節　研究の対象および研究の方法

　本研究では、以下の理由から、主たる研究の対象としてイギリスにおけるインクルーシブ教育政策を取り上げる[7]。対象期間は、イギリスにおける障害児教育の成立期から2015年までとする。なお、日本の現状については、終章にて取り上げる。

　第一に、インクルーシブ教育の発祥の地はイギリスを中心とした欧州であり、日本は端緒に就いたばかりである。そこで、先駆的なイギリスの歴史的展開を分析・考察することで、より多角的な視点からインクルーシブ教育政策の在り方を明らかにする。

　第二に、日本の特別支援教育は、イギリスで生まれた概念である「特別な教育的ニーズ (SEN)」をモデルとしており、2003年、文部科学省は『今後の特別支援教育の在り方について（最終報告）』において、「障害のある児童生徒一人一人の教育的ニーズ」（文部科学省，2003）という文言を用いている。さらに、特別支援教育は、イギリスの学校において特別な教育的ニーズのある生徒やその親の支援に当たるSENCOの制度を「特別支援教育コーディネーター」として導入している。日本がイギリスを手本にしながら、制度・政策を構築していることは明らかであり、その点からもイギリスのインクルーシブ教育政策に関する詳細な研究が必要とされているといえる。

　第三に、イギリスは、障害児（者）、学校教育、子どもを含めた家族に関する公的財政支出が日本に比べて多く、多様な取り組みがなされている。とりわけ、イギリスは障害児（者）への公的支出が日本に比べて約六倍であり、現金給付だけではなく、多様なサービスを受けることが可能である[8]。その点からも、イギリスを研究対象にすることで多様な示唆が得られると考える。

　また、事例研究においては、以下の理由から、イギリスの初等教育（小学

校)を扱う。

　第一に、障害児は早期発見・早期支援が重要であり、義務教育の入り口であり、在籍年限の長い小学校における教育実践に関する研究が必要である[9]。また、イギリスの小学校では、積極的にインクルーシブ教育実践の取り組みがなされており、その実践は示唆に富むと考えられるからである。

　第二に、障害児は継続的な支援と社会福祉機関などと連携を取る横断的な支援が重要であり、特にその部分の研究が必要とされている[10]。イギリスの小学校における教育実践およびソーシャルサービス機関との連携・継続的な支援の在り方を明らかにすることで、日本への示唆を導き出したい。

　研究の方法は、障害児教育政策論の歴史的展開、イギリスのインクルーシブ教育政策の歴史的展開を、社会情勢を踏まえた上で、一連の教育法・法律制定に関わる報告書などの資料、文献から分析する。研究に用いる資料および文献は、イギリスの教育法・報告書・政府刊行物、イギリスと日本におけるインクルーシブ教育政策に関する書籍、論文や調査報告書、その他、民間団体による刊行物および電子メディアの情報などである。

　また、インクルーシブ教育政策が教育実践にどのように反映されているかを把握するために、本研究は現地調査を行う。まず、2014年9月から12月にかけて、イギリス現地小学校のSENCOおよび特別な教育的ニーズのある生徒の親への質問紙調査を行い、その回答を基に、さらに2015年7月に現地小学校において、訪問調査(授業見学・インタビュー調査・観察)を実施する。同様に、2015年7月にソーシャルサービス機関において、訪問調査(インタビュー調査)を行う。

第3節　本研究の構成

　本研究の構成は、以下の通りである。
　まず、第1部第1章では、外国文献を積極的に用いて、先行研究の分析を

し、本研究における研究課題を明示する。

　第2部では、ノーマリゼーション原理からインクルージョン・インクルーシブ教育に至る障害児教育政策論の歴史的展開を分析・考察する。また、その発展過程におけるインクルーシブ教育の位置づけを明らかにする。

　第2章は、障害児教育政策論の原点であるノーマリゼーション原理の歴史的展開を分析・考察し、ノーマリゼーション原理が何であるのか、なぜ生まれたのかを明らかにする。また、北欧型・北米型のノーマリゼーション原理、ノーマリゼーション原理の世界的な展開、イギリスと日本におけるノーマリゼーション原理の歴史的展開についても分析・考察する。そして、その結果から、ノーマリゼーション原理の本来の意味と課題を導き出す。なお、第2章は、筆者の2013年の発表論文[11]を加筆修正したものである。

　第3章は、インテグレーション概念・統合教育の歴史的展開を分析・考察し、ノーマリゼーション原理との関係性を明らかにする。また、イギリスと日本におけるインテグレーション概念・統合教育の歴史的展開についても分析・考察し、インテグレーション概念・統合教育の本来の意味と課題を導き出す。

　第4章において、インクルーシブ教育の理論がどのように構築され、世界の障害児教育政策の潮流となったのかを明らかにする。そのために、インクルージョンとは何であるか、EUの政策におけるインクルージョン、イギリスの政策におけるインクルージョン、障害児教育政策におけるインクルージョンをその歴史的展開と共に、分析・考察する。また、インクルーシブ教育の代表的な二つの概念規定である「プロセスとしてのインクルージョン」と「フル・インクルージョン」、インクルーシブ教育の世界的な動向についても分析・考察する。そして、その結果から、インクルーシブ教育の本来の意味と課題を提示する。なお、第4章は、筆者の2012年の発表論文[12]を加筆修正したものである。

　第3部では、イギリスにおけるインクルーシブ教育政策の歴史的展開を、

社会情勢を踏まえながら、教育法の変遷を中心に分析・考察する。また、イギリスにおけるインクルーシブ教育政策の歴史的展開・教育実践の成果や課題、課題克服の経緯から示唆を導き出す。

第5章では、戦前から戦後までのイギリスにおける障害児教育政策の歴史的展開を分析・考察し、障害児公教育制度の成立過程にどのような社会情勢が影響を与えたかを明らかにする。また、戦後のイギリスにおける障害児教育の象徴である「1944年教育法（Education Act 1944）」の成立の背景を踏まえた上で、特徴の分析および課題を提示し、全員就学を可能とした「1970年教育（障害児）法（Education (Handicapped Children) Act 1970)」への展開を明らかにする。

第6章では、全員就学が可能になり、どの医学的な障害カテゴリーにも属さないが、学習に困難のある生徒の存在が明らかになったことを契機に、それがどのようにインクルーシブ教育の原点である「ウォーノック報告」、「1981年教育法」に繋がっていったのかを、各々の成立の背景、特徴と共に整理する。その中で、新たな概念として導入された「特別な教育的ニーズ」とは何であるのかを明らかにする。さらに、1980年代に登場した、学校全体で子どもを支える理論である「ホール・スクール・アプローチ（Whole School Approach)」の内容について検討する。そして、「ウォーノック報告」、「1981年教育法」の分析・考察を通して浮かび上がった「1981年教育法」施行後の残された課題を提示する。

第7章では、サッチャー保守党政権による「1988年教育改革法（Education Reform Act 1988)」の成立の背景とその特徴を分析・考察し、市場原理を教育政策に導入することによる特別な教育的ニーズのある子どもへの影響を検討する。また、それに続く「1993年教育法（Education Act 1993)」の成立の背景とその特徴、「1993年教育法」と「実施要綱」の成果と課題を提示し、それらがインクルーシブ教育政策の実現過程にどのような影響を与えたのかを整理・分析する。同様に、「1995年障害者差別禁止法（Disability Discrimination Act 1995: DDA)」がインクルーシブ教育政策の実現過程に与えた影響についても検討する。

第8章では、ブレア労働党政権による、インクルーシブ教育の原則採用に至る過程を分析・考察し、なぜインクルーシブ教育が実現するに至ったのかを明らかにする。そのために、白書（White Paper）[13]『学校における卓越さ（Excellence in Schools）』と緑書『全ての子どもに卓越さを：特別な教育的ニーズへの対応』の発表の背景とその特徴について分析・考察する。さらに、特別な教育的ニーズの具体策を示した『特別な教育的ニーズへの対応：行動計画（Meeting Special Educational Needs: A Programme of Action)』、2001年に制定された「特別な教育的ニーズおよび障害法（Special Educational Needs and Disability Act 2001)」とそれにともなって改正された「特別な教育的ニーズ実施要綱（Special Educational Needs –Code of Practice-)」の内容を整理・分析する。

第9章では、近年のイギリスにおけるインクルーシブ教育政策の展開について検討する。イギリスのインクルーシブ教育は、現在、旧制度の限界を超えて、新制度を打ち出し、新たな段階に入ったといえる。その経緯を明らかにするために、緑書『全ての子どもが大切だ（Every Child Matters）』など、2000年以降の政策文書や法律の内容を分析・考察し、その過程における「特別な教育的ニーズ（SEN）」に関する議論、特別な教育的ニーズの再検討の段階を整理・分析する。そして、2014年に「子ども・家族法（Children and Families Act 2014)」、「特別な教育的ニーズと障害に関する実施要綱：誕生から25歳まで（Special Educational Needs and Disability Code of Practice: 0 to 25 years)」が発表され、従来のステイトメント制度に変わり、新たな制度である「EHCプラン」が導入されたことを明らかにした上で、課題克服の第一歩を踏み出すに至る経緯、課題解決の方法を分析・考察する。

第10章では、第9章までの分析結果を受け、インクルーシブ教育政策が実践にどのように反映されているのかを把握するために、イギリス現地小学校

において訪問調査を実施し、その成果と課題を明らかにする。

　まず、イーストサセックス州の現地小学校におけるSENCOおよび特別な教育的ニーズのある生徒の親に対して質問紙調査を実施し、その結果を踏まえて、訪問調査（授業見学・インタビュー調査・観察）を行う。さらに、ソーシャルサービス機関においても訪問調査（インタビュー調査）を実施し、その結果もあわせてインクルーシブ教育政策の実践への反映性と関与者の評価を分析・考察する。その上で、日本への示唆を導き出す。

　第４部総括の終章では、インクルーシブ教育政策に至る障害児教育政策論の歴史的展開、およびイギリスにおけるインクルーシブ教育政策の歴史的展開・インクルーシブ教育実践の総括をする。そして、そこから日本への示唆を導き出し、日本におけるインクルーシブ教育の実現に向けて何が必要であるのかを総合的に考察し、本研究を総括する。さらに、今後の研究課題を提示したいと考える。

　なお、参考資料として、イギリス障害児教育・インクルーシブ教育の歴史的展開の流れを把握するために、「イギリス障害児教育・インクルーシブ教育史年表」を添付している。

注
1）本研究でイギリスという場合は、主としてイングランドを指している。
2）「障害児（者）教育調査委員会報告書」は、メアリー・ウォーノック（Warnock, M.）委員長の名前を取り、「ウォーノック報告（Warnock Report）」と呼ばれている。本研究では、「ウォーノック報告」として表記する。
3）・「1996年教育法（Education Act 1996）」の第312条では、「特別な教育的ニーズ」を以下の通り、規定している。
　　「(1)特別な教育的支援を必要とする学習の困難さがある場合、その子どもは「特別な教育的ニーズ」があるとする。
　　(2)「特別な教育的ニーズ」がある子どもとは、
　　　(a)同年齢の大部分の子どもと比べて、学習に重大な困難さがある場合、
　　　(b)地方当局内の学校の同年齢の子どもに通常与えられている教育的施設の利用

　　　　を妨げるような障害がある場合、
　　(c)義務教育年齢以下で、上記の内容に該当する場合、もしくは、特別な教育的支援がなければ、上記の状態に陥ってしまう場合、である。」

DfEE（1996）Education Act 1996.

・2015年1月に発表された学校調査によると、イギリスの小・中学校の生徒の内、15.4％（1,301,445名）が「特別な教育的ニーズ」があるとされている。また、2.8％（236,165名）の生徒がステイトメント（EHCプラン）を持っている。（DfE, 2015）

4）緑書とは、政府がある政策を提案し、国民の討論や協議のために公表する文書である。

5）「学校教育法等の一部を改正する法律案に対する附帯決議」では、「二　障害者基本法に基づき、また、国際的な障害者施策の潮流であるノーマライゼーションやインクルージョンの理念を踏まえつつ、障害のある子ども達が、生涯にわたって健康で文化的な生活を営むためにも、障害のない子どもとの交流及び共同学習が一層推進されるように努めること。」といわれている。

6）「特別支援教育支援員は、発達障害を含む様々な障害のある児童生徒に対する学校生活上の介助や学習活動上の支援などを行う。」
文部科学省「特別支援教育支援員の配置状況及び地方財政措置（平成20年度）について」
(http://www.mext.go.jp/a_menu/shotou/tokubetu/main/005.htm, 2016. 9. 27)

7）本研究第2部の「インクルーシブ教育に至る障害児教育政策論の歴史的展開」においては、イギリスだけではなく、北欧、日本についても取り上げる。

8）2009年OECDの調査によると、GDP（国内総生産）に対する障害者関係の公的支出比率は2.4％（英国全体）、それに対して、日本は0.4％であり、日本はOECD加盟国平均である1.3％に達していない（OECD, 2009）。また、2011年OECDの調査によると、GDPに対する教育機関（初等・前期中等教育）への公的支出比率は、3.7％（英国全体）、それに対して、日本は2.1％であり、日本はOECD加盟国平均である2.5％に達していない（OECD, 2014）。さらに、2011年のOECDの調査によると、GDPに対する家族給付への公的支出比率は、4.26％（英国全体）、それに対して、日本は1.74％であり、日本はOECD加盟国平均である2.55％に達していない（OECD, 2011）。つまり、イギリスは日本と比較して、障害児（者）個人への給付だけではなく、学校教育費および家族全体への公的支出も多く、家族全体を支える仕組みがあるといえる。

9）文部科学省（2007）「特別支援教育の推進について」（文科初125）の中で、「特に

幼稚園、小学校においては、発達障害等の障害は早期発見・早期支援が重要であることに留意し、実態把握や必要な支援を着実に行うこと。」といわれている。
10) 文部科学省（2007）前掲通知の中で、「各学校及び各教育委員会等は、必要に応じ、発達障害者支援センター、児童相談所、保健センター、ハローワーク等、福祉、医療、保健、労働関係機関との連携を図ること。」といわれている。
11) 水野和代（2013）「ノーマリゼーション原理に関する一考察─その起源と本質的把握の試み─」『人間文化研究』19、名古屋市立大学大学院人間文化研究科、pp.63-77
12) 水野和代（2012）「インクルーシブ教育の理論および起源に関する研究─1970年代以降のイギリスを中心に─」『人間文化研究』18、名古屋市立大学大学院人間文化研究科、pp.39-53
13) 白書とは、経済や産業などの現状や将来の政策を知らせるため、政府が発行する公式の調査報告書である。

文献

・Ainscow, M.（1999）*Understanding the Development of Inclusive School*, Falmer Press.
・Ainscow, M.（2011）'Some Lessons From International Efforts to Foster Inclusive Education', *Innovacion Educativa* n.21.
・Ainscow, M., Booth, T. & Dyson, A. et al.（2006）*Improving Schools, Developing Inclusion*, Routledge.
・荒川智（2010）『障害のある子どもの教育改革提言─インクルーシブな学校づくり・地域づくり─』全国障害者問題研究会出版部、p.67
・Beveridge, S.（1993）*Special Educational Needs in Schools*, Routledge.
・Beveridge, S.（1997）'Implementing Partnership with Parents in Schools', In Wolfendale, S.（ed.）, *Working with Parents of SEN Children After the Code of Practice*, David Fulton Publishers.
・Bhalla, A. S. & Lapeyre, F.（2004）*Poverty and Exclusion in a Global World - Second Revised Edition-*, Palgrave Macmillan.
・Booth, T.（1999）'Inclusion and Exclusion Policy in England: Who Controls the Agenda?', In Armstrong, D. et al.（eds）, *Inclusive Education: Contexts and Comparative Persectives*, David Fulton Publishers, pp.78-98.
・Booth, T. & Ainscow, M.（2011）*Index for Inclusion: Developing Learning and*

- *Participation in Schools*, Centre for Studies on Inclusive Education.
- Briggs, S. (2016) *Meeting Special Educational Needs in Primary Classrooms – Inclusion and How to Do it–*, Routledge.
- Cheminais, R. (2015) *Rita Cheminais' Handbook for SENCOs 2nd Edition*, SAGE.
- Chitty, A. & Dawson, V. (2012) *Special Educational Needs –A Parent's Guide–*, Need2know.
- Department for Children, Schools and Families (DCSF) (2008) *Designing for Disabled Children and Children with Special Educational Needs –Guidance for Mainstream and Special Schools–*, TSO.
- Department for Education (DfE) (2015) *Statistical First Release –Special Educational Needs in England: January 2015 –*, DfE.
  (https://www.gov.uk/government/statistics/special-educational-needs-in-england-january-2015, 2016. 9. 27)
- Department for Education and Employment (DfEE) (1996) *Education Act 1996*, The Stationery Office.
- Department for Education and Skills (DfES) (University of Manchester & University of Newcastle) (2004) *Inclusion and Pupil Achievement*, DfES Publications.
- Ekins, A. (2015) *The Changing Face of Special Educational Needs –Impact and Implications for SENCOs, Teachers and Their Schools– Second Edition*, Routledge.
- 福原宏幸編著（2007）『社会的排除／包摂と社会政策』法律文化社
- 岩田正美（2008）『社会的排除―参加の欠如・不確かな帰属』有斐閣
- 木村元（2009）「第10章 共生の教育 unit 28 特別ニーズ教育／インクルーシブ教育」木村元・小玉重夫・船橋一男『教育学をつかむ』有斐閣、p.241
- 小宮山倭（1974）「序章 心身障害者処遇の変遷―"虐待"から"教育を受ける権利"まで―」梅根悟監修『世界教育史大系33 障害児教育史』講談社、pp.13-17
- Liasidou, A. (2012) *Inclusive Education, Politics and Policymaking*, Continuum.
- Mittler, P. (2002) *Working Towards Inclusive Education: Social Contexts*, Routledge.
- 水野和代（2012）「インクルーシブ教育の理論および起源に関する研究―1970年代以降のイギリスを中心に―」『人間文化研究』18、名古屋市立大学大学院人間文化研究科

・水野和代（2013）「ノーマリゼーション原理に関する一考察—その起源と本質的把握の試み—」『人間文化研究』19、名古屋市立大学大学院人間文化研究科
・文部科学省（2003）『今後の特別支援教育の在り方について（最終報告）』
（http://www.mext.go.jp/b_menu/shingi/chousa/shotou/054/shiryo/attach/1361204.htm, 2016. 9. 27）
・中村健吾（2002）「EU における『社会的排除』への取り組み」『海外社会保障研究』141、国立社会保障・人口問題研究所
・Norwich, B. (2010) 'A Response to 'Special Educational Needs: A New Look", In Terzi, L. (ed.), *Special Educational Needs -A New Look-*. Continuum.
・OECD（2009）'Trends in Expenditure on Disability and Sickness Programmes, in Percentage of GDP, 1990, 2000 and 2007, and in Percentage of Unemployment Benefit Spending and Total Public Social Spending, 2007', *OECD Social Expenditure Database*.
（http://www.oecd.org/els/social/expenditure, 2016. 2. 6）
・OECD（2011）'Public Spending on Family Benefits in Cash, Services and Tax Measures, in Percent of GDP, 2011', *OECD Family Database*.
（http://www.oecd.org/els/social/family/database, 2016. 2. 6）
・OECD（2014）'Expenditure on Educational Institutions as a Percentage of GDP, by Level of Education (2011)', *Education at a Glance 2014: OECD Indicators*, OECD, p.230.
・Oppenheim, C. (1998) 'Poverty and Social Exclusion: An Overview', In Oppenheim, C. (ed.), *An Inclusive Society: Strategies for Tackling Poverty*, IPPR.
・Percy-Smith, J. (2000) 'Introduction: The Contours of Social Exclusion', In Percy-Smith, J. (ed.), *Policy Responses to Social Exclusion: Towards Inclusion?*, Open University Press.
・Pritchard, D. G. (1963) *Education and Handicapped 1760-1960*, Routledge & Kegan Paul.
・Riddell, S. & Brown, S. (1994) 'Special Educational Needs Provision in the United Kingdom -The Policy Context-', In Riddell, S. & Brown, S. (eds.), *Special Educational Needs Policy in the 1990s -Warnock in the Market Place-*, Routledge.
・真城知己（2010）「19世紀イギリス肢体不自由教育史研究序説—問題の所在と課題設定—」『千葉大学教育学部研究紀要』58

- Sebba, J. & Sachedev, D.（1997）*What Works in Inclusive Education?*, Barnardo's.
- 清水貞夫（2002）「イギリス労働党政権下でのインクルージョンに向けた取り組み」『宮城教育大学紀要』37
- 衆議院（2006）「学校教育法等の一部を改正する法律案に対する附帯決議」『第164回国会・文部科学委員会第20号』
（http://www.shugiin.go.jp/internet/itdb_kaigiroku.nsf/html/Kaigiroku/009616420060614020.htm, 2016. 9. 27）
- Solity, J.（1992）*Special Education*, Cassell.
- Warnock, M.（2005）'Special Educationl Needs: A New Look', In Terzi, L.（ed.）（2010）, *Special Educational Needs -A New Look-*. Continuum.
- 吉原美耶子（2005）「イギリスにおける包摂的教育の政策とその特質―社会的排除と社会的包摂の概念に着目して―」『東北大学大学院教育学研究科研究年報』53（2）

第1章　先行研究の分析

第1節　障害児教育政策論の先行研究

第1項　ノーマリゼーション原理（The Principle of Normalization）

　障害児（者）福祉・教育政策の理論研究としては、インクルージョンに至る過程において、その原点であるノーマリゼーション原理の研究が重要である。なぜならば、現在、世界の障害児（者）福祉政策・教育政策の潮流となっているインクルージョンおよびインクルーシブ教育の歴史的展開を遡っていくと、1950年代に北欧で発祥したノーマリゼーション原理に行き着くからである。

　ノーマリゼーション原理、その実践概念であるインテグレーション、そしてインクルージョンの理論を体系的に理解するためにも、原点であるノーマリゼーション原理の本来の意味を把握することは欠くことができないプロセスである。

　ノーマリゼーション原理の代表的な先行研究は、**表1-1**の通りである。研究を分類する際には、本研究の研究対象であるイギリス、ノーマリゼーション原理の発祥の地である北欧、そして日本を対象にしている。

　ノーマリゼーション原理の産みの親であるデンマークのバンク－ミッケルセン[1]（Bank-Mikkelsen, N. E.）（1969）の研究は、ノーマリゼーション原理の初期概念は、知的障害児（者）が、他の市民が享受しているごくあたり前とされている権利を同じように享受できること、また、他の市民と同等の生活を送れるようになることを意味していることを明示しており、ノーマリゼー

表1-1 ノーマリゼーション原理に関する代表的な先行研究

先行研究の分類	著者（発表年）
ノーマリゼーション原理の基盤	Bank-Mikkelsen（1969） Nirje（1969a; 1969b） Wolfensberger（1972） Grunewald（1974）
日本におけるノーマリゼーション原理に関する研究	妹尾（1974） 中園（1978; 1981a; 1981b） 加藤（1991）、花村（1998） 河東田（2005; 2008）、岡崎（2010）
バンク－ミッケルセン、ニルジェ、ウォルフェンスベルガーに関する比較研究	中園（1981b）、清水（1987） Emerson（1992）
ノーマリゼーション原理の課題	岡田（1985）、Szivos（1992） 杉野（1992）、一番ケ瀬（1994） 古川（1998）
イギリスにおけるノーマリゼーション原理に関する研究	Tizard（1969）、Nirje（1970） Emerson（1992） Lindley & Wainwright（1992） Tyne（1992）、Booth（1992） Brown & Smith（1992）
デンマークに焦点を絞った研究	野村（2004）

ション原理の原点を知る上で欠くことのできない重要な研究である。

また、同じく北欧のノーマリゼーション原理を牽引したスウェーデンのニルジェ[2]（Nirje, B.）（1969a）は、アメリカの知的障害者入所施設はナチスの強制収容施設を思い起こさせるものであり、人間性を奪い、非人道的で、生活・自由・幸福を追求する権利から、かけ離れた状況であったとして、アメリカにノーマリゼーション原理を紹介し、その重要性を説いている。さらに、ニルジェ（1969b）は、ノーマリゼーション原理を、どの国においても具体化できるように示し、その定義を「知的障害者に社会の主流の基準や様式に可能な限り近い日常生活の様式や条件を提供することを意味する。」

(Nirje, 1969b: 181) として、実践課題を提示している。

　アメリカのウォルフェンスベルガー[3] (Wolfensberger, W.) は、ノーマリゼーション原理を「可能な限り文化的に通常である個人の行動や特徴を確立したり、維持するために、可能な限り文化的に通常である手段を利用すること」(Wolfensberger, 1972: 28) と再定義し、アメリカの状況や対人処遇一般に適用できるようにしている。以上の三者による各々の研究が、ノーマリゼーション原理の基盤である。

　また、スウェーデンのグルネヴァルト (Grunewald, K.) (1974) の研究もノーマリゼーション原理の基盤といえるものである。グルネヴァルトは、スウェーデンにおける知的障害者への支援が発展した明白な三つの要因を挙げている。それらは、「a) たとえ知的障害者が生産活動に参加できなくても、彼等の価値や潜在能力に対して、スウェーデン人は深く根付いた尊敬の念を持っていること、b) 知的障害者を助けることができるという強い信念、c) 支援が必要な市民に対して、公共部門が完全な社会的責任を負うという事実」(Grunewald, 1974: 60) である。スウェーデンの人々の中には、知的障害児（者）を受け入れる文化が根付いており、ノーマリゼーション原理が発展したことがわかる。

　日本におけるノーマリゼーション原理に関する研究としては、妹尾正 (1974)、中園康夫 (1978; 1981a; 1981b)、加藤博史 (1991)、花村春樹 (1998)、河東田博 (2005; 2008)、岡崎幸友 (2010) 等のものがある。

　日本で初めて"Normalizaion"という言葉が使われたのは、日本精神薄弱者愛護協会の機関誌である『愛護』において、妹尾が、「人としてあるべき姿の福祉 (normalization)」（妹尾, 1974: 4）と記述したものとされている。中園 (1981a; 1981b) は、ノーマリゼーション原理を日本に紹介し、バンクーミッケルセンのノーマリゼーション原理の論文を日本語訳にした研究 (1978) もある。中園は、「ノーマリゼーションの原理や思想は、まだ充分に体系的に論じつくされてしまったわけでは勿論なく、むしろこれから、実践での経験

をもととして、更に思想が深められ、理論が構築されてゆかねばならない段階であると思われる。」(中園, 1981a: 142) として、日本におけるノーマリゼーション原理の構築はこれからであることを指摘している。中園は、貴重な資料を用いた研究をしており、日本における本格的なノーマリゼーション原理研究の第一人者である。

　加藤は、「国民優生法」の批判思想との関係からノーマリゼーション原理を検討しており、「ノーマリゼーションの実現には、物理的環境以上に、文化・社会価値観創造に関する働きかけが求められている」(加藤, 1991: 101) として、障害者の人間的価値の発見と共感的に生きられる社会の実現を提起している。

　花村 (1998) は、バンク―ミッケルセンの生い立ち、一生をまとめ、ノーマリゼーション原理が生まれた経緯を明らかにしている。河東田は、ノーマリゼーション原理を具現化するに当たっての実態と課題を示し、「人間としての諸権利を全て獲得できるようになった時にノーマライゼーション原理の具現化がなされたと言えるのではないだろうか。」(河東田, 2008: 15) と述べている。また、河東田 (2005) は、ノーマリゼーション原理の新説に関する論文も発表している。岡崎 (2010) は、今後のノーマリゼーション原理の課題は、対人支援の対等化について深めていくことだと指摘している。

　バンク―ミッケルセン、ニルジェ、ウォルフェンスベルガーの三者のノーマリゼーション原理を分析したものとしては、中園 (1981b)、清水貞夫 (1987)、エマーソン (Emerson, E.) (1992) 等の研究がある。

　中園は、「バンク＝ミッケルセンやニルジェが、精神遅滞児・者の生活する環境の条件を、一義的に強調しているのにたいして、ボルフェンスベルガーは、環境条件とともに、『行動とその個人の特性』をノーマライズする必要があるとのべている点に、彼の考え方の特徴が見られる。」(中園, 1981b: 100-101) と評価している。

　清水は、ニルジェとウォルフェンスベルガーの特徴について、「ニルジェ

のノーマリゼーションの強調点は、"環境のノーマリゼーション化"あるいは、"障害者サービスのノーマリゼーション化"であり、ウォルフェンスベルガーのそれは"個人のノーマリゼーション化"と特徴づけることができる。」(清水，1987: 139) と評価している。

　また、エマーソン (1992) は、まずバンク―ミッケルセンは、住居、教育、仕事、余暇などの日常生活の質の伝統的な社会的尺度における平等の確保の関係からノーマリゼーション原理を定義しており、他方ニルジェは、より心理学的なアプローチを用いて、ノーマルな生活様式の観点から、ノーマリゼーション原理の主要な目的を定義していると指摘している。

　ノーマリゼーション原理の課題については、スジヴォス (Szivos, S) の研究があり、「ノーマリゼーション原理は、障害者を再評価するものではあるが、差異への敵意や否定に根差しているという点は、中心的な課題の一つである。」(Szivos, 1992: 126) として、レッテル付けを否定することは、同時に差異の否定になるということを問うべきだとしている。

　さらに、ノーマリゼーション原理がその柔軟性から各国で都合の良い形で発展し、課題を内包している点についての研究は、岡田武世 (1985)、杉野昭博 (1992)、一番ケ瀬康子 (1994)、古川孝順 (1998) 等のものがある。

　岡田 (1985) は、資本主義社会において、人権思想だけが、ノーマリゼーション原理を生み出した背景にあるとは考えにくいことを指摘した上で、当時のデンマークでは、大規模収容施設よりも小規模のユニットを建設し、経営する方が安価であったことを明らかにしている。

　古川は、日本におけるノーマリゼーション原理において、在宅福祉が強調されたことについて、「居住施設による施設型社会福祉よりも在宅福祉サービス中心の社会福祉のほうが安上がりであるという判断に依拠するもの」(古川，1998: 39) であったことを指摘している。日本では、1981年の「国際障害者年」を契機として、ノーマリゼーション原理は広がったが、それ自体の意味を理解するよりも、在宅福祉や地域福祉の重要性が強調されたのであ

る。

　つまり、各国におけるノーマリゼーション原理はその背景に社会保障費の抑制政策があったことが理解できる。以上のように、ノーマリゼーション原理の展開について、批判的な検討もなされている。

　イギリスにおけるノーマリゼーション原理に関する研究は、ティザード（Tizard, J.）(1969)、ニルジェ (1970)、エマーソン (1992)、リンドレイとウェインライト（Lindley, P. & Wainwright, T.）(1992)、タイン（Tyne, A.）(1992)、ブース（Booth, T.）(1992)、ブラウンとスミス（Brown, H. & Smith, H.）(1992) 等の研究がある。

　ティザード (1969) は、知的障害者を、サービスを利用する主体として捉え、彼等に適したサービスの制度設計や利用可能なサービスの連続性について指摘している。

　ニルジェは、イギリスの学術誌における論文において、「知的障害が軽度か重度かに関わらず、両親と一緒に住むか他の知的障害者と一緒に住むかに関わらず、ノーマリゼーション原理は全ての知的障害者に適用されるべきである。」(Nirje, 1970: 62) と述べている。

　エマーソン (1992) は、初期の定義におけるノーマリゼーション原理の根本的な目的は知的障害者が健常者と同じ生活の質を得る権利を確保することであり、北欧のノーマリゼーション原理は、イギリスに知的障害者の新しいサービスの設計や古い施設の改築に対して影響を与えたと指摘している。しかしながら、実際にはノーマリゼーションの原理や概念のようなものは本当には存在せず、共通の起源を持つ一群が存在しているだけだと指摘している。

　リンドレイとウェインライト (1992) は、ウォルフェンスベルガーの実践を中心に、ノーマリゼーション原理の訓練と対人サービスについて論じている。タイン (1992) は、ノーマリゼーションのイギリスにおけるサービス実践について論じている。

ブース（1992）は、イギリスにおいてノーマリゼーションの用語は、教育の文脈では滅多に使用されておらず、インテグレーションの用語が一般的に使用されていると指摘している。ブラウンとスミス（1992）は、フェミニストの視点からノーマリゼーション原理について論じている。

　その他としては、ノーマリゼーション原理が生まれた国としてデンマークに焦点を絞った野村武夫（2004）の研究がある。

　このように、ノーマリゼーション原理の内容を分析した先行研究は、1970年代後半から1990年代初めにかけて多く見られるが、その後減少している。その背景には、新たな理論であるインクルージョンの研究へシフトしたことが考えられる。また、社会情勢との関係を踏まえた上で、ノーマリゼーション原理の本来の意味の把握を試みた先行研究は十分ではない。

　そして、前述した通り、ノーマリゼーション原理の根底には、北欧型のノーマリゼーション原理（バンク―ミッケルセンとニルジェに代表される）と北米型のノーマリゼーション原理（ウォルフェンスベルガーに代表される）という異なる二つの思想があるが、これらは、明確な区別がなされず、混同されるか、曖昧なまま理解されていることが多いといえる。

　加えて、ノーマリゼーション原理からインクルージョン・インクルーシブ教育に至る歴史的展開を分析・考察した先行研究はほとんど見られないのが現状である。そこで、ノーマリゼーション原理からインクルージョン・インクルーシブ教育に至る歴史的展開を検討し、本研究で明らかにしたいと考える。

第2項　インテグレーション概念（The Concept of Integration）・統合教育（Integrated Education）

　インテグレーション概念・統合教育は、ノーマリゼーション原理の実践概念であり、障害児（者）福祉政策におけるインテグレーションは、障害児（者）を収容施設に隔離するのではなく、他の市民と共に地域で生活すると

いう地域社会への統合を意味し、障害児教育政策におけるインテグレーションは、障害のある子どもと障害のない子どもが共に学ぶ統合教育を意味する。

それゆえ、インテグレーション概念・統合教育は、ノーマリゼーション原理の研究に付随した形で研究されることが多く、単独での研究は統合教育に関するものが多いといえる。

代表的な先行研究は、**表1-2**の通りである。研究を分類する際には、本論文の研究対象であるイギリス、日本を対象にしている。

インテグレーション概念についての研究としては、前項で挙げたバンク―ミッケルセン（1969）、中園（1981b）、田中耕二郎（1983）、ブース（1992）、堀正嗣（1997）等のものがある。それぞれに、インテグレーション概念の用語、地域社会や教育への統合についての総合的な研究がなされている。

バンク―ミッケルセンは、「私達は知的障害児（者）を地域社会に実現可

表1-2　インテグレーション概念・統合教育に関する代表的な先行研究

先行研究の分類	著者（発表年）
インテグレーション概念について	Bank-Mikkelsen（1969） 中園（1981b）、田中（1983） Booth（1992）、堀（1997）
インテグレーション概念の課題	Rispens（1994）
統合教育の国際比較	Meijer, Pijl & Hegarty（eds.）（1994）
統合教育に関する研究	Grunewald（1969） Hegarty, Pocklington & Lucas（1981） 真城・石部（1989） 荒川（2000）
当事者・当事者団体による統合教育に関する研究	Watson（1992） Mason（1992）
統合教育の課題	藤本（1983; 1986） Lewis（1995）

能な最善の方法で統合することを試みたい。」(Bank-Mikkelsen, 1969: 234) として、統合の重要性を説いている。中園は、「スウェーデンでは、…（中略）…ノーマリゼーションの原理を実現する方法としての『統合』が具現化されてきた。」（中園，1981b: 98）と評価している。また、堀は、「障害者が…（中略）…通常の生活を確立するためには、障害者を地域社会や学校にインテグレートすることが必要だと考えられたのである。」（堀，1997: 368）と指摘している。いずれの研究も、インテグレーション概念はノーマリゼーション原理の実践概念であることが指摘されている。

田中は、「インテグレーションの概念は今日いくつか異なった意味で用いられていることからも予想されるように、複合的でありかつ動態的である。」（田中，1983: 71）として、インテグレーション概念の多義性を指摘している。

ブースは、インテグレーションの用語について、「分離されていない多様な環境や通常環境における参加を増大させるプロセスについて述べる時に、一般的に使用されている。」(Booth, 1992: 269) としている。

インテグレーション概念の課題も指摘されており、リスペンス（Rispens, J.）(1994) は、私達はインテグレーションが何であるかについて、ある程度の不確かさを受け入れなければならないとして、定義や目的が多様であるが故の曖昧さを論じている。

また、メイヤー、ペイル、ヘガティ（Meijer, Cor J. W., Pijl, S. J. & Hegarty, S.）(1994) 等によって、北欧やイギリスを含めた統合教育の先進六か国の比較研究がなされており、ノーマリゼーション原理を礎として、統合教育が進められていることがわかる。

さらに、統合教育を扱った研究としては、グルネヴァルト（1969）、ヘガティ、ポックリングトン、ルーカス（Hegarty, S., Pocklington, K. & Lucas, D.）(1981)、真城知己・石部元雄（1989）、荒川智（2000）のものがある。

グルネヴァルトは、地方都市における知的障害者へのサービスやインテグレーションについて指摘しており、知的障害者のための「昼間学校サービス

の拡大は、通常学校における特別クラスの設立—クラス統合の形式—によって成し遂げられるだろう。」(Grunewald, 1969: 285) として、統合教育の推進について言及している。

ヘガティ、ポックリングトン、ルーカス (1981) は、イギリスにおけるインテグレーション・統合教育の広がりには、ノーマリゼーション原理に基づいたアメリカ、デンマーク、スウェーデンなど、他国における、障害者にできる限りノーマルな環境を提供しようとする圧力団体の活動や実践の報告の影響があったことを明らかにしている。

真城・石部 (1989) は、イギリスの「1970年教育法 (Education Act 1970)」において重度障害児の教育が保障されたことやノーマリゼーション原理の影響によって、統合教育推進へと動いていったことを指摘している。

荒川は、「欧米諸国では、重度児の教育保障とインテグレーションが平行して推進されるべきものとされた。」(荒川, 2000: 34) として、その背景には、各国における障害者の基本的人権の保障、差別禁止の政策があったことを指摘している。

さらに、当事者であるワトソン (Watson, J.) (1992) や当事者団体のメイソン (Mason, M.) (1992) による統合教育の研究もなされている。

ワトソンは視覚障害者であるが、中学の英語教師であり、教職員組合・障害者部会 (The National Union of Teachers' Working Party on Disability) の一員でもある。彼女は、自身の統合教育の経験と教員としての経験を踏まえた上で、「子ども達は、大人と同じような偏見や抑制を持っていない。そして、私は、いつもとても『普通』だと感じている。ほとんどの大人では起こり得ないように子ども達に受け入れられている。」(Watson, 1992: 216) と子どもの受容性の高さを指摘している。そして、未来の自分自身の権利と障害のある人々の権利のために闘い続けると述べている。

当事者団体による研究としては、メイソンのものがあり、彼女は、障害児(者)団体のインテグレーション・アライアンス (Integration Alliance) の共同

創始者である。メイソンは、「今日、多くの大人は、障害児（者）と共に育つことができれば、『何をすれば良いのか知る』ことができると彼等の願いを表明している。彼等は純粋に、教育制度が、彼等の子どもから障害について学ぶ機会や障害児（者）の友達と気楽に接し、誇りに思う機会を奪わないで欲しいと願っている。」(Mason, 1992: 228-229) としている。障害のない人も、障害児（者）について知りたいと思っていることを明らかにし、統合教育の重要性を説いている。

しかし、統合教育を批判的に検討している藤本文朗 (1983; 1986)、ルイス (Lewis, A.) (1995) の研究もある。

まず、藤本は、「とりわけ教育の分野においては、インテグレーションを故意に狭義に理解し、障害児を普通学校に就学させることのみを追求することによって、障害児の発達を無視した実践へと短絡させていく傾向がかえって奨励されることにもなりかねない」(藤本, 1983: 8) と指摘している。

また、藤本 (1986) は、日本における障害児教育は、障害のある子どもを通常学級で教育することを原則とする共学論が、障害児教育の安上がり政策として推し進められる危険性をはらんでいたことを指摘している。

さらに、イギリスにおいても、ルイス (1995) が、統合教育の実践は、教育費を節約するための単なる煙幕に過ぎないとの主張があることを紹介した上で、イギリスにおける調査によると、インテグレーションは、決して安上がりの選択肢ではなく、通常学校において、適切な資源の配分と教職員の研修を行えば、多額の当初費用がかかるとの指摘をしている。

これらの研究は、統合教育の良い点ばかりではなく、批判的な検討がなされている。政策主体によって、統合教育の本来の意味が捻じ曲げられ、費用削減に利用される可能性を指摘している点において、重要な研究であるといえる。

以上、先行研究の分析によって、インテグレーション概念について、ノーマリゼーション原理の実践概念としての付随的な研究、あるいは、統合教育

についての研究が多いことがわかった。また、統合教育には、良い面だけではなく、本来の意味を理解しないことによって、生起する課題があることが明らかとなった。

しかし、ノーマリゼーション原理、インテグレーション概念・統合教育、インクルージョン・インクルーシブ教育の関係性を、社会情勢との関係を踏まえた上で、その歴史的展開を分析・考察した研究はほとんどないといえる。本研究では、その部分の研究を行い、一連の流れの中でのインテグレーション概念・統合教育の位置づけと意味を明らかにしたいと考える。

第3項　インクルージョン（Inclusion）

インクルージョンという言葉は、「包摂」を意味し、今日では世界的に、政策の用語、そして各国の政策目標として使用されている。

インクルージョンの代表的な先行研究は、**表1-3**の通りである。研究を分類する際には、本研究の研究対象であるイギリス、EU関係国、そして日本を対象にしている。

インクルージョンの概念規定に関して分析した研究としては、清水

表1-3　インクルージョンに関する代表的な先行研究

先行研究の分類	著者（発表年）
インクルージョンの概念規定	Oppenheim（1998）、清水（2002） 吉原（2005）、岩田（2008） Liasidou（2012）
ソーシャル・エックスクルージョン、貧困、EUの関係性について	Percy-Smith（2000）、中村（2002） Bhalla & Lapeyre（2004） 吉原（2005）、福原（2007） 岩田（2008）
ソーシャル・エックスクルージョンとソーシャル・インクルージョンの課題について	吉原（2005）、岩田（2008）
障害児の教育を受ける権利について	Campbell（2002）

(2002)、オッペンハイム（Oppenheim, C.）(1998)、岩田正美（2008）、吉原美那子（2005）、リアシドウ（Liasidou, A.）(2012) 等のものがある。

　清水は、「インクルージョンがインクルージョンの対極にあるイックスクルージョンの解消が同時的に意識されて並行的に進められていること見落としてはならない。」（原文ママ）（清水，2002: 159）と述べている。つまり、インクルージョンとエックスクルージョンを対の概念として捉え、インクルージョンのみにとらわれるのではなく、同時にエックスクルージョンの解消を進めなくてはならないとしている。

　また、オッペンハイム（Oppenheim, C.）(1998) は、EUの文書を用いてソーシャル・エックスクルージョンを定義し、その解決策として、ソーシャル・インクルージョンを取り上げている。同様に、岩田（2008）は、ソーシャル・エックスクルージョンを定義し、吉原（2005）は、ソーシャル・インクルージョンについて定義している。

　リアシドウは、「インクルージョンは、非常に定義が難しい考えであり、その解釈や実行も非常に難しい。」（Liasidou, 2012: 6）として、インクルージョンの意味の多様性について指摘している。

　さらに、ソーシャル・エックスクルージョンと貧困およびEUの関係は深く、この関係性についての先行研究としては、バラとラペール（Bhalla, A. S. & Lapeyre, F.）(2004)、パーシースミス（Percy-Smith, J.）(2000)、吉原（2005）、岩田（2008）、福原宏幸（2007）、中村健吾（2002）等のものがある。

　バラとラペール（2004）は、EUがソーシャル・エックスクルージョンという言葉を使ったのは、政治的な背景として、「貧困」という言葉の使用についてEUの加盟国が留保したことを指摘している。その上で、貧困の概念よりも排除という概念の方が、実際に生じている構造的な社会的懸案問題を際立たせる度合いが低いから無難であるとみなされたことを明らかにしている。

　パーシースミスは、貧困は社会的排除の最も明らかな要素の一つであり、

それを受容することに断固反対し、「すべての EU 市民が人間の尊厳を尊重されるという権利を有している」(Percy-Smith, 2000: 3) と述べている。

吉原（2005）は、ソーシャル・エックスクルージョンの根源には貧困があり、解決すべき問題の本質は貧困に対する政策をどう構築するかであったことを指摘している。

ソーシャル・エックスクルージョンとソーシャル・インクルージョンを批判的に検討した研究としては、吉原（2005）と岩田（2008）のものがある。

吉原（2005）は、社会的包摂は、社会で生じるリスクを予め回避するための方向性を示すものであり、概念が未成熟であるということが欠点だと指摘している。また、岩田（2008）は、ソーシャル・エックスクルージョンという言葉は、社会政策担当者の政策推進の言葉として使われてきたので、それが何を意味するかを明確にすることを避けてきたとする課題を提示している。

なお、イギリスは、EU 加盟国であり、ソーシャル・エックスクルージョンへの闘いとしてのソーシャル・インクルージョン政策を積極的に推進している国である[4]。イギリスのソーシャル・エックスクルージョンに関する先行研究には、先に挙げたオッペンハイム（1998）やパーシースミス（2000）等のものがあり、批判的検討を含め、言葉の定義やイギリスの政策に関する実証的研究がなされている。

キャンベル（Campbell, L.）は、障害児の権利からインクルージョンを論じており、「障害児と障害のない子どもが、共に教育を受けることは、インクルージョンと多様性の価値について、地域社会の人々へ強いメッセージを送ることになる。」(Campbell, 2002: 203) とし、「教育におけるインクルージョンの主要な障壁は、法律でも建物でも設備でもなく、人々である。それは、彼等の態度や行動である。」(Campbell, 2002: 205) としている。つまり、人々が、意識を変革し、インクルーシブな社会の一員として、障害児を再評価することが必要であるとしている。

以上、先行研究を分析した結果、インクルージョンの概念規定やソーシャル・エックスクルージョン、貧困、EUとの関係性について分析した研究が多いことがわかった。

しかし、ノーマリゼーション原理からインクルージョンに至る歴史的展開を明らかにした先行研究は見られなかった。そこで、本研究では、その部分の研究を行う。

第4項　インクルーシブ教育（Inclusive Education）

教育の場におけるインクルージョンが、インクルーシブ教育であり、学校から排除される子どもに焦点を当て、多様なニーズを持つ全ての子ども達を学校へ包摂する教育を意味する。

インクルーシブ教育に関する代表的な先行研究は、**表1-4**の通りである。研究を分類する際には、本研究の研究対象であるイギリス、日本を対象にしている。

インクルーシブ教育の概念規定には代表的な二つのタイプがあり、「プロ

表1-4　インクルーシブ教育に関する代表的な先行研究

先行研究の分類	著者（発表年）
インクルーシブ教育の概念規定 （プロセスとしてのインクルージョン）	Sebba & Sachdev（1997） Booth（1999）、Ainscow（1999） Mittler（2002） UNESCO（2005; 2009） Ainscow, Booth & Dyson et al.（2006） 清水（2002; 2007）
インクルーシブ教育の概念規定 （フル・インクルージョン）	Lipsky & Gartner（1997） 洪（2005） Liasidou（2012） Alliance for Inclusive Education（2015）
インクルーシブ教育の展望	Daniels & Garner（1999） Tjernberg & Mattson（2014）

セスとしてのインクルージョン」と「フル・インクルージョン」である。
　「プロセスとしてのインクルージョン」は、エックスクルージョンへの闘いとしてのインクルージョンであり、特別な教育的ニーズのある生徒に多様な学びの場を保障しつつ、彼等が可能な限り通常学校へ包摂されることを試み、通常学校を改革していくことを意味している。イギリス政府によって支持されている考え方であり、プロセスを重視し、特別学校の存在を肯定しつつ、通常学校の学校改革を主張するものである。こうした概念規定は、イギリスのブレア労働党政権によるインクルーシブ教育政策の礎となっている。近年のインクルーシブ教育研究の動向を代表するものであるといえる。
　一方、「フル・インクルージョン」は、全ての障害児が通常学校に包摂されるべきであるとして、特別学校の存在を否定している。人権としてのインクルージョンを推進する立場である。
　この二つは、対立する考え方ではあるが、通常学校における障害児の教育を受ける権利を求める点では共通している。
　まず、「プロセスとしてのインクルージョン」に関する先行研究としては、セバとサシュデフ（Sebba, J. & Sachedev, D.）（1997）、ブース[5]（1999）、エインスコウ（Ainscow, M.）[6]（1999）、ミットラー（Mittler, P.）[7]（2002）、UNESCO（2005; 2009）、エインスコウとブースとダイソン（Ainscow, M., Booth, T. & Dyson, A.[8]）（2006）、清水（2002; 2007）等のものがある。
　セバとサシュデフ（1997）は、インクルーシブ教育は通常学校が全ての子どもを包摂できるようになるプロセスであると定義している。
　ブースは、インクルージョンはエックスクルージョンと切り離して考えるべきではないとし、「私はインクルージョンを二つのつながった過程として定義する。それは、学習者の参加を増加する過程であり、近隣にある学習のメインストリームセンターのカリキュラム、文化、地域社会からの排除を減少する過程である。」（Booth, 1999: 78）と述べている。
　エインスコウは、「インクルージョンを、単に状態を変えるというより、

終わりのない過程として、メインストリームの中での継続する教育学的な、体制的な発展に依拠するものとして考える。」(Ainscow, 1999: 218) とインクルージョンを特徴づけている。つまり、インクルージョンを単に場の概念として矮小化するのではなく、通常学校教育の改革として捉えているといえる。

ミットラーは、インクルーシブ教育について、「教育の分野では、インクルージョンは、全ての子どもが、学校によって提供される全ての範囲の教育的社会的機会に参加できるということを保障する目標と共に、学校全体として改革し、再構築するプロセスに関係している。」(Mittler, 2002: 2) と述べている。つまり、通常学校を改革し、学校が提供するあらゆる機会に、全ての子ども達がアクセスし、分離されず、参加できることを保障する考え方である。この概念規定は、インクルーシブ教育の基本かつ主流のものである。

エインスコウとブースとダイソンは、「インクルージョンは終わりのないプロセスであり、インクルーシブな学校とは、完璧な状態に到達しているというより、むしろ動的なものである。」(Ainscow, Booth & Dyson et al., 2006: 25) として、インクルージョンは固定されているものではなく、動的なものだと指摘している。

UNESCO (2005; 2009) は、インクルージョンをプロセスとして定義しており、「インクルージョンは、学習、文化、地域社会における参加を増大し、教育からの排除を減少させることを通して、全ての学習者のニーズの多様性に対処し、呼応するプロセスとして見られる。」(UNESCO, 2005: 13) としている。

清水は、「『プロセスとしてのインクルージョン』は、一方で、特別学校に在学している障害児を含め SEN 児を通常学校に機械的に入れるダンピングではなく、また特別学校の解体論でもなく、特別学校がその専門性を発揮して『地域の有効な教育資源』となって障害児を含む SEN 児の教育指導に寄与しながら、通常教育に可能な限り近接することを追求し、他方で、SEN 児のすべてが可能な限り、通常学校の文化に参加し、同輩と生活し学習する

ことを目指して、そのために通常学校の教育改善に尽力するプロセスとして認識されるものである。」(清水, 2002: 157-158) と評価している。

同様に、清水は、「障害児教育におけるインクルージョンの登場は、社会福祉や社会政策分野での『ソーシャル・エックスクルージョン（社会的排除）』への闘いである『ソーシャル・インクルージョン（社会的包摂）』と深く結びついている。」(清水, 2007: 83) として、ソーシャル・エックスクルージョンへの対応策として、ソーシャル・インクルージョンが生起してきたことを指摘している。つまり、インクルージョンは単にその前段階といわれているインテグレーションから発展しただけではなく、他方でソーシャル・エックスクルージョンに出自を持ちながら、政治・経済・教育に関わる時代的な諸潮流の合流により生み出されたものであることを指摘している。さらに、清水 (2007) は、インクルージョンは、サポート付き教育の主張であり、通常教育改革の思想であると論じている。

一方、「フル・インクルージョン」に関する先行研究としては、アメリカのリプスキィとガートナー (Lipsky, D. K. & Gartner, A.) (1997)、洪浄淑 (2005)、リアシドウ (2012)、Alliance for Inclusive Education (2015) のものがある。

リプスキィとガートナー (1997) は、全ての障害児が通常学校に包摂されるべきとして特別学校の否定をしており、「フル・インクルージョン」の考え方を打ち出している。「プロセスとしてのインクルージョン」と対立する考え方ではあるが、通常学校における障害児の教育を受ける権利を求める点では共通している。

筆者は、現時点で、どうしても通常学校では十分な支援を受けることができない子どもにとって、特別学校の存在は重要であり、その専門性から、特別な教育的ニーズのある子どもに対する支援のセンター的機能を果たせると考える。そのため、プロセスとしてのインクルージョンの考え方が重要であると考える。そして、最終的なゴールはフル・インクルージョンであり、そ

のために漸進的に通常学校は改革を進めるべきであると考える。

　洪は、リプスキィとガートナーのフル・インクルージョンの主張について、「第一に、障害児と健常児の区分は教育目的に対して有用でない。第二に、通常教師がすべての子どもを教えることができる。第三に、分離システムは必要なく、すべての子どものための高質な教育提供のために資金が使われるべきである。第四に、通常教室以外での分離教育は不道徳であり、不平等である。」（洪, 2005: 90）との考えを指摘している。つまり、リプスキィとガートナーは、公民権としてのインクルージョンの主張に基づき、障害児の分離は不平等であるとの考えを導き出していることがわかる。

　また、リアシドゥ（2012）は、人権問題としてのインクルージョンとして、フル・インクルージョンの考え方を紹介している。加えて、障害者団体である Alliance for Inclusive Education（2015）は、フル・インクルージョンを推進している学校を紹介するなど、親への情報提供にも力を入れて研究を行っている。

　さらに、世界的にインクルーシブ教育の今後を展望した研究としては、ダニエルズとガーナー（Daniels, H. & Garner, P.）(1999)、チェーンベリとマッソン（Tjernberg, C. & Mattson, E. H.）(2014) のものがある。インクルーシブ教育の課題とともに、どのような方向性で進んでいくのか模索されている。

　ダニエルズとガーナーは、「私たちは、いまインクルージョンについて思考を深め、実行するという成熟しつつある局面にいる。この局面では、インクルージョン概念はグローバルな規模で一貫して、社会政策と教育政策の中心的な構成要素となっている。国際諸機関は協力しあい、全面的な社会的インクルージョンを追及するうえでの組み込み要素として、インクルーシブ教育の発展に向かってますます直接的に取り組むようになっている。」（Daniels & Garner, 1999: 13）と述べている。ダニエルズとガーナー（1999）の言葉は、現在のインクルーシブ教育を端的に表わしていると考える。世界的な規模で、インクルーシブ教育は潮流となっており、今後も教育政策として追究さ

れていくといえる。

　チェーンベリとマッソン（2014）は、教員同士の協力によって、インクルーシブな学校文化（Inclusive School Culture）を醸成することで、生徒は排除されないと感じられると指摘している。

　以上、第1項から第4項において、ノーマリゼーション原理からインクルージョン・インクルーシブ教育までの障害児教育政策論の先行研究を分析した結果、障害児教育政策論の原点であるノーマリゼーション原理、インテグレーション概念・統合教育、インクルージョン・インクルーシブ教育に至る過程において、各々を個別に検討した先行研究とノーマリゼーション原理とインテグレーション概念・統合教育の関係性を明らかにした先行研究はあることがわかった。しかしながら、それらを一つの流れとして、その歴史的展開を分析した先行研究は見られなかった。

　そこで、本研究では、ノーマリゼーション原理にまで遡り、いかなる歴史的展開の中でインクルーシブ教育の理論が構築され、世界の障害児教育政策の潮流となったのかを明らかにする。

第2節　イギリスの障害児教育政策・インクルーシブ教育政策の先行研究

　イギリスにおける障害児教育政策・インクルーシブ教育政策に関する代表的な先行研究は、**表1-5**の通りである。研究を分類する際には、本研究の研究対象であるイギリス、日本を対象にしている。

　イギリスの公教育制度成立期における障害児教育史研究では、プリッチャード（Pritchard, D. G.）（1963）の研究が200年の通史であると同時に全ての障害種の児童を扱った唯一の研究であるという点で評価できると考える。そして、そのプリッチャードの研究成果を検討する形で出された山口洋史（1993）の研究は、入手困難な1500年代の法律などを基に、イギリスにおけ

表1-5　イギリスの障害児教育政策・インクルーシブ教育政策に関する代表的な先行研究

先行研究の分類	著者（発表年）
障害児教育史（公教育制度成立期）	Pritchard（1963）、山口（1993）
聴覚障害児教育 （公教育制度成立期）	荒川（1974）
視覚障害児教育 （公教育制度成立期）	河合（1991）、青柳・中村（2001）
肢体不自由児教育 （公教育制度成立期）	真城（1994; 1996）
障害児教育（1980年代まで）	Solity（1992）
教育法・報告書について	河合・石部（1986） Farrell（1998）、河合（2002）
「特別な教育的ニーズ」の定義・その課題	Tansley & Gulliford（1960） Gulliford（1971）、Beveridge（1993） 真城・名川（1995）
ホール・スクール・アプローチ（Whole School Approach）について	Dessent（1988） Ainscow & Florek（1989）
インクルーシブ教育の実践研究	Beveridge（1997） Ainscow, Booth & Dyson et al.（2006） DCSF（2008） Booth & Ainscow（2011） Ainscow（2011） Chitty & Dawson（2012） Cheminais（2015）、Ekins（2015）
インクルーシブ教育政策の課題	Barton & Slee（1999） Tomlinson（2001） Norwich（2008; 2010） Warnock（2005） Hodkinson（2010）
EHCプランについて	Cheminais（2015）、Ekins（2015） Briggs（2016）

る障害児の義務教育制度成立について詳細に書かれており、制度史を体系的に理解する上で欠かせないものである。

　山口（1993）が指摘しているように、プリッチャードの研究は、「慈善組織協会」が障害児教育に果たした役割が明確にされていないなど、検討課題が多く残されている。そして、山口（1993）は、その残された課題を克服し、公教育制度成立期に「慈善組織協会」などの民間組織が健常児と障害児の統合教育に果たした役割を明らかにしている。イギリスの公教育制度成立期の研究は、この二人の研究に依拠しているものがほとんどであり、今後さらなる研究の蓄積が必要とされている。

　イギリスにおける障害児教育の歴史的展開を扱ったもの（Solity, 1992）にしても、1980年代までであり、かつ、社会情勢に踏み込んだものではない。どの研究も扱っている期間が限定的であり、障害児教育の成立期から近年までの歴史的展開を分析したものではないのである。つまり、インクルーシブ教育の視点が欠けており、社会情勢を踏まえた上で、歴史的展開を分析した研究が求められているといえる。

　他に、公教育制度成立期の障害児教育に関する先行研究としては、荒川勇（1974）、河合康（1991）、真城（1994; 1996）、青柳まゆみ・中村満紀男（2001）のものが挙げられる。

　荒川（1974）は、イギリスやアメリカなどを対象に、組織的教育から公教育制度成立に至る聴覚障害児教育の歴史を分析している。河合（1991）は、イギリスでは視覚障害児の教育体制の整備を契機として他の障害種に対する教育が発展したことに着目し、視覚障害児教育の発展過程を検討している。真城（1994; 1996）は、19世紀末の肢体不自由児を対象にして、公立基礎学校における在籍率を明らかにしている。また、慈善組織協会が肢体不自由児の社会的自立を目指して、教育の必要性について提言を行っていたことを明らかにしている。青柳・中村（2001）は、1889年の「盲・聾等王命委員会報告書」の内容を分析し、19世紀末のイギリスにおいて視覚障害者の経済的自立

が目指され、教育の重要性が指摘されていたことを明らかにしている。

イギリスのインクルーシブ教育に関する先行研究は、「教育法」や「報告書」の内容を分析したものが多く、河合・石部（1986）、ファレル（Farrell, M.）（1998）、河合（2002）等のものがある。代表的なものは、「ウォーノック報告」とそれを法制化した「1981年教育法」に関する研究であり、多くの研究において、その先見性を評価しつつ、問題点について指摘している。

河合・石部は、「『ウォーノック報告』および『1981年教育法』に盛り込まれている内容は斬新で、将来のイギリス特殊教育の方向性を示すものであったが、近年の保守党政府の教育費全般の削減政策の折、こうした内容がどの程度実現されるかについては、予測し難いものがある。」（河合・石部, 1986: 153）と指摘し、「ウォーノック報告」と「1981年教育法」を評価しつつも、財源の問題を懸念し、その実現可能性について疑問を投げかけている。1980年代は、「1981年教育法」が施行されて間もないため、その実現可能性について疑問を提示したと考えられる。

ファレルは、1997年の緑書「全ての子どもに卓越さを：特別な教育的ニーズへの対応（Excellence for All Children: Meeting Special Educational Needs）」について、「緑書は歓迎すべき有益な点はあるが、差し迫った質問に満足な回答はなされていない。」（Farrell, 1998: 14）と指摘している。

河合（2002）は、「2001年特別な教育的ニーズおよび障害法」の内容を分析し、よりインクルージョンを志向した内容になっていることを指摘している。

「ウォーノック報告」では、従来の医学的・心理学的な障害種別を廃止し、新たに「特別な教育的ニーズ」という新概念を提示している。非常に先進的で、医学的な障害カテゴリーにとらわれていない点で評価できるものであるが、同時にその定義の曖昧さも指摘されている。「特別な教育的ニーズ」の定義やその課題に関する先行研究としては、タンズレイとガリフォード（Tansley, A. E. & Gulliford, R.）（1960）、ガリフォード（1971）、ベヴァリッ

ジ（Beveridge, S.）（1993）、真城・名川勝（1995）のものがある。

　タンズレイとガリフォードは、子どもが教育遅滞であるのか、あるいはそうではないのかという両者の境界線は不明瞭であるとして、「境界線を明確に引くことは不可能である。特別な教育的配慮へのニーズの基準は、本質的に教育的な観点からのものでなければならない。このカテゴリーは、教育上のニーズに基づくもので、医学的なものでも心理学的なものでもないのである。」（Tansley & Gulliford, 1960: 5）と指摘している。

　ガリフォードは、「私達は、少数の主要な欠陥―盲・聾・心身の欠陥―についての単純な考えから離れている。私達は、個人の障害あるいは環境条件、そしてしばしば二つの組み合わせから起こると思われる"特別な教育的ニーズ"について考えたい。そして、どのような場合でも、ニーズの程度は、障害と環境の二つの要因に常に関係している。」（Gulliford, 1971: 3）と述べている。つまり、「特別な教育的ニーズ」を考える時には、子どもの障害だけではなく、環境要因も考慮に加える必要があることを指摘している。

　ベヴァリッジ（Beveridge, S.）（1993）は定義が循環的であるとし、制度上の「特別な教育的ニーズ」の定義が極めて曖昧であるとの問題を指摘している。

　1980年代は、「特別な教育的ニーズ」の評価基準が曖昧であるため、地方教育当局がステイトメント（判定書）の発行にあたって混乱しており、この後、「1993年教育法」において、「実施要綱」を導入することが規定されている。しかし、現在もなお「特別な教育的ニーズ」の基準に関しては争点になることが多いため、定義の見直しと基準を明確にする必要があり、課題の一つであるといえる。同様に、真城・名川（1995）は、「1993年教育法」の内容を分析し、「特別な教育的ニーズ」の定義の曖昧さを指摘している。

　1980年代、インクルーシブ教育を下支えする理念である「ホール・スクール・アプローチ」が生まれている。この理念は、学校全体で子どもを支える取り組みであり、SENCOや学習支援員の制度に繋がっていく。ホール・ス

クール・アプローチに関する先行研究としては、ディセント（Dessent, T.）(1988)、エインスコウとフローレック（Ainscow, M. & Florek, A.）(1989) のものがある。

　近年、学会誌を含めたイギリスにおけるインクルーシブ教育の研究動向は、実践研究が中心である。

　インクルーシブ教育を推進するための学校改革に関するもの（Ainscow, Booth & Dyson et al., 2006）では、学校文化の醸成や連携体制の構築を図り、教育実践の見直しを継続する重要性が指摘されている。

　その他、学校関係者向けの指針を示したもの（DCSF, 2008; Booth & Ainscow, 2011; Cheminais, 2015; Ekins, 2015）、効果的な教育実践について示したもの（Ainscow, 2011）、親との協同に関するもの（Beveridge, 1997）、親向けに指針を示したもの（Chitty & Dawson, 2012）などが見られる。

　そして、インクルーシブ教育政策の課題を示した先行研究としては、バートンとスリー（Barton, L. & Slee, R.）(1999)、トムリンソン（Tomlinson, S.）(2001)、ノーウィッチ（Norwich, B.）(2008; 2010)、ウォーノック（Warnock, M.）(2005)、ホドキンソン（Hodkinson, A.）(2010) のものがある。

　バートンとスリーは、「競争」と「選択」、そして、「インクルーシブ教育」の原則という両立の難しい、相反する教育政策に焦点を当て、「インクルージョン達成のための苦闘は、すべての抑圧を除去する不断の努力を伴う。」(Barton & Slee, 1999: 11) として課題を示し、万人のための教育の重要性を指摘している。

　トムリンソンは、「私としては、保護者による学校の『選択』、学校順位表による煽りと資源獲得のための競争は、インクルーシブ教育の発展とは全く相容れないことは明白であるように思われる。」(Tomlinson, 2001: 192) として、「現在の相反する政策は、万人の教育水準の向上、ソーシャル・インクルージョン、あるいは、社会的公正という掲げた目標を達成することはできないであろうと責任を持って明確にいえる。」(Tomlinson, 2001: 192) と主張

している。つまり、競争と選択に基づいた学力水準の向上は、学校の分断を引き起こし、インクルーシブ教育とは両立できないものであると指摘しているのである。

イギリス政府は、学力水準の向上とインクルーシブ教育政策を両立させようとしており、今後もこの点は論点になっていくと思われる。

インクルーシブ教育政策における特別学校についての検討もされており、ノーウィッチ（2008）は、インクルーシブ教育政策において、「通常学校」と「特別学校」という一次元に位置する連続体の対極的な位置づけではなく、支援を分析する時、多数の特性が考慮できる多次元のモデルを進めるべきだとしている。つまり、ノーウィッチは、政策立案者に対して、教育を受ける場所にとらわれるのではなく、より柔軟な連続体としての通常学校と特別学校を求めているといえる。

1978年にインクルーシブ教育の礎となる「ウォーノック報告」を発表した際の委員長であるウォーノック（2005）は、2005年に現行のインクルーシブ教育制度の限界を示した論文を発表している。ウォーノックは、「ウォーノック報告」から三十年以上経過した今、見直しの時期が来たとしてインクルーシブ教育制度の再検討を求めている。その背景には、「1981年教育法」によって導入された付加的な予算措置の根拠となるステイトメント制度の曖昧さから混乱や批判が起こっていたことが挙げられる。

また、ノーウィッチ（2010）もウォーノックとは異なった視点から、インクルーシブ教育制度の見直しを求めた論文を発表している。ノーウィッチは、インクルーシブ教育政策や実践の課題について、徹底した研究が十分になされていないと指摘している。

ホドキンソンは、イギリスにおけるインクルーシブ教育の発展について批判的に検討しており、「教員の専門性の向上と学校が高い優先権を与えられる十分な予算が、保証されねばならない。」（Hodkinson, 2010: 65）と指摘している。

インクルーシブ教育制度の限界性を指摘した、これらの論文を受け、政策主体は検討を重ね、2014年から新たな制度である"An Education, Health and Care Plan"（以下、「EHC プラン」）を導入している。現在のイギリスにおけるインクルーシブ教育は制度上の移行期にあり、「EHC プラン」が現場における実践に浸透するように、ガイドラインを示した様々な文献（Cheminais, 2015; Ekins, 2015; Briggs, 2016）が発表されている。

以上、イギリスの障害児教育政策・インクルーシブ教育政策の先行研究を分析した結果、障害児教育の成立期から現在に至るまでの歴史的展開を扱った研究は見られなかった。公教育制度成立期まで、あるいは1980年代までを扱った既存の先行研究は、インクルーシブ教育の視点が欠けているといえる。

また、「教育法」や「報告書」の研究は多く見られるが、その視点は内容の指摘や検討に留まっており、社会情勢と共に分析している研究はほとんど見られなかった。

そこで、本研究は、イギリスにおける障害児教育の成立期から、インクルーシブ教育に至るまでの歴史的展開を社会情勢と共に分析・考察したいと考える。また、インクルーシブ教育政策の成果と課題についても明らかにしていく。

第3節　日本の障害児教育政策・特別支援教育政策・インクルーシブ教育政策の先行研究

日本における障害児教育政策・特別支援教育政策・インクルーシブ教育政策に関する代表的な先行研究は、表1-6の通りである。

日本の特別支援教育に関しては、インクルーシブ教育と関連づけて、その問題点や日本の後進性を指摘したものが多数見られ、それらの研究としては、星野常夫（1998）、田中良三（2004）、荒川智（2005）、滝村雅人（2007）、

表1-6　日本の障害児教育政策・特別支援教育政策・インクルーシブ教育政策に関する代表的な先行研究

先行研究の分類	著者（発表年）
特別支援教育の課題	星野（1998）、田中（2004） 荒川（2005）、滝村（2007） 丹羽（2009）、池田（2010） 越野（2011）
日本とイギリスの比較	佐藤（2003）、遠藤（2010）
インクルーシブ教育の課題と展望	荒川（2008）、渡部（2012） 清水（2012）

丹羽詔一（2009）、池田浩明（2010）、越野和之（2011）等のものがある。

　星野は、「日本の障害児教育は、特殊教育制度の枠の中にいる子どもたちにはその専門性が十分発揮されるが、その枠の外にいる子どもたちには直接にかかわることがないのである。このように現在、日本の障害児のための教育である特殊教育制度はサラマンカ声明の方針には合致していないように思われる。」（星野，1998: 81）と指摘している。同様に、荒川は、「日本の特別支援教育は、インクルージョンにはまだほど遠く、せいぜいインテグレーション（同化・統合）の段階にようやく届いたにすぎない」（荒川，2005: 108）という問題点を指摘している。

　また、越野は、「我が国におけるインクルーシブ教育のイメージはいまだ明瞭な像を結ぶに至っていない。」（越野，2011: 1）と述べている。さらに、池田（2010）は、インクルーシブ教育の実現は、特別支援教育だけの問題ではなく、通常教育の問題であると指摘している。

　そして、田中（2004）は、特別支援教育に関して、障害児教育関係者だけではなく、通常学級の教員や親との連携・協同が重要であることを指摘し、滝村（2007）は、親支援と他機関との連携の重要性について述べている。

　丹羽は、日本における特別支援教育の施行後も、その網の目に掛からない支援を必要としている子ども達がいると指摘し、被虐待児や不登校、非行の

子どもを取り上げている。その上で、「わが国においても、子どもを取り巻く事情は同様であると思われるので、英国での経緯や経験から学ぶところは多いのではないかと思われる。」（丹羽，2009: 59）と述べ、イギリスにおける「特別な教育的ニーズ」の概念が日本に示唆を与えることを指摘している。

このように、日本の特別支援教育に関する先行研究の中には、イギリスの実践に示唆を求めるものが見られる。インクルーシブ教育の先導的な役割を果たしてきたイギリスは「特別な教育的ニーズ」の概念を導入するなど、独自の障害児教育を展開してきた実績があり、日本はそこから学ぶべき点が多いと考えられる。実際に、日本はイギリスを手本として、「特別な教育的ニーズ」の概念や「特別支援教育コーディネーター」の制度を導入している。

また、日本の特別支援教育に関する先行研究としては、以下のものがあり、イギリスの例を挙げて論じている。

佐藤満雄（2003）は、イギリスと比較した上で、日本の特別支援教育は通常学校の校長を含めた教職員の意識改革が重要であると指摘している。遠藤俊子（2010）は、イギリスの例を取り上げながら、新自由主義教育改革が能力主義路線を強化することによってインクルージョンは機能しなくなると指摘している。

日本におけるインクルーシブ教育の今後を展望した研究も見られ、その課題とともに、どのような方向性で進んでいくのか模索されている。

渡部昭男は、「居住地校が特長としてきた『地域性』と特別支援教育が蓄積してきた『専門性』の総合保障＆同時達成、それこそが日本型インクルーシブ教育システムの真骨頂ではなかろうか。」（渡部，2012: 172）として、日本型のインクルーシブ教育について論じている。また、清水は、「インクルーシブ教育は、上から与えられる改革であってはならない。学校現場で日常的な活動として、子どもたちの非排除・非差別・平等を実現する下からの教育改革である。」（清水，2012: 179）として、インクルーシブ教育の漸進的

実現について述べている。

　さらに、荒川は、「インクルーシブ教育は、障害児教育の改革にとどまるものではなく、学校教育全般の改革を志向する。そのためには、カリキュラムや指導法に関わる具体的な実践の蓄積とそれを支える理論の構築が必要となる。こうした研究や実践は、先行する欧米でもまだ質量ともに十分とはいえない。」（荒川, 2008: 174）と指摘している。インクルーシブ教育の理論自体が比較的新しいものであるため、近年発表された研究が多く、今後の研究の蓄積が重要になってくると考えられる。今、まさにインクルーシブ教育が進展していく途上にあるといって過言ではないのである。

　このように、日本における障害児教育政策・特別支援教育政策・インクルーシブ教育政策の先行研究を分析すると、特別支援教育政策とインクルーシブ教育政策の関連性についての研究が多く、課題も指摘されている。

　先行研究においても多く論じられているが、インクルーシブ教育は、まさに発展に向かっての過渡期であり、その在り方自体が模索されている。全体的に見て、研究の蓄積が少ないため、今後どのようにインクルーシブ教育が展開し、どのような研究がなされていくか引き続き注視していく必要がある。

　インクルーシブ教育は1994年の「サラマンカ声明」以降、世界の障害児教育政策の潮流となっており、今後もその方向性は変わらないと考えられる。早期にインクルーシブ教育を法制化したイギリスや国連が中心となって、研究や実践を進めていくことは間違いないといえる。また、前述の通り、イギリスの例を取り上げた先行研究も見られ、イギリスのインクルーシブ教育は、その先行性と教育実践から、今後の日本の特別支援教育に示唆を与えると考えられる。

　しかしながら、日本の先行研究におけるイギリスとの比較研究は、対象期間が限定的であり、十分な検討がなされていない。そこで、本研究では、イギリスの障害児教育の成立期からインクルーシブ教育政策までの歴史的展開

を社会情勢と共に分析・考察し、今後の日本におけるインクルーシブ教育政策への示唆を導き出したいと考える。

注
1）本研究では、読み方をバンクーミッケルセンで統一する。引用については、原文のままとする。
2）本研究では、読み方をニルジェで統一する。引用については、原文のままとする。
3）本研究では、読み方をウォルフェンスベルガーで統一する。引用については、原文のままとする。
4）本研究の執筆時は2015年であり、イギリスはEUに加盟している。
5）ブースは、カンタベリー・キリスト教大学（Canterbury Christ Church University）のインクルーシブ教育と国際教育の教授である。
6）エインスコウは、マンチェスター大学（University of Manchester）の教育大学院の教授であり、教育における公正センター（Equity in Education）のディレクターでもある。2013年、下院の教育委員会の専門家顧問に任命されている。
7）ミットラーは、マンチェスター大学（University of Manchester）の特別なニーズ教育の教授であり、国連やユネスコなどの国際機関においても顧問を務めている。
8）ダイソンは、マンチェスター大学（University of Manchester）の環境・教育・発達大学院（School of Environment, Education and Development）の教授であり、教育における公正センター（Equity in Education）のディレクターでもある。

文献
・Ainscow, M.（1999）*Understanding The Development of Inclusive School*, Falmer Press.
・Ainscow, M.（2011）'Some Lessons From International Efforts to Foster Inclusive Education', *Innovacion Educativa* n.21.
・Ainscow, M., Booth, T. & Dyson, A. et al.（2006）*Improving Schools, Developing Inclusion*, Routledge.
・Ainscow, M. & Florek, A.（1989）'A Whole School Approach', In Ainscow, M. & Florek, A.（eds.）, *Special Educational Needs: Towards a Whole School Approach*, David Fulton Publishers & The National Council for Special Education.
・Alliance for Inclusive Education（2015）*Inclusion Now –A Voice for the Inclusive*

Movement in the UK- Issue 41, Alliance for Inclusive Education.
・青柳まゆみ・中村満紀男 (2001)「19世紀末イギリスにおける視覚障害者の生活実態と社会の期待―1889年盲・聾等王命委員会公聴会証言を中心に―」『心身障害学研究』25, 筑波大学
・荒川勇 (1974)「第二章　聾教育史」梅根悟監修『世界教育史大系33　障害児教育史』講談社
・荒川智 (2000)「20世紀と障害児教育―『特殊教育』から『特別ニーズ教育』へ―」『障害者問題研究』27 (4)、全国障害者問題研究会
・荒川智 (2005)「特別ニーズ教育の比較教育的考察」『障害者問題研究』33 (2)、全国障害者問題研究会
・荒川智 (2008)「第3部　インクルーシブ教育の課題」荒川智編著『インクルーシブ教育入門―すべての子どもの学習参加を保障する学校・地域づくり―』クリエイツかもがわ
・Bank-Mikkelsen, N. E. (1969) 'A Metropolitan Area in Denmark: Copenhagen', In Kugel, R. B. & Wolfensberger, W. (eds.), *Changing Patterns in Residential Services for the Mentally Retarded,* Washington D. C.: President's Committee on Mental Retardation.
・Barton, L. & Slee, R. (1999) 'Competition, Selection and Inclusive Education: Some Observations', *International Journal of Inclusive Education* 3 (1), Taylor & Francis.
・Beveridge, S. (1993) *Special Educational Needs in Schools,* Routledge.
・Beveridge, S. (1997) 'Implementing Partnership with Parents in Schools', In Wolfendale, S. (ed.), *Working with Parents of SEN Children After the Code of Practice,* David Fulton Publishers.
・Bhalla, A. S. & Lapeyre, F. (2004) *Poverty and Exclusion in a Global World - Second Revised Edition-,* Palgrave Macmillan.
・Booth, T. (1992) 'Integration, Disability and Commitment: A Response to Mårten Söder', In Booth, T. et al. (eds.), *Policies for Diversity in Education,* Routledge.
・Booth, T. (1999) 'Inclusion and Exclusion Policy in England: Who Controls the Agenda?', In Armstrong, D. et al. (eds.), *Inclusive Education: Contexts and Comparative Perspectives,* David Fulton Publishers.
・Booth, T. & Ainscow, M. (2011) *Index for Inclusion: Developing Learning and Participation in Schools,* Centre for Studies on Inclusive Education.

- Briggs, S. (2016) *Meeting Special Educational Needs in Primary Classrooms – Inclusion and How to Do it–*, Routledge.
- Brown, H. & Smith, H. (1992) 'Assertion, not Assimilation: A Feminist Perspective on the Normalisation Principle', In Brown, H. & Smith, H. (eds.), *Normalisation: A Reader for the Nineties*, Routledge.
- Campbell, L. (2002) 'Rights and Disabled Children', In Franklin, B. (ed.), *The New Handbook of Children's Rights –Comparative Policy and Practice–*, Routledge.
- Cheminais, R. (2015) *Rita Cheminais' Handbook for SENCOs 2rd Edition*, SAGE.
- Chitty, A. & Dawson, V. (2012) *Special Educational Needs –A Parent's Guide–*, Need2know.
- Daniels, H. & Garner, P. (eds.) (1999) *Inclusive Education –World Yearbook of Education 1999–*, Kogan Page.（＝ハリー・ダニエルズ、フィリップ・ガーナー編著　中村満紀男・窪田眞二監訳（2006）『世界のインクルーシブ教育―多様性を認め、排除しない教育を』明石書店、p.13）
- Department for Children, Schools and Families (DCSF) (2008) *Designing for Disabled Children and Children with Special Educational Needs –Guidance for Mainstream and Special Schools–*, TSO.
- Dessent, T. (1988) *Making the Ordinary School Special*, The Falmer Press.
- Ekins, A. (2015) *The Changing Face of Special Educational Needs –Impact and Implications for SENCOs, Teachers and Their Schools– Second Edition*, Routledge.
- Emerson, E. (1992) 'What is Normalisation?', In Brown, H. & Smith, H. (eds.), *Normalisation: A Reader for the Nineties*, Routledge.
- 遠藤俊子（2010）「特別支援教育の現状・課題・未来―インクルージョンを手がかりとして―」『日本女子大学人間社会研究科紀要』16
- Farrell, M. (1998) 'Notes on the Green Paper: An Initial Response', *British Journal of Special Education* 25 (1), NASEN.
- 藤本文朗（1983）「障害児教育におけるインテグレーションの系譜と動向」『障害問題研究』32、全国障害者問題研究会
- 藤本文朗（1986）「第一部　教育的インテグレーションの現状、Ⅳ　臨教審『改革』で障害児教育はどうなるか」藤本文朗・渡部昭男編（科学的障害者教育研究会）『障害児教育とインテグレーション』労働旬報社
- 福原宏幸編著（2007）『社会的排除／包摂と社会政策』法律文化社

- 古川孝順（1998）『社会福祉基礎構造改革　その課題と展望』誠信書房
- Grunewald, K.（1969）'A Rural County in Sweden: Malmohus County', In Kugel, R. B. & Wolfensberger, W.（eds.）, *Changing Patterns in Residential Services for the Mentally Retarded*, Washington D. C.: President's Committee on Mental Retardation.
- Grunewald, K.（1974）*The Mentally Retarded in Sweden*, The Swedish Institute.
- Gulliford, R.（1971）*Special Educational Needs*, Routledge.
- 花村春樹（1998）『「ノーマリゼーションの父」N. E. バンク―ミケルセン』ミネルヴァ書房
- Hegarty, S., Pocklington, K. & Lucas, D.（1981）*Educating Pupils with Special Needs in the Ordinary School*, NFER-Nelson.
- Hodkinson, A.（2010）'Inclusive and Special Education in the English Educational System: Historical Perspectives, Recent Developments and Future Challenges', *British Journal of Special Education* 37（2）, NASEN.
- 洪浄淑（2005）「A. ガートナーとD. K. リプスキーにおける特殊教育批判とフル・インクルージョンの提唱」『心身障害学研究』29、筑波大学
- 堀正嗣（1997）『新装版　障害児教育のパラダイム転換―統合教育への理論研究―』明石書店
- 星野常夫（1998）「障害児を含むすべての子どもたちのための新しい教育システムに関する一考察―「特別なニーズ教育」構想を通して―」『文教大学教育学部紀要』32
- 池田浩明（2010）「特別支援教育とインクルーシブ教育―就学の場に着目して―」『藤女子大学紀要』47
- 一番ケ瀬康子（1994）『一番ケ瀬康子　社会福祉著作集　第三巻　生涯福祉・ノーマライゼーション』労働旬報社
- 岩田正美（2008）『社会的排除―参加の欠如・不確かな帰属』有斐閣
- 加藤博史（1991）「ノーマリゼーションの思想的系譜―『国民優性法』制定に関する批判思想の検討から―」『社会福祉学』32（2）、日本社会福祉学会
- 河東田博（2005）「新説1946年ノーマライゼーションの原理」『立教大学コミュニティ福祉学部紀要』7
- 河東田博（2008）「ノーマライゼーション原理具現化の実態と課題」『立教大学コミュニティ福祉学部紀要』10
- 河合康（1991）「イギリスにおける視覚障害教育の史的発達」『上越教育大学研究紀

要』11（1）
・河合康（2002）「イギリスにおける『2001年特別な教育的ニーズ・障害法』の内容と意義―「1996年教育法」の修正に焦点を当てて―」『上越教育大学研究紀要』21（2）
・河合康・石部元雄（1986）「イギリス特殊教育の動向―『ウォーノック報告』及び『1981年教育法』以降における―」『心身障害学研究』10（2）、筑波大学
・越野和之（2011）「インクルーシブ教育構想の具体化と広範な合意形成にむけて」『障害者問題研究』39（1）、全国障害者問題研究会
・Lewis, A.（1995）*Children's Understanding of Disability*, Routledge.
・Liasidou, A.（2012）*Inclusive Education, Politics and Policymaking*, Continuum.
・Lindley, P. & Wainwright, T.（1992）'Normalisation Training: Conversion or Commitment?', In Brown, H. & Smith, H.（eds.）, *Normalisation: A Reader for the Nineties*, Routledge.
・Lipsky, D. K. & Gartner, A.（1997）*Inclusion and School Reform: Transforming America's Classroom*, P. H. Bookes.
・Mason, M.（1992）'The Integration Alliance: Background and Manifesto', In Booth, T. et al.（eds.）, *Policies for Diversity in Education*, Routledge.
・Meijer, Cor J. W., Pijl, S. J. & Hegarty, S.（eds.）（1994）*New Perspectives in Special Education –A Six-Country Study of Integration–*, Routledge.
・Mittler, P.（2002）*Working Towards Inclusive Education: Social Contexts*, Routledge.
・中村健吾（2002）「EUにおける『社会的排除』への取り組み」『海外社会保障研究』141、国立社会保障・人口問題研究所
・中園康夫訳（バンク－ミッケルセン, N. E.）（1978）「（翻訳）ノーマリゼーション（normalization）の原理」『四国学院大学論集』42
・中園康夫（1981a）「ノーマリゼーションの原理について（I）―特に1970年代における若干の文献を中心にして―」『四国学院大学論集』48、四国学院文化学会
・中園康夫（1981b）「『ノーマリゼーションの原理』の起源とその発展について―特に初期の理念形成を中心として―」『社会福祉学』22（2）、日本社会福祉学会
・Nirje, B.（1969a）'A Scandinavian Visitor Looks at U. S. Institutions', In Kugel, R. B. & Wolfensberger, W.（eds.）, *Changing Patterns in Residential Services for the Mentally Retarded*. Washington D. C.: President's Committee on Mental Retardation.

- Nirje, B. (1969b) 'The Normalization Principle and Its Human Management Implications', In Kugel, R. B. & Wolfensberger, W. (eds.), *Changing Patterns in Residential Services for the Mentally Retarded*, Washington D. C.: President's Committee on Mental Retardation.
- Nirje, B. (1970) 'Symposium on "Normalization" -The Normalization Principle- Implications and Comments', *British Journal of Mental Subnormality*.
- 丹羽詔一（2009）「特別支援教育の現状と課題―教員養成に望まれるカリキュラムについて―」『愛知教育大学教育実践総合センター紀要』12
- 野村武夫（2004）『ノーマライゼーションが生まれた国・デンマーク』ミネルヴァ書房
- Norwich, B. (2008) 'What Future for Special Schools and Inclusion? Conceptual and Professional Perspectives', *British Journal of Special Education* 35 (3).
- Norwich, B. (2010) 'A Response to 'Special Educational Needs: A New Look'', In Terzi, L. (ed.), *Special Educational Needs -A New Look-*, Continuum.
- 岡田武世（1985）「社会科学的障害者福祉論とノーマライゼーションの『思想』」『社会福祉学』26（1）
- 岡崎幸友（2010）「『ノーマリゼーション』の今日的意味と役割」『吉備国際大学研究紀要（社会福祉学部）』20
- Oppenheim, C. (1998) 'Poverty and Social Exclusion: An Overview', In Oppenheim, C. (ed.), *An Inclusive Society: Strategies for Tackling Poverty*, IPPR.
- Percy-Smith, J. (2000) 'Introduction: The Contours of Social Exclusion', In Percy-Smith, J. (ed.), *Policy Responses to Social Exclusion: Towards Inclusion?*, Open University Press.
- Pritchard, D. G. (1963) *Education and Handicapped 1760-1960*, Routledge & Kegan Paul.
- Rispens, J. (1994) 'Rethinking the Course of Integration: What Can We Learn From the Past?', In Meijer, Cor J. W., Pijl, S. J. & Hegarty, S. (eds.), *New Perspectives in Special Education -A Six-Country Study of Integration-*, Routledge.
- 真城知己（1994）「19世紀末イギリス公立基礎学校における肢体不自由児―在籍率とそのとらえられ方―」『特殊教育学研究』32（3）、日本特殊教育学会
- 真城知己（1996）「イギリスにおける慈善組織協会の障害児教育への貢献に関する研究―肢体不自由教育への意義を中心に―」『特殊教育学研究』34（2）、日本特

殊教育学会
・真城知己・石部元雄（1989）「戦後のイギリス特殊教育に関する一考察―ウォーノック報告に焦点を当てて―」『心身障害学研究』14（1）、筑波大学
・真城知己・名川勝（1995）「イギリス1993年教育法の特別な教育的ニーズを持つ子どもに関する規定」『筑波大学リハビリテーション研究』4（1）
・佐藤満雄（2003）「『今後の特別支援教育の在り方（中間まとめ）』についての一考察―イギリスの特別支援教育からみた―」『情緒障害教育研究紀要』22、北海道教育大学
・Sebba, J. & Sachedev, D. (1997) *What Works in Inclusive Education?*, Barnardo's.
・妹尾正（1974）「（論苑）重度化と労働問題」『愛護』194、日本精神薄弱者愛護協会
・清水貞夫（1987）「ノーマリゼーション概念の展開―ウォルフェンスベルガーの論考を中心として―」『宮城教育大学紀要　第2分冊　自然科学・教育科学』22
・清水貞夫（2002）「イギリス労働党政権下でのインクルージョンに向けた取り組み」『宮城教育大学紀要』37
・清水貞夫（2007）「インクルーシブ教育の思想とその課題」『障害者問題研究』35（2）、全国障害者問題研究会
・清水貞夫（2012）『インクルーシブ教育への提言―特別支援教育の革新』クリエイツかもがわ
・Solity, J. (1992) *Special Education*, Cassell.
・杉野昭博（1992）「『ノーマライゼーション』の初期概念とその変容」『社会福祉学』33（2）、日本社会福祉学会
・Szivos, S. (1992) 'The Limits to Integration', In Brown, H. & Smith, H. (eds.), *Normalisation: A Reader for the Nineties*, Routledge.
・滝村雅人（2007）「『特別支援教育』のあり方を考える」『人間文化研究』8、名古屋市立大学大学院人間文化研究科
・田中耕二郎（1983）「インテグレーション概念をめぐる諸問題―イギリスにおけるS.Hegartyらの議論―」『障害者教育科学』7、科学的障害者教育研究会
・田中良三（2004）「『特別支援教育』の矛盾と克服」『愛知県立大学文学部論集（児童教育学科編）』53、愛知県立大学
・Tansley, A. E. & Gulliford, R. (1960) *The Education of Slow Learning Children*, Routledge.
・Tizard, J. (1969) 'Residential Services Within the Service Continuum', In Kugel, R. B. & Wolfensberger, W. (eds.), *Changing Patterns in Residential Services for the*

  Mentally Retarded. Washington D. C.: President's Committee on Mental Retardation.
- Tjernberg, C. & Mattson, E. H. (2014) 'Inclusion in Practice: A Matter of School Culture', *European Journal of Special Needs Education* 29 (2), Routledge.
- Tomlinson, S. (2001) 'Sociological Perspectives on Special and Inclusive Education', *Support for Learning* 16 (4), NASEN.
- Tyne, A. (1992) 'Normalisation: from Theory to Practice', In Brown, H. & Smith, H. (eds.), *Normalisation: A Reader for the Nineties*, Routledge.
- UNESCO (2005) *Guidelines for Inclusion: Ensuring Access to Education for All*. (http://unesdoc.unesco.org/images/0014/001402/140224e.pdf, 2016. 9. 27)
- UNESCO (2009) *Policy Guidelines on Inclusion in Education*. (http://unesdoc.unesco.org/images/0017/001778/177849e.pdf, 2016. 9. 27)
- 渡部昭男 (2012)『日本型インクルーシブ教育システムへの道―中教審報告のインパクト―』三学出版
- Warnock, M. (2005) 'Special Educationl Needs: A New Look', In Terzi, L. (eds.) (2010), *Special Educational Needs -A New Look-*, Continuum.
- Watson, J. (1992) 'My Story', In Booth, T. et al. (eds.), *Policies for Diversity in Education*, Routledge.
- Wolfensberger, W. (1972) *The Principle of Normalization in Human Services*, National Institute on Mental Retardation.
- 山口洋史 (1993)『イギリス障害児「義務教育」制度成立史研究』風間書房
- 吉原美耶子 (2005)「イギリスにおける包摂的教育の政策とその特質―社会的排除と社会的包摂の概念に着目して―」『東北大学大学院教育学研究科研究年報』53 (2)

第2部　インクルーシブ教育に至る障害児教育政策論の歴史的展開

第2章　インクルーシブ教育の源流
──ノーマリゼーション原理──

第1節　「ノーマリゼーション」の言葉の起源

　近年、時代の変化に対応して、インクルージョンという新しい理念が、世界の障害児（者）福祉政策・教育政策の潮流となっている。そして、その歴史的展開を遡っていくと、1950年代に発祥した「ノーマリゼーション原理」にいきつくことが理解できる。ノーマリゼーション原理、その実践概念であるインテグレーション、そしてインクルージョンおよびインクルーシブ教育の理論を体系的に理解するためにも、その原点であるノーマリゼーション原理の理解は欠くことができないプロセスである。

　「Normalization（ノーマリゼーション）」とは、1953年にデンマークのバンク－ミッケルセン（Bank-Mikkelsen, N. E.）と知的障害者の親の会が協同して、福祉サービスの改善に対する親の会の要望をまとめ、社会大臣に提出した覚書のタイトルであるデンマーク語「Normalisering（ノーマリセーリング）」を英訳したものである（岡崎, 2010）。また、ノーマリゼーションの用語を造り、初めて使ったのはスウェーデンのニルジェ（Nirje, B.）である。1963年にノルウェーのオスロで行われた精神遅滞者（知的障害者）育成会の会議において、知的障害者サービスのあるべき理念と方向性を言い表すものとして、初めて使用されたといわれている（中園, 1981; 清水, 1987）。

　「Normalization」に対する発音としては、イギリス発音の「ノーマリゼーション」とアメリカ発音の「ノーマライゼーション」の二通りがあり、日本では1995年の「障害者プラン―ノーマライゼーション7か年戦略」の様に、

公的な文書においても「ノーマライゼーション」のアメリカ発音が採用されている。この理由について、岡崎幸友は、「わが国へは北欧からのルートに加え、後にアメリカからのルートが加わり、結局二通りのルートで紹介されるようになったため、わが国における『normalization』定着期にあっては、文化的影響を色濃く受けているアメリカの読みである『ノーマライゼーション』のほうが広く浸透したのではないだろうか。」（岡崎，2010: 13）と指摘している。広く国民が「Normalization」を知る契機となった1981年「国際障害者年（International Year of Disabled Persons）」の頃には、「ノーマライゼーション」のアメリカ発音が主流になったと考えることができる。

　また、どうして「Normalization」を日本語に訳さなかったのかという問いが浮かび上がる。このことについて、中園康夫は、「normalization の日本語訳として『常態化』とか『正常化』とかが考えられるが、いづれもその真意を伝えるものではない。あえて日本語に訳さない方がよいことばであると思う。」（中園，1978: 159）としている。実際に、日本語に訳され、公的な文書や日常生活上で使用されていることはほとんどないといえる。「Normalization」の言葉それ自体が、我々の生活の中にそのまま流入したのである。

　そこで本研究では、上記の考察に加え、「Normalization」は北欧で発祥した理念であり、提唱者であるバンク―ミッケルセンは英語で話をする時は「ノーマリゼーション」と発音していたこと（花村，1998）、またその言葉の出発点に意味があり、言葉自体に知的障害者の親の会の想いが込められていることを踏まえた上で、「ノーマリゼーション」と記述することにする。

第2節　ノーマリゼーション原理の歴史的展開

　先に述べた通り、ノーマリゼーションとは、1953年にデンマークのバンク―ミッケルセンと知的障害者の親の会が、大規模収容施設、教育、福祉サー

ビスなどの改善に対する要望をまとめ、社会大臣に提出した覚書のタイトルに淵源がある。

当時、デンマークでは、知的障害者は地域社会から隔離された大規模収容施設での生活を強いられ、そこでの生活は人間としての尊厳を奪うものであった。地域社会とは隔絶された数百人規模の大規模収容施設に知的障害者を収容し、外出制限や成人に対する断種手術が当然のこととして行われていたのである。

そのような状況下で、1951年から1952年にかけて知的障害者の親の会が結成され、大規模収容施設、教育、福祉サービスなどの改善を求め、活動していた。その運動に、社会省にいたバンク—ミッケルセンが共鳴し、要望内容を取りまとめて、1959年「知的障害者福祉法（The Act No.192 of June 5, 1959）」（以下、「1959年法」）に反映させる努力をしたのである。

「1959年法」の目的は、「知的障害者が可能な限り他の市民に近い生活を獲得できること」（Nirje, 1969b: 181）であったといえる。バンク—ミッケルセンは、ノーマリゼーション原理について、「子どもにとって、ノーマリゼーションは、彼等の生まれた環境で生活し、遊び、幼稚園や学校などに通うことを意味する。成人は、彼等の両親の家から独立し、訓練や教育を受け、雇用を求める権利を持つべきである。成人と同じように子どもも、ノーマルな生活の一部として、余暇やレクリエーションの時間が必要である。私達は知的障害児（者）を地域社会に実現可能な最善の方法で統合することを試みたい。」（Bank-Mikkelsen, 1969: 234）と述べている。

つまり、ノーマリゼーション原理の初期概念は、知的障害児（者）が他の市民が享受しているごくあたり前とされている権利を同じように享受できること、また、他の市民と同等の生活を送れるようになることを意味している。障害のある子どもに関しては、その教育についても地域で行われるべきであるとしている。このように、バンク—ミッケルセンの言葉から、1960年代の北欧には既に統合教育の萌芽があったことが理解できる。

先に挙げた「1959年法」によって、ノーマリゼーション原理は世界で初めて公的に認められると同時に、知的障害児（者）の市民的権利が保障され、彼等に対する社会福祉サービスが体系的に整備・確立されたということができる（中園，1981）。この一連の流れは、行政官であるバンク−ミッケルセンの尽力によるところが多大であるといえる。親の会という運動体と政策主体が協同してノーマリゼーション原理が推進され、その結果、知的障害児（者）の権利保障が達成されたことは特筆すべきことである。また、世界的に見ても、障害児（者）福祉政策・教育政策の大きな転換点であったといえる。この点については後節で詳しく分析したいと考える。

　さらに、バンク−ミッケルセンは、知的障害児（者）に対する特別な法律が、知的障害児（者）の否定的な面を特徴づける隔離という結果をもたらすと指摘し、1980年1月「社会サービス法（The Social Service Act）」において、全ての障害児（者）に対する特別な法律は廃止され、一般の社会法が障害児（者）を包括するものに変わっている（中園，1981）。そして、この法律の最大の特徴は、障害児（者）を表す全てのカテゴリーが消滅し、カテゴリーに基づいてサービスが提供されるのではなく、個人のもつニーズによってサービスが提供されるという考え方にシフトしたことにあるといえる（中園，1981）。

　1980年1月「社会サービス法」は施行され、同じ法律が障害のある人にも障害のない人にも等しく適用されることになり、法の下での平等が保障されたといえる。この法律の制定以降、ノーマリゼーション原理は北欧諸国に広まり、知的障害児（者）のための処遇改善の取り組みがなされるようになったのである。このように、初期のノーマリゼーション原理は、法の下での平等に結実したと考えることができる。

　同時期に、バンク−ミッケルセンと同様に、北欧のノーマリゼーション原理を牽引したスウェーデンのニルジェは、バンク−ミッケルセンによるノーマリゼーション原理をどこの国でも具体化できるように示し、1969年の論文

で、「知的障害者に社会の主流の基準や様式に可能な限り近い日常生活の様式や条件を提供することを意味する。」(Nirje, 1969b: 181) と定義している。

エマーソン (Emerson, E.) は、まずバンク―ミッケルセンは、住居、教育、仕事、余暇などの日常生活の質の伝統的な社会的尺度における平等の確保の関係からノーマリゼーション原理を定義しており、他方ニルジェは、より心理学的なアプローチを用いて、ノーマルな生活様式の観点から、ノーマリゼーション原理の主要な目的を定義していると指摘している (Emerson, 1992)。つまり、ニルジェは、ノーマルな生活様式を重視していることがわかる。

ニルジェの定義の最大の特徴は、**表2-1**の通り、「ノーマリゼーション原理の8つの実践課題」(Nirje, 1969b: 182-185) を提示し、知的障害児（者）の生活様式や条件を他の市民と同様の形にすること主張している点にある。

このように、ニルジェは、バンク―ミッケルセンの主張したノーマリゼーション原理を、より具体的な問題として捉え、ライフサイクルにおける発達段階でどのような実践が必要であるかという課題を提示したのである。

中園は、ニルジェのノーマリゼーション原理の主張を、「精神遅滞児・者が地域社会の人たちと、同じ生活環境のなかで生活してゆく、生活条件・環

表2-1　ノーマリゼーション原理の8つの実践課題

①	一日のノーマルなリズムの保障（起床・食事・就寝などの一日の生活リズム）
②	ノーマルな生活上の日課の保障
③	年間のノーマルなリズムの保障（休暇・旅行などの一年のサイクルで通常行われる行事）
④	ライフサイクルにおいてノーマルな発達的経験をする機会の保障 （幼児期・学齢期・青年・成人・老齢の各年齢段階におけるノーマルな経験や体験）
⑤	選択・願いや要望の尊重
⑥	社会のノーマルなパターンに則して、男女両性が存在する生活の保障
⑦	所得保障によるノーマルな経済水準の保障
⑧	病院や学校などの建築基準（規模、立地など）を社会での基準と同一にすること

出典：Nirje (1969b: 182-185) から筆者作成

境条件をつくりあげてゆくと同時に、障害児が人生の初期からの発達過程を通して、人間として発達し、自立してゆくために経験しなければならない刺激や出来事、及び社会的学習の機会が適切にあたえられねばならないことを強調するのである。」（中園，1981: 97）と評価している。つまり、ニルジェはノーマルな生活様式に加え、ライフサイクルにおける各発達段階に応じて、どのような支援が必要であるかを第一に考えているのである。今日、ライフサイクルを通した障害児（者）の発達を、個人の障害要因だけではなく、環境要因との関係で捉えることは一般的になっているが、1960年代に既にこの考えが主張されていたことは特筆すべきことである。

　以上のことから、ノーマリゼーション原理は単なる「理念」ではなく、「実践」を展開するための最も重要な目的概念であることをここで主張したいと考える。

　さらに注目に値するのは、ニルジェは「選択・願いや要望の尊重」を実践課題として取り上げていることである。それは知的障害児（者）の「自己選択・自己決定」を意味しており、選択・願いや要望を彼等自身で見出し、他者に伝える能力を身につけること、自己を肯定し、「自己選択・自己決定」の自信や達成感を得ていくことである。知的障害者であるが故に奪われてきた社会経験の機会が提供され、実践の経験を積み重ねることによって、知的障害児（者）が自立して生きていく道は切り拓かれていくのである。実践課題を提示したニルジェのノーマリゼーション原理は、知的障害児（者）を権利主体として捉えた上で、「自己選択・自己決定」を実践課題として取り上げており、現在の障害児（者）福祉においても欠くことができない視点をそこに見出すことができる。

　また、バンク―ミッケルセンとニルジェに共通している視点は、知的障害児（者）をその障害とともに受容することにあるといえる。堀正嗣は、バンク―ミッケルセンとニルジェの言葉を取り上げた上で、彼等が障害者問題について、障害者を巡る問題としてではなく、社会的な問題として捉えている

パラダイム転換を指摘している（堀，1997）。つまり、障害は個人の問題にのみ帰結するものではなく、社会の問題として捉えることが重要であり、社会や人々の認識の変革が必要だといえるのである。

その後、ニルジェのノーマリゼーション原理は、スウェーデンの「1968年法[1]」において法制化されている。同法では、知的障害児（者）への多岐に渡るサービスが認められ、知的障害児（者）の個々のニーズに合致したサービスが提供されるべきであるとしている。同法の第1項では、地域社会における統合について述べられ、第4項では、収容施設におけるケアが必要ではない知的障害児（者）の場合は、彼等の家においてケアが受けられるようにするとしている。地域社会において知的障害児（者）も共に生活する姿勢が貫かれているのである。つまり、ここで、ノーマリゼーション原理を実現する方法としての「インテグレーション（統合）」が具体化され、世界的なものとなってくるのである。インテグレーションは、まさにノーマリゼーション原理を実践において具現化したものである。

以上のように、ノーマリゼーション原理の歴史的展開を辿ることによって、その起源はデンマークにおける知的障害者の親の会の活動まで遡ることができ、それは大規模収容施設、教育、福祉サービスの改善など、ごくあたり前の生活を国に求めたものであった。親の会という運動体と社会省の行政官であるバンク―ミッケルセンが協同し、法律を作り上げたことは、歴史的にも極めて画期的な出来事であったといえる。

第3節　北欧型と北米型のノーマリゼーション原理

北欧で生まれたノーマリゼーション原理は、1969年に出版された知的障害に関する大統領委員会（President's Committee on Mental Retardation）の報告書におけるニルジェの論文によって、アメリカへ渡っている。清水貞夫は、ノーマリゼーション原理は、知的障害者サービスの新しい原理をわかりやす

く説明したものとしてアメリカで歓迎されたと評価している（清水，2010）。

当時のアメリカは、巨大入所施設での知的障害者に対する非人間的な状況が告発されたことを契機として、ケネディ大統領によって知的障害者施策の方向転換が図られ、巨大入所施設の解体が進められていた。ニルジェは論文の中で、アメリカの知的障害者入所施設はナチスの強制収容施設を思い起こさせるものであり、人間性を奪い、非人道的で、生活・自由・幸福を追求する権利から、かけ離れた状況であったと述べている（Nirje, 1969a）。

そして、ニルジェの英語論文は1971年にスウェーデン語に訳され、1972年にデンマーク語に翻訳されている（清水，2010）。つまり、ノーマリゼーション原理はアメリカで注目され、再度、北欧に戻ったのである。この際、北欧には、北米型のノーマリゼーション原理の中心となっていた「脱施設化」の思想が逆輸入され、北欧型のノーマリゼーション原理がインテグレーション推進へと動いていく契機となっている。北米型のノーマリゼーションが、北欧型のそれに影響を与え、さらにインテグレーションが推進されたことは特筆すべきことである。

ニルジェは、アメリカにノーマリゼーション原理を紹介したが、実際に広めた中心人物として知られているのがウォルフェンスベルガー（Wolfensberger, W.）である。アメリカではウォルフェンスベルガーの功績もあり、対人サービスを中心にノーマリゼーション原理が推進されている。彼は脱施設化運動の推進者であり、1969年にスウェーデンとデンマークを訪問し、北欧では旧来の収容施設が存続し、新規開拓も進められているという事実を批判的に受け止めて帰国している（清水，1987）。

ここで重要となるのは、北欧型のノーマリゼーション原理は、アメリカから脱施設化の思想が流入する以前は脱施設化を目的としたものではなく、施設における環境の改善やサービスの向上に主眼が置かれていたということである。杉野昭博は、「初期の北欧型ノーマライゼーション、とくにミケルセンの思想の特質を、精神遅滞者をなるべく健常者社会に統合するとともに彼

らの利益のために彼らを健常者社会からある程度分離することも容認するという意味で『保護＝福祉主義』として理解できる。」(杉野，1992: 192) と指摘している。

　当然の帰結ではあるが、脱施設化を唱導するウォルフェンスベルガーは北欧型のノーマリゼーションとは相容れなくなり、違う形に変え、アメリカで推進していったのである。1972年、ウォルフェンスベルガーはノーマリゼーション原理をアメリカの状況や対人処遇一般に適用できるように「可能なかぎり文化的に通常である個人の行動や特徴を確立したり、維持するために、可能なかぎり文化的に通常である手段を利用すること」(Wolfensberger, 1972: 28) と再定義している。岡崎は、この定義について、「知的障害者との間に横たわる溝を乗り越えるための方法として、逸脱の原因を除去するために、相手の価値を引き上げることで達成しようとする。だから社会からの『見られ方』を重視し、また実現するための手段の『見られ方』も精緻に規定している。」(岡崎，2010: 12) と指摘している。

　つまり、ウォルフェンスベルガーが「逸脱している人」に対して、その社会的なイメージを向上させるために多様な技術を用いることを重視したことから、結果として、彼の理論は対人サービスを重視した技術論と評されていることがわかる。ウォルフェンスベルガーは、社会的に価値が低いと見なされている人の社会的な役割を向上させることによって、社会からの「見られ方」を変革していこうとしたのである。

　清水は、ニルジェとウォルフェンスベルガーの違いについて、「ニルジェのノーマリゼーションの強調点は、"環境のノーマリゼーション化"あるいは、"障害者サービスのノーマリゼーション化"であり、ウォルフェンスベルガーのそれは"個人のノーマリゼーション化"と特徴づけることができる。」(清水，1987: 139) としている。また、中園は、「バンク＝ミッケルセンやニルジェが、精神遅滞児・者の生活する環境の条件を、一義的に強調しているのにたいして、ボルフェンスベルガーは、環境条件とともに、『行動とその個

人の特性』をノーマライズする必要があるとのべている点に、彼の考え方の特徴が見られる。」(中薗, 1981: 100-101) としている。つまり、ニルジェは、人間はノーマルな生活様式を経験することで、個人の人間的発達が促されるため、知的障害者の生活様式と条件を社会の主流に近づけることが重要であると考え、ウォルフェンスベルガーは、個人が「逸脱している」と見られないようにするために、容姿などを年齢相応にするとともに、居住・教育・医療などの生活機能を分離して地域社会に分散させることを求めたのである(清水, 2010)。

このように、障害のある個人をありのまま受容しようとするニルジェの理論と障害のある個人が社会から「逸脱している」と見られないようにしようとするウォルフェンスベルガーのノーマリゼーションに対する捉え方は、当初からズレがあったと指摘することができ、双方のノーマリゼーション原理は乖離していったのである。

その結果、ウォルフェンスベルガーは、1983年にノーマリゼーション原理の代わりに「社会的役割の有価値化(Social Role Valorization: SRV)」という新造語を使うことを提起し、「私はノーマリゼーション原理の代わりに『社会的役割の有価値化』という言葉を提示する。そして、私の授業や我々の訓練機関が提供するワークショップでその使用を始めている。」(Wolfensberger, 1983: 238) と述べている。

また、ウォルフェンスベルガーは、「ノーマリゼーションの最も明白で最高のゴールは、社会的価値の危機にさらされている人々のための『価値のある社会的な役割(Valued Social Roles)』の創造、支援、防衛でなければならない。」(Wolfensberger, 1983: 234) としている。

このように、ウォルフェンスベルガーが、「ノーマリゼーション」という用語を使用しなくなり、ニルジェが提唱したノーマリゼーション原理が、広く世界に流布していったといえる。

以上のように、ノーマリゼーション原理が、北欧において法の下での平等

に基づいた人権思想として発展し、アメリカに渡り、脱施設化の思想と結びつき、再度、北欧へ戻っていることが明らかとなった。ノーマリゼーション原理は決して難解ではなく、わかりやすい理論であるが故に、良い意味でも悪い意味でも柔軟性をもって世界に受け入れられてきたといえる。今一度捉え直すべき点は、北欧のノーマリゼーション原理に込められた原点の想いを知ることである。それこそが、本来のノーマリゼーション原理の在り方を理解する上で欠くことができないものである。

第4節　ノーマリゼーション原理の世界的な展開

　ノーマリゼーション原理は、障害者団体の活動を通して、国際的に認知されていったといえる。
　ニルジェは元来、国際的な活動に熱心であり、1960年に「国際知的障害者福祉連盟 (International League of Societies for Persons with Mental Handicap)」[2]が創設され、ニルジェがその組織化に努めている。そのため、ニルジェのノーマリゼーション原理が連盟の根幹を成している。
　1968年、「国際知的障害者福祉連盟」は、「知的障害者の一般的権利および特別な権利宣言 (Declaration on the General and Special Rights of Mentally Retarded Persons)」を表明している。そして、この宣言が、国連の1971年「知的障害者権利宣言 (Declaration on the Rights of Mentally Retarded Persons)」、および1975年「障害者権利宣言 (Declaration on the Rights of Disabled Persons)」に引き継がれるのである。「知的障害者権利宣言」では、「入所施設でのケアが必要であっても、入所施設は可能な限りノーマルな生活に近い環境と状態であるべきである。」(United Nations, 1971) と述べられている。続く1975年「障害者権利宣言」では、「障害者は他の人々と等しく公民権を有する」(United Nations, 1975) ことが宣言されている。
　この宣言は、1981年「国際障害者年 (International Year of Disabled

Persons)」へつながり、「完全参加と平等」というスローガンが掲げられ、一般の人々も障害者の権利に対する認識を深める契機となっている。続いて1982年「障害者に関する世界行動計画 (World Programme of Action Concerning Disabled Persons)」、1983年から1992年の「国連・障害者の十年 (United Nations Decade of Disabled Persons)」、1993年「障害者の機会均等化に関する基準規則 (The Standard Rules on the Equalization of Opportunities for Persons with Disabilities)」へとつながっていくのである。

　以上のように、国連の宣言には、ノーマリゼーション原理が取り入れられている。そして、この国際的な流れの中で認知されたのが、ニルジェのノーマリゼーション原理であり、国連の宣言に取り入れられている。「国際知的障害者福祉連盟」は、ニルジェ等が主導してきた組織であり、それが、国連などに働きかけて、国際的な宣言につながったといえる。

　他方、ウォルフェンスベルガーによる北米型のノーマリゼーション原理は、ニルジェに比べると国際的に認知されるには時間がかかったといえる。つまり、ニルジェのノーマリゼーション原理は、立法や国連の宣言を通して、国際的に広まっていき、ウォルフェンスベルガーのノーマリゼーション原理は、対人サービスなどの技術論へ傾斜していくことになったのである。そして、前述した通り、ノーマリゼーション原理の論争を経て、ウォルフェンスベルガーは、1983年にノーマリゼーションの用語を捨て、「社会的役割の有価値化」という新造語を使うことを提起するに至ったのである。

第5節　イギリスにおけるノーマリゼーション原理

　19世紀以前のイギリスでは、知的障害者への支援の仕組みはほとんどなく、多くの人が地域の家庭で生活をしていた。しかし、地域社会の衰退や優生学思想など、障害についての様々な見解を背景に、支援を受けられず地域で生活できない知的障害者が増加していったといえる。そのため、1886年に

知的障害者を対象とする「精神薄弱者法（Idiot Act 1886）」、1890年には精神病と知的障害者を対象とする「精神異常法（Lunacy Act 1890）」、1913年には「精神遅滞法（Mental Deficiency Act 1913）」が制定されている。これらの法律は、分離政策を基本としており、知的障害者は地域社会から隔離された大規模施設に収容されたのである。

しかし、脱施設化やコミュニティ・ケアが注目されるにつれて、1929年「地方自治法（Local Government Act 1929）」において、地域におけるケアが推奨されるようになった。また、戦時下の1942年には「ベヴァリッジ報告（Beveridge Report）」が発表され、1946年には「国民保険法（National Insurance Act 1946）」、「国民保健サービス法（National Health Service Act 1946）」、1948年「国民扶助法（National Assistance Act 1948）」が制定されている。つまり、ここにイギリスの「福祉国家」がスタートし、「揺りかごから墓場まで」といわれる社会福祉体制が構築されたのである。

その後、1957年、「精神病と精神遅滞に関する法律の王立委員会報告書（Report of Committees Royal Commission on the Law Relating to Mental Illness and Mental Deficiency）」において、「病気や障害、あるいは社会的困難のためにケアが必要な人々と同様に、知的障害のある患者が、自由や法律手続きの制限がされず、可能で適切なケアがいつでも受けられるように法律が変わるべきだ。」（Royal Commission on the Law Relating to Mental Illness and Mental Deficiency, 1957: 64）と述べられている。また、「あらゆる種類の病院におけるケアやコミュニティ・ケアは、強制力や手順、あるいは、形式ばった確認なしに、満足して受けられるようにすべきだ。」（Royal Commission on the Law Relating to Mental Illness and Mental Deficiency, 1957: 65）としている。ここで、初めてコミュニティ・ケアについて明言されており、政府がコミュニティ・ケアを推進しようとしていたことがわかる。

そして、この姿勢は、1959年「精神保健法（Mental Health Act 1959）」に繋がり、1960年代は、コミュニティ・ケア政策が展開すると共に、障害児

（者）の親の会の運動も始まるなど、知的障害者の権利が主張されるようになっていったといえる。

1969年には、ロンドン大学のティザード（Tizard, J.）が、知的障害者の関係施設は彼等が定期的に通う必要があるため、郊外ではなく中心地に位置すべきだと指摘し、知的障害者を主体としたサービスの制度設計の必要性について述べている（Tizard, 1969）。

また、スウェーデンのニルジェは、1970年にイギリスの学術誌において、「知的障害が軽度か重度かに関わらず、両親と一緒に住むか他の知的障害者と一緒に住むかに関わらず、ノーマリゼーション原理は全ての知的障害者に適用されるべきである」（Nirje, 1970: 62）と述べている。こうして、イギリスにもノーマリゼーション原理が浸透し始めたのである。

そして、ノーマリゼーション原理の影響の下、1971年、白書「知的障害者のためのより良いサービス（Better Services for the Mentally Handicapped）」で、脱施設化とコミュニティ・ケアの推進が明確化されている。ノーマリゼーション原理が、知的障害者の領域において、より良い実践のための理論・原理として取り入れられ、コミュニティ・ケアにおける主要な理論になっていったことがわかる。

1978年には、地域知的障害教育調査研究所（The Community and Mental Handicap Educational and Research Association: CMHERA）が、ウォルフェンスベルガーの開発したノーマリゼーション原理の目標履行に関するプログラム分析であるPASS（Program Analysis of Services System）の訓練を開始している（Lindley & Wainwright, 1992）。そして、アメリカでPASSのワークショップに参加していたタイン（Tyne, A.）が、イギリスでもノーマリゼーション原理の訓練を実施するために、ウォルフェンスベルガーの同僚であったオブライエン（O'Brien, J.）等を招聘し、イギリスにおけるノーマリゼーション原理が発展していったといえる（Lindley & Wainwright, 1992）。

1960年代、1970年代の長期収容施設の状況に関する調査によれば、北欧の

ノーマリゼーション原理の公式は、新しいサービスの設計や知的障害者のための古い施設の改築に対して、着想を示すという点で影響を与えているが、1980年代以降は、ウォルフェンスベルガーのノーマリゼーション原理の公式が、知的障害者キャンペーン運動（Campaign for People with Mental Handicaps）、地域知的障害教育調査研究所（Community and Mental Handicap Education and Research Association）、王立基金センター（The King's Fund Centre）、知的障害者自立発達協議会（The Independent Development Council for People with Mental Handicap）によって支援された権利擁護運動によって、有力なものとなっている（Emerson, 1992）。

つまり、イギリスにおけるノーマリゼーション原理は、1960年代、1970年代は、北欧型の理論の影響を受け、コミュニティ・ケアが推進され、1980年代以降は、ウォルフェンスベルガーの北米型の理論の影響を受け、対人サービスが推進されていったと理解できる。

このように、イギリスにおけるノーマリゼーション原理は、戦後の福祉国家体制のスタートや北欧型・北米型の双方のノーマリゼーション原理の影響を受けながら、進展していったと評価することができる。

第6節　日本における「Normalization」

第1節で述べた通り、日本はアメリカの影響を受け、「Normalization」を「ノーマライゼーション」と発音するアメリカ読みが定着し、公的な文書でも使用されている。日本で初めて「Normalization」という言葉が使われたのは、日本精神薄弱者愛護協会の機関誌である『愛護』において、妹尾正が、「人としてあるべき姿の福祉（normalization）」（妹尾, 1974: 4）と記述したものとされており、カタカナで表記されたのは『愛護』の翌月号の「論苑」の中で「ノーマリゼーション」と表記されたのが最初であるとされている（岡崎, 2010）。こうして1970年代から、少しずつ「ノーマライゼーション」

が広がっていったのである。

　日本において「ノーマライゼーション」の用語が定着するのは、1981年の「国際障害者年」がきっかけであり、一般の人々も障害者の権利に対する認識を深めている。同年の『厚生白書』の序章「国際障害者年に当たって」の第3節「障害者福祉の理念」に「ノーマライゼーションの思想」という項が設けられている。そこでは、「かなり前から在宅福祉や地域福祉の重要性に対する認識はあったが、技術的にも経済的にも、社会一般の意識においても、これを推進していく上でのさまざまな制約要因があったため、必ずしも十分なものとはならなかったのである。…（中略）…家庭や地域での生活を可能とする前提条件が整ってくるに伴って『ノーマライゼーション』の考え方が、次第に当然のこととして受けいれられるようになってきた面もあろう。」（厚生省，1981）と述べられている。つまり、国としての認識は、「ノーマライゼーション」を単に紹介したレベルであり、在宅福祉や地域福祉と結びつけた記述がなされ、非常に曖昧であることがわかる。

　ここで忘れてはならないのは、日本政府は1981年に第二次臨時行政調査会（以下、臨調）を発足し、臨調＝行革路線に沿った財政危機の克服に取り組んでおり、在宅福祉が強調されるようになったのも「居住施設による施設型社会福祉よりも在宅福祉サービス中心の社会福祉のほうが安上がりであるという判断に依拠するもの」（古川，1998：39）であったといえる。政府は「ノーマライゼーション」の用語を拡大解釈した上で上手く利用し、社会福祉に対する国家責任と財政負担を軽減させ、政策主体側に都合の良いように国民の自助・自立と相互扶助へシフトさせていったのである。

　つまり「日本型ノーマライゼーション」は、人権思想に基づいた福祉サービスの改善ではなく、本質的には社会保障費の抑制政策がその背景にあったといえる。だからこそ、『厚生白書』においても具体的な条件整備に関する記述はなく、積極的な姿勢は見られないのである。結果として、「ノーマライゼーション」の本来の意味や中身が捻じ曲げられ、政策主体にとって都合

の良い部分だけを切り取り、自助・自立と相互扶助の主張に利用するために、形骸化した用語のみが先行する形となっていったのである。

　一番ケ瀬康子は、日本における「ノーマライゼーション」について、「国レベルでのノーマライゼーションの認識は、…（中略）…抵抗概念としての性格をぬきにしてのたんなる紹介にすぎない。」（一番ケ瀬，1994: 21）としている。さらに、一番ケ瀬は、「日本の場合、福祉に関する住民の意識が必ずしも充分に高まっているとはいいがたい。"福祉"とはいったい何か、またそれはすべての人びとにとって必要なものであり、その人権を保障するものであるとの認識が不可欠となる。」（一番ケ瀬，1994: 25）とし、「ノーマライゼーション」の具現化において、日本の国民自身が課題を抱えていることを指摘している。

　同様に、岡崎は、「われわれは、『normalization』とは何かということを、辞典を引用して『これこれである』という説明をすることは容易である。だが言葉の定義ではなく、言葉に込められているその『意味』を改めて問うたとき、われわれは言葉を失わないだろうか。つまり、用い方にまつわるこれらの問題は、最終的には今日のわが国における『normalization』そのものに対する理解度の乱れの顕れとして捉えることができる。」（岡崎，2010: 10）としている。つまり、日本では第一に福祉や人権に対する正しい認識や意識改革が必要であり、そのためにも曖昧な理解のまま、形骸化した用語のみが先行するのではなく、「ノーマライゼーション」の原点や本質を国民に啓発していかなければならないのである。

　このことは、図2-1の内閣府『平成18年度 障害者の社会参加促進等に関する国際比較調査』の「障害に関する言葉の周知」の結果からも明らかである。「ノーマライゼーション」の言葉の周知について、日本は男性16.1％、女性15.5％であり、アメリカやドイツの調査結果の3割程度にしか到達していないのである。

　つまり、この結果は、日本では政府の公式な文書でも「ノーマライゼー

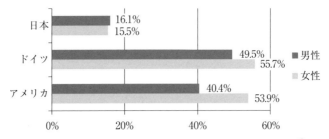

図2-1 障害に関する言葉の周知（ノーマライゼーション）[3]
出典：内閣府（2006）のデータを基に筆者作成

ション」を頻繁に使用しているにも関わらず、国民の本質的な理解に未だ至っていないことを意味しているのである。このような状態では、国民の間における「ノーマライゼーション」の共通理解は図られず、いつまで経っても障害者はあたり前の生活を実現させることができないのである。まずは、環境などの条件整備はもちろんであるが、国民全体が「ノーマライゼーション」の原点や本質に対して共通理解に達するところから始めなければならないといえる。

第7節　ノーマリゼーション原理の本来の意味と課題

　北欧やアメリカではノーマリゼーション原理が生まれ、イギリスでは1960年代頃から、その影響を受けている一方で、日本における「ノーマライゼーション」は、言葉の周知という段階で既に足踏みしていることが明らかとなった。さらに、言葉を知っていたとしても、その意味を問われた時に答えられる人がどれ位いるかには疑問が残る。つまり、ノーマリゼーション原理には、曖昧なイメージがつきまとっているのである。そこで、本節ではノーマリゼーション原理の本来の意味と課題を明らかにしたいと考える。

　エマーソンは、実際にはノーマライゼーションの原理や概念のようなものは本当には存在せず、共通の起源を持つ一群が存在しているだけだと指摘して

いる（Emerson, 1992）。

　一番ケ瀬は、「ノーマライゼーションは、必ずしも体系的な哲学でないばかりか、その定義も一定ではない。それは、社会福祉の実践あるいは施策の在り方を示すものとして、きわめて柔軟につかわれてきている。また、各国の風土との関連で具現されている状況もさまざまである。ある意味では、そのような柔軟性も特徴であろう。」（一番ケ瀬, 1994: 15）としている。また、杉野は、ノーマリゼーションのもつ柔軟性について、「こうした定義や用法の柔軟性を受容してしまえば語の意味内容が拡散・形骸化することは避けられない。極論すれば、どのような福祉実践でも『ノーマライゼーション』という看板を名乗ることができる。」（杉野, 1992: 188）と述べている。

　つまり、ノーマリゼーション原理はその柔軟性から各国で都合の良い形で発展し、本質的把握は置き去りにされるという状況が生じているのである。

　先に述べた通り、ノーマリゼーション原理の世界的な発展は、バンク―ミッケルセンの尽力によるところが多大である。このことは、彼の生き方や社会的状況と深い関わりがある。バンク―ミッケルセンは敬虔なキリスト教徒として育ち、第二次世界大戦中、ナチスに対するレジスタンス活動に身を投じ、ナチスによって投獄され、強制収容所に三か月収容されている（花村, 1998）。その後、社会省に入省し、知的障害者の入所施設の状況が、ナチスの強制収容所と何ら変わりないものであることを目の当たりにしたことで改革の必要性を実感し、親の会と協同していくことになったのである（花村, 1998）。

　つまり、バンク―ミッケルセンの実体験が、ノーマリゼーション原理を推進していく鍵となっていたのである。さらに、第二次世界大戦下、デンマークはナチス・ドイツの占領下において、反ユダヤ人政策を拒否したヨーロッパ唯一の国であり、国王から市民に至るまでナチスに対して、非暴力で敢然と抵抗したのである（野村, 2004）。このことから、バンク―ミッケルセンという人の力と人権思想を受け入れる国が基盤としてあり、だからこそ、ノー

マリゼーション原理が発展していったと考えることができる。運動体と政策主体の協同を可能にする土壌があったのである。

　また、グルネヴァルトは、スウェーデンにおける知的障害者への支援が発展した明白な三つの要因を挙げている（Grunewald, 1974）。それらは、「a）たとえ知的障害者が生産活動に参加できなくても、彼等の価値や潜在能力に対して、スウェーデン人は深く根付いた尊敬の念を持っていること、b）知的障害者を助けることができるという強い信念、c）支援が必要な市民に対して、公共部門が完全な社会的責任を負うという事実」（Grunewald, 1974: 60）である。スウェーデンの人々の中には、知的障害児（者）を受け入れる文化が根付いており、ノーマリゼーション原理が発展したことがわかる。デンマークと同様に、スウェーデンにはノーマリゼーション原理を推進する中心的な人物であるニルジェとグルネヴァルトがおり、その思想を受け入れる国としての基盤があったのである。

　しかし一方で、岡田武世は、「親の会の運動がその目標をほぼ実現し得たと言われるのは、デンマークの経済・社会的条件や運動のあり方などとのかかわりでありうることであるとしても、その後、政策主体の一員であるバンク＝ミッケルセン氏（社会福祉局特殊保護、リハビリテーション課長）がいくつもの論文等でノーマライゼーションの前進を図り、スウェーデンにおいても、グルネヴァルトなどの行政官が、ノーマライゼーションの推進にあたったとされることを考えるとき、資本主義社会において、運動主体と政策主体とが同じ方向を目指し、目標を共有するということが一体ありうるのかという疑問」（岡田, 1985: 2）を提示している。そして、人権思想だけが、ノーマリゼーション原理を生み出した背景にあるとは考えにくいことを指摘している。当時のデンマークでは、大規模収容施設よりも小規模のユニットを建設し、経営する方が安価であることが証明されており（岡田, 1985）、政策主体にとってもノーマリゼーション原理は経済効果を上げる上で都合が良かったのである。

つまり、バンク―ミッケルセンの尽力や第二次世界大戦の経験による人権思想の高まりと同時に、政策主体側にとって、ノーマリゼーション原理は福祉支出を削減する上で歓迎できる要素を持っており、美談だけに留まらない二面性があったことに注意を向ける必要があるといえる。政策主体側にもノーマリゼーション原理を推進するメリットがあり、そのことも一つの要因であったと考えられるのである。

従って、ノーマリゼーション原理を政策主体側の意図である経済効果の意味だけに利用されないためにも、その原点や本来の意味を理解することは欠くことのできないプロセスである。

ニルジェは、アメリカの強制収容所の状況を見て、「そのような状況は、人間の尊厳の衝撃的な否定である。」(Nirje, 1969a: 56) と述べ、ノーマリゼーション原理の重要性を説いている。

岡崎は、「『normalization』には、知的障害者達のあたりまえの生活への願いや、人間の生活についての考えや思想が出発点にある」(岡崎, 2010: 11) としている。そして、ノーマリゼーションの言葉自体の性格について、一番ケ瀬は、「第一には、古くからこの言葉が存在していたというよりは、それまでの施設"収容"保護主義に対する親の抵抗から、少しでもわが子にノーマルな生活を保障したいという考えで語られてきたなかで結実されてきた新しい用語であるという点である。その意味において、この言葉は、障害者の福祉に関するいわば草の根の想いから、それまでの在り方に対する抵抗の概念として、第二次世界大戦後に歴史的に創造されたものであり、さらに具体的な実践や政策の目標また原理として形成されてきた実践的概念であるといえる。第二には、以上のような過程で、用語自体はじめから明確な定義のようなものは、必ずしも存在せずに、精神遅滞者の保護主義、さらにその底流にひそむ"差別"への抵抗としてうまれた抵抗の想いをこめた概念である。」(一番ケ瀬, 1994: 13-14) と整理している。

以上のことから、ノーマリゼーション原理の本来の意味は、バンク―ミッ

ケルセンやニルジェの思想を検討するだけでは不十分であり、その背景に目を向ける必要があると思われる。また、一番ケ瀬の「抵抗の想いをこめた概念」（一番ケ瀬，1994: 14）との指摘も重要ではあるが、ノーマリゼーション原理の本来の意味として、さらに追加すべき部分があるように思われる。

そこで、以下の通り、ノーマリゼーション原理の本来の意味と課題を指摘したい。

まず、第一に、政策主体側である社会省のバンク―ミッケルセンと知的障害者の親の会の活動が出発点にあり、その協同によってノーマリゼーション原理は生まれ、法の下での平等に結実したという点を理解しなければならない。

その背景には、第二次世界大戦中のナチスによるユダヤ人の迫害という社会情勢、バンク―ミッケルセン自身が投獄されていたという事実があった。また、デンマークのバンク―ミッケルセン、スウェーデンのニルジェやグルネヴァルトなどの推進者の力や人権思想を受け入れる国としての基盤があったといえる。

第二に、バンク―ミッケルセンや知的障害者の親の会の活動の原点として、「人としての権利を奪われることへの抵抗」、「排除への闘い」の想いがあったといえる。

その原点を把握しなければ、ノーマリゼーション原理の本当の理解には至らないと思われる。知的障害者の生きる場所が施設であり、障害のない者の生きる場所が地域社会であるのは、不自然な断絶であり、障害のある者も障害のない者も社会の一成員として、平等で対等であることが本来の社会の在り方ではないだろうか。今日の障害児（者）福祉においては、ごく基本的な視点であるが故に見過ごしがちであるが、ノーマリゼーション原理の本質として、上記の原点があることを今一度捉え直すことが必要であると考える。

そして、第三に、ノーマリゼーション原理の課題として、原点にある思想とは相容れない、政策主体にとって福祉支出を削減できるメリットがあった

という点についても、把握しなければならない。人権思想だけには留まらない二面性を、ノーマリゼーション原理は内包していることに、注意を向ける必要があるのである。

注
1)「1968年法」の正式な名称は、"A New Act on Provisions for Mentally Retarded Persons"であり、この原典は現在入手困難である。そのため、1969年のニルジェの論文に付録として掲載されている「1968年法」の抜粋を参照した。
2)現在は、Inclusion International に名称変更している。
3)20代から60代の日本人（男性565名、女性528名）の調査結果である。

文献
・Bank-Mikkelsen, N. E.（1969）'A Metropolitan Area in Denmark: Copenhagen', In Kugel, R. B. & Wolfensberger, W.（eds.）, *Changing Patterns in Residential Services for the Mentally Retarded*, Washington D. C.: President's Committee on Mental Retardation, pp.227-254.
"For children, normalization means living in their natural surroundings, playing, going to kindergartens and schools, etc. Adults must have the rights to leave the home of their parents, to be trained and taught, and to pursue employment. Children as well as adults need leisure time and recreation as part of a normal life. We are trying to integrate the retarded into the community in the best possible way."
・Emerson, E.（1992）'What is Normalisation?', In Brown, H. & Smith, H.（eds.）, *Normalisation: A Reader for the Nineties*, Routledge, p.1, 13.
・古川孝順（1998）『社会福祉基礎構造改革　その課題と展望』誠信書房
・Grunewald, K.（1974）*The Mentally Retarded in Sweden*, The Swedish Institute.
・花村春樹（1998）『「ノーマリゼーションの父」N. E. バンク—ミケルセン』ミネルヴァ書房、pp.52-75, p.82, pp.186-187
・堀正嗣（1997）『新装版　障害児教育のパラダイム転換—統合教育への理論研究—』明石書店、p.88
・一番ケ瀬康子（1994）『一番ケ瀬康子　社会福祉著作集　第三巻　生涯福祉・ノーマライゼーション』労働旬報社

- 厚生省（1981）『厚生白書 昭和56年版』
  (http://www.mhlw.go.jp/toukei_hakusho/hakusho/kousei/1981/, 2016. 9. 27)
- Lindley, P. & Wainwright, T. (1992) 'Normalisation Training: Conversion or Commitment?', In Brown, H. & Smith, H. (eds.), *Normalisation: A Reader for the Nineties*, Routledge, p.21.
- 内閣府（2006）『平成18年度 障害者の社会参加促進等に関する国際比較調査』
  (http://www8.cao.go.jp/shougai/suishin/tyosa/hikaku/gaiyou.html, 2016. 9. 27)
- 中園康夫訳（バンク—ミッケルセン，N. E.）(1978)「(翻訳) ノーマリゼーション (normalization) の原理」『四国学院大学論集』42
- 中園康夫（1981）「『ノーマリゼーションの原理』の起源とその発展について—特に初期の理念形成を中心として—」『社会福祉学』22（2）、日本社会福祉学会、p.91, 92, 95, 98, 104
- Nirje, B. (1969a) 'A Scandinavian Visitor Looks at U. S. Institutions', In Kugel, R. B. & Wolfensberger, W. (eds.), *Changing Patterns in Residential Services for the Mentally Retarded*, Washington D. C.: President's Committee on Mental Retardation, pp.51-57.
- Nirje, B. (1969b) 'The Normalization Principle and Its Human Management Implications', In Kugel, R. B. & Wolfensberger, W. (eds.), *Changing Patterns in Residential Services for the Mentally Retarded*, Washington D. C.: President's Committee on Mental Retardation, pp.181-185.
  "to let the mentally retarded obtain an existence as close to the normal as possible."
  "the normalization principle means making available to the mentally retarded patterns and conditions of everyday life which are as close as possible to the norms and patterns of the mainstream of society."
- Nirje, B. (1970) 'Symposium on"Normalization"', *British Journal of Mental Subnormality*.
- 野村武夫（2004）『ノーマライゼーションが生まれた国・デンマーク』ミネルヴァ書房、p.220
- 岡田武世（1985）「社会科学的障害者福祉論とノーマライゼーションの『思想』」『社会福祉学』26（1）、p.14
- 岡崎幸友（2010）「『ノーマリゼーション』の今日的意味と役割」『吉備国際大学研究紀要（社会福祉学部）』20、pp.11-12

- Royal Commission on the Law Relating to Mental Illness and Mental Deficiency (1957) *Report of Committees Royal Commission on the Law Relating to Mental Illness and Mental Deficiency, Cmnd.169*, H. M. S. O.
- 妹尾正（1974）「〔論苑〕重度化と労働問題」『愛護』194、日本精神薄弱者愛護協会
- 清水貞夫（1987）「ノーマリゼーション概念の展開―ウォルフェンスベルガーの論考を中心として―」『宮城教育大学紀要　第2分冊　自然科学・教育科学』22、p.135, 137, 145
- 清水貞夫（2010）『インクルーシブな社会をめざして―ノーマリゼーション・インクルージョン・障害者権利条約―』クリエイツかもがわ、pp.23-27, 70
- 杉野昭博（1992）「『ノーマライゼーション』の初期概念とその変容」『社会福祉学』33（2）、日本社会福祉学会、p.192
- Tizard, J. (1969) 'Residential Services Within the Service Continuum', In Kugel, R. B. & Wolfensberger, W. (eds.), *Changing Patterns in Residential Services for the Mentally Retarded*, Washington D. C.: President's Committee on Mental Retardation, pp.197-225.
- United Nations (1971) *Declaration on the Rights of Mentally Retarded Persons*, United Nations.
  "If care in an institution becomes necessary, it should be provided in surroundings and other circumstances as close as possible to those of normal life."
- United Nations (1975) *Declaration on the Rights of Disabled Persons*, United Nations.
  "Disabled persons have the same civil and political rights as other human beings."
- Wolfensberger, W. (1972) *The Principle of Normalization in Human Services*, National Institute on Mental Retardation, p.28.
  "Utilization of means which are as culturally normative as possible, in order to establish and/or maintain personal behaviors and characteristics which are as culturally normative as possible."
- Wolfensberger, W. (1983) 'Social Role Valorization: A Proposed New Term for the Principle of Normalization', *Mental Retardation* 21 (6), American Association on Mental Deficiency.

第3章　ノーマリゼーション原理から
インテグレーション概念・統合教育への発展過程

第1節　インテグレーション概念・統合教育の歴史的展開

　前章で述べた通り、ノーマリゼーション原理とは、知的障害児（者）が他の市民が享受しているごくあたり前とされている権利を同じように享受できること、また、他の市民と同等の生活を送れるようになることを意味している。ノーマリゼーション原理の登場により、1950年代後半から1990年代前半にかけて、北欧を中心に障害児（者）福祉政策・教育政策の大転換がなされ、「分離」から「統合」へとシフトしていくのである。

　バンク―ミッケルセン（Bank-Mikkelsen, N. E.）は、ノーマリゼーション原理の説明の中で、「私達は知的障害者を地域社会に実現可能な最善の方法で統合することを試みたい。」（Bank-Mikkelsen, 1969: 234）と述べている。つまり、ノーマリゼーション原理の初期の段階において、それを実現させる方法として、障害児（者）の地域社会・教育への「インテグレーション（統合）」が志向されていたといえる。

　「インテグレーション」は二つの意味で使用されている。一つ目は、障害児（者）福祉政策におけるインテグレーションであり、障害者を収容施設に隔離するのではなく、他の市民と共に地域で生活するという地域社会への統合を意味する。二つ目は、障害児教育政策におけるインテグレーションであり、障害のある子どもと障害のない子どもが共に学ぶ統合教育を意味する。ブース（Booth, T.）は、インテグレーションの用語について、「分離されていない多様な環境や通常環境における参加を増大させるプロセスについて述べ

る時に、一般的に使用されている。」(Booth, 1992: 269) と指摘している。

　前章で明らかにした通り、ノーマリゼーション原理のもと、デンマークでは「1959年法」により、知的障害児（者）を包摂するインテグレーション概念が法制化されている。また、1980年1月「社会サービス法」において、全ての障害児（者）に対する特別な法律は廃止され、一般の社会法が障害者を包括するものに変わっている（中園, 1981）。同法の施行により、同じ法律が障害のある人にも障害のない人にも等しく適用されるようになり、法の下での平等が保障されたといえる。そこにデンマークの先駆性を認めることができる。

　また、スウェーデンにおいては、1960年代にニルジェ等の努力により、ノーマリゼーション原理は広まり、「1968年法」において法制化されている。同法では、知的障害児（者）への多岐に渡るサービスが認められ、知的障害児（者）の個々のニーズに合致したサービスが提供されるべきであるとしている（Nirje, 1969b: 189）。

　同法は、地域社会において知的障害児（者）も共に生活する姿勢が貫かれており、第5項では、ノーマリゼーション原理について述べられ、「子どもが親と共に暮らすことが通常であるのと同じく、成人が独立して暮らすことはごく当然のことである。」(Nirje, 1969b: 190) として、社会が成人した知的障害者に可能な限り、通常の形に近い住処を提供すべきであるとしている。

　同法が、知的障害児（者）とその家族の人としての権利を得たいとするごく自然な願いを叶えるものであったこと、また、知的障害児（者）が抱えてきた地域社会・教育からの排除を社会の問題として捉え、分離から統合へ転換した点が高く評価に値すると考える。

　中園は、「スウェーデンでは、一九六八年法にもとづいて、ノーマリゼーションの原理が精神遅滞児・者の福祉・教育の領域で具現化されることになる。特にノーマリゼーションの原理を実現する方法としての『統合』が具体化されてきた。」（中園, 1981: 98）と評価している。法律の中で、地域社会に

おける統合が述べられている点からも、ノーマリゼーション原理の実現方法として、インテグレーションを推進しようとしたことが理解できる。

また、堀は、「障害者が特別な施設や学校に入れられることによってノーマルな生活条件を奪われてきた状態を克服し、通常の生活を確立するためには、障害者を地域社会や学校にインテグレートすることが必要だと考えられたのである。」(堀, 1997: 368) と述べており、その指摘からも、インテグレーション概念はノーマリゼーション原理にとって欠くことのできない実践概念であったことがわかる。

前章で詳述した通り、ニルジェは、ノーマリゼーション原理をアメリカに紹介しており、社会的な背景や文化的な差異はありながらも、インテグレーション概念は先進諸国で進められてきた。その結果として、1970年代から、障害児(者)の地域へのインテグレーション実現に向けた制度・政策の構築が行われるようになっている。

統合教育に関しても、デンマークにおける隔離保護主義に対する批判運動が契機となり、1950年代以降、障害のある子どもを障害のない子どもから分離する教育に対する批判も同時に起こってきた。ノーマリゼーション原理に基づけば、障害のある子どもと障害のない子どもが共に学ぶことはごく自然なことであり、分離教育は不自然な断絶であった。そのため、ノーマリゼーション原理に基づいて、統合教育が各国で実践され始めるのである。

スウェーデンのグルネヴァルト (Grunewald, K.) は、地方都市における知的障害者へのサービスやインテグレーションについて指摘しており、知的障害者のための「昼間学校サービスの拡大は、通常学校における特別クラスの設立—クラス統合の形式—によって成し遂げられるだろう。」(Grunewald, 1969: 285) として、統合教育の推進について言及している。このことからも、北欧では早くから統合教育が検討されていたことがわかる。

インテグレーション概念の導入によって、これまで看過されてきた、社会や教育における障害児(者)の権利保障が、地域社会・教育への統合という

実践をもって、達成の道へ歩みだしたといえる。

世界的に見ても、先進諸国において、1970年代からインテグレーションが推進されており、国連の1981年「国際障害者年」は、一般の人々が障害者の権利に対する認識を深める契機となっている。それに続く1982年には「障害者に関する世界行動計画（World Programme of Action Concerning Disabled Persons）」が採択され、「完全参加と平等」をゴールとして設定し、「教育と訓練（Education and Training）」において、「障害者の教育は、できる限り一般の学校制度の中で行われるべきである。」（United Nations, 1982）と規定し、統合教育の方向性を示している。また、「障害のある子ども達の一般教育制度への統合は、全ての当事者による計画を必要とする。」（United Nations, 1982）として、本人や家族を含めた当事者が教育に関わり、決定していくことの重要性を指摘しており、画期的かつ評価できる点である。

そして、1993年に採択された「障害者の機会均等化に関する標準規則（Standard Rules on the Equalization of Opportunities for Persons with Disabilities）」においても、「政府は障害のある子ども、青年、成人の統合された環境における、初等、中等、高等教育の機会均等の原則を承認すべきである。」（United Nations, 1993）というインテグレーションの原則が国際的に明示されている。

第2節　イギリスにおけるインテグレーション概念・統合教育の歴史的展開

イギリスにおけるインテグレーション概念・統合教育の広がりには、ノーマリゼーション原理に基づいたアメリカ、デンマーク、スウェーデンなど他国における、障害者にできる限りノーマルな環境を提供しようとする圧力団体の活動や実践の報告の影響があったことが明らかにされている（Hegarty, Pocklington & Lucas, 1981）。

イギリスでは、「1921年教育法（Education Act 1921）」において、障害児は特殊学校か特殊学級で教育を受けるべきだとされていた。しかし、1929年のウッド委員会（Wood Committee）では、特殊学校は通常学校と立法上においても行政上においても調和していくべきだと議論され、特殊学校は「通常学校の有効なバリエーション」だと見なされるべきだとされていた（Hegarty, Pocklington & Lucas, 1981）。ウッド委員会において、特殊学校と通常学校の連携について触れられている点は、非常に画期的であったといえる。

「1944年教育法（Education Act 1944）」では、「重度教育遅滞」のカテゴリーに分類された子どもは、就学免除の対象となっていたものの、通常学校でも障害児に対する特別な教育的配慮を行うべきことが示唆されている（Hegarty, Pocklington & Lucas, 1981）。

しかしながら、実際には、第二次世界大戦直後ということもあり、学校の設備や教員の専門性の十分ではない通常学校において、障害児に対する特別な教育的配慮を行うことは困難であったといえる（Hegarty, 1994）。つまり、法律は、障害児に対する教育的配慮を通常学校に求めたものの、通常学校の実践においては、設備も教員の専門性も障害児の教育的配慮に追い付いていなかったといえる。そのため、分離教育は存続していったのである。

また、ヘガティ、ポックリングトン、ルーカスは、「1944年教育法」について、「これは、ほとんどインテグレーションの憲章ではないが、障害児は特殊学校か特殊学級だけで教育を受けるべきとした『1921年教育法』からの発展を示している。」（Hegarty, Pocklington & Lucas, 1981: 9）と評価している。

このように、残念ながら、法律と実践の乖離はあるが、通常学校における障害児への教育的支援の提供に向かって、一歩一歩ではあるが前進していることがわかる。

1950年代以降には、重度障害児の教育可能性が主張されるようになり、重度障害児を対象とした特殊学校が設立されるようになっている。そして、ノーマリゼーション原理の世界的な動向の影響を受け、「1970年教育（障害

児)法（Education (Handicapped Children) Act 1970)」により、就学免除規定が撤廃され、重度障害児の教育が保障され、全員就学が可能となったのである。前述した通り、ニルジェのイギリスにおける論文の影響もあり、ノーマライゼーション原理を教育において具現化するために、インテグレーション概念・統合教育が提起されるに至ったのである。

真城・石部は、「社会の障害者に対する態度の変化や、障害者やその親の統合教育に対する要求の高まり、そして『1970年教育法』の施行に伴う教育対象障害児の大幅増加などにより統合教育推進の機運が高まっていた。」（真城・石部, 1989: 92）と指摘しており、イギリスの障害児教育が統合教育に向かっていたことがわかる。

また、荒川は、「欧米諸国では、重度児の教育保障とインテグレーションが平行して推進されるべきものとされた。」（荒川, 2000: 34）として、その背景には、各国における障害者の基本的人権の保障、差別禁止の政策があったことを指摘している。

こうした統合教育推進の動きを明確に位置づけたのが「1976年法（Education Act 1976)」であり、同法の第10条では、障害児は通常学校で教育されるべきであるとの方針が示されている（DES, 1976）。

そして、1978年に第二次世界大戦後の障害児教育全般の見直しを図ることを目的としてまとめられた「ウォーノック報告」が教育科学省に提出され、同報告書では、「現時点では、障害児として数えられてはいないが、多様な形式での追加的な支援を必要とする、通常学校の全ての子どもを含めて、可能な限り、同じ環境の中で障害のある子どもと障害のない子どもを教育すべきである。」（DES, 1978, para.7.3）とし、統合教育推進の勧告がなされている。

「ウォーノック報告」では、表3-1の通り、インテグレーションを「位置的統合（Locational Integration)」、「社会的統合（Social Integration)」、「機能的統合（Functional Integration)」と三つの形式に分けている（DES, 1978: para.7.7-7.9）。

表3-1 「ウォーノック報告」におけるインテグレーションの三形式

Locational Integration (位置的統合)	通常学校に特別学級が設置されたり、通常学校と特別学校が同一敷地内に立地したりすること
Social Integration (社会的統合)	特別学校・特別学級在籍の子ども達が、食事や遊び、課外活動を通常学校・通常学級の子ども達と共にすること
Functional Integration (機能的統合)	完全な形の統合教育であり、障害のある子どもや特別な教育的ニーズのある子ども達が、通常学校・通常学級の活動に完全に参加すること

出典：DES（1978: para.7.7-7.9）から筆者作成

　インテグレーション推進の段階について、詳細な検討がなされており、様々な要素が重なり合いながら、漸進的に進んでいくことが理解できる。
　同報告では、「インテグレーションの三つの形式は別々ではなく、重なり合っている。各々に有効性があるけれども、それらは一連の漸進的な段階を表している。それらは、インテグレーション自体と効果的な支援計画の方法の議論のための実用的な枠組みを提供している。」(DES, 1978: para.7.6）と述べられている。
　インテグレーション推進の段階について、詳細な検討がなされており、フル・インテグレーションである「機能的統合」を目指して、様々な要素が重なり合いながら、漸進的に進んでいくことが理解できる。
　完全なインテグレーションである「機能的統合」については、「機能的統合は、通常学校に多くを要求する。機能的統合は、子どもに特別な教育的ニーズがあろうとなかろうと、全ての子どもの利益を確かなものとする授業や個人の指導プログラムの最も丁寧な計画が必要だからである。」(DES, 1978: para.7.9）と述べられている。「ウォーノック報告」では、特別な教育的ニーズのある子どもとない子どもを別々に考えるのではなく、「全ての子どもの利益」を検討している点が特徴的であり、評価できると考える。
　また、統合教育を行うに当たって、障害のある子ども等が、他の生徒や教職員からの受容を得られることの大切さも指摘されており、同報告の子ども

を主体として捉える視点を見出すことができる。

　しかし、その一方で、国および地方教育当局の財政状況を勘案し、「不合理な公共支出の回避」について指摘されている（DES, 1978: para.7.55）。つまり、支出の有効性を検討した上で、統合教育は実施されるとしている。この統合教育推進に対する慎重な姿勢から、ウォーノック委員会が、サッチャーによる諮問内容の一節である「最も効果的な資源の利用法」、つまり財政状況を考慮し、政府や教育科学省に対して一定の譲歩をしていることがわかる。公共支出の削減と障害児（者）の権利保障のせめぎ合いが見られ、この構図は皮肉にも前述した先進諸国全てに該当し、今後も大きな争点になっていくと考えられる。この点は、第5節において詳述し、分析することとする。

　「ウォーノック報告」は、統合教育推進の方向性を持ってはいるが、特別な教育的ニーズのある子どもとない子どもを、例外なく通常学校で教育するということを勧告している訳ではなく、効果的な教育的支援を提供できる環境を整えた上で実施するとしている（DES, 1978: para.7.15）。

　つまり、適切な環境条件を整えなければ統合教育は形式的なものとなり、単なるダンピングに陥りやすく、実質的な統合教育は達成されないのである。「ウォーノック報告」は、子どもを教育の主体として捉え、主体者である子どもに最も利益がもたらされるという視点に立ち、統合教育の推進を提起している。

　この後、「ウォーノック報告」の提言を検討した政府は、1980年に白書「教育における特別なニーズ（Special Needs in Education）」を発表し、同報告の方針に沿って統合教育を慎重に推進する姿勢を示し、続いて「1981年教育法（Education Act 1981）」において統合教育は法制化され、その原則を明確にしている。このように、1970年代から1980年代のイギリスにおける障害児教育は、慎重な姿勢を持ちつつも、法制化という形で統合教育の推進に動いていったといえる。イギリスは、障害児教育政策として、統合教育が法制化

されており、先進的な取り組みを行っていたのである。

第3節　日本におけるインテグレーション概念・統合教育の歴史的展開

　前述した通り、北欧諸国では、ノーマリゼーション原理のもと、1970年代に障害児（者）福祉政策・教育政策の変革がなされ、障害児（者）の地域社会への統合、および障害児教育が統合教育へと移行している。

　他の先進諸国同様に、日本においても、1970年代から、研究者を中心に、少しずつノーマリゼーション原理が広がり、1981年の「国際障害者年」を大きな契機として、国民の間に浸透していったといえる。しかし、前章で述べた通り、「日本型ノーマライゼーション」は、人権思想に基づいた福祉サービスの改善ではなく、本質的には社会保障費の抑制政策がその背景にあった。結果として、「ノーマライゼーション」の本来の意味や中身が捻じ曲げられることとなり、日本では形骸化した用語のみが先行する形となっている。

　このことは、障害児教育においても例外ではない。戦後、日本の障害児教育は分離教育を基本としており、障害の種類と程度によって障害児の分類が徹底されていた。そして、1970年代から、発達保障の理論の影響や分離を批判する親の会の運動の隆盛があり、分離教育から統合教育への動きが活発となっていったといえる。

　国の取り組みとしても、1971年の盲・聾・養護学校の小学部・中学部学習指導要領の「特別活動」において、初めて「交流教育」という概念が示され、児童・生徒の経験を広め、社会性を養い、好ましい人間関係を育てるため、小学校・中学校の児童・生徒と活動をともにする機会を積極的に設けることや交流を図ることが望ましいとされている[1]。

　しかし、文部省（現、文部科学省）の提唱する「交流教育」は、"Integrated

Education"の日本語訳である「統合教育」という用語を使用しない点からも明らかな通り、あくまでも分離教育が前提の上での付加的な教育であり、他の先進諸国に見られるような統合教育とは一線を画すものであった。

そのような中、1979年に「養護学校教育の義務制」が実施され、重度障害児も含めて、全ての障害児の教育を受ける権利が保障されたといえる。その点において評価できるものであるが、一方では分離教育を批判する障害者、親、教育関係者等の運動体との対立という構図を生み出す結果となっている。この対立の問題点は、養護学校教育の義務制を契機にして、最大の争点が、障害児の就学の場や教育の形態に陥ってしまったことにあると指摘できる。つまり、障害児の教育を受ける権利の保障、および一人ひとりの特別なケアの権利の保障という本質を抜きにして、焦点が「通常学校」か「養護学校」か、という就学の場の問題に矮小化されてしまったのである。

養護学校教育の義務制が議論される過程において、義務制を支持する運動の高揚と共に、義務制阻止の動きもあった。それは、能力主義的な特殊教育政策の下で、盲・聾・養護学校・特殊学級自体が隔離と差別の場であるとして、養護学校教育の義務制を阻止するだけでなく、養護学校を解体すべきであるとした動きであった(滝・渡部, 1986)。養護学校が、地域の学校から離れた場所に立地する点も、隔離を想起させるものであり、義務制阻止の動きに拍車をかけていたと考えられる。

養護学校教育の義務制反対の立場をとった場合、統合教育における多様な形態は認められず、通常学校への統合が唯一の方法であり、目的となる。つまり、障害児の人権を保障するべき統合教育が就学の場の問題に矮小化されるという問題が生じるのである。藤本は、「とりわけ教育の分野においては、インテグレーションを故意に狭義に理解し、障害児を普通学校に就学させることのみを追求することによって、障害児の発達を無視した実践へと短絡させていく傾向がかえって奨励されることにもなりかねない」(藤本, 1983: 8) と指摘している。

しかし、統合教育の本質は、障害児の教育を受ける権利の保障および一人ひとりの特別なケアの権利を保障することであり、単に通常学校に障害のある子どもと障害のない子どもを混合することで達成されるものではないのである。筆者は、障害のある子どもの多様な特別な教育的ニーズに対応する場として、盲・聾・養護学校（現、特別支援学校）の専門性と固有性を積極的に評価すべきであると考える。

　以上、養護学校教育の義務制、および「国際障害者年」を経て、日本においてもノーマリゼーション原理が浸透しはじめたが、前述した通り、政策主体によって、ノーマリゼーション原理の本来の意味や中身が捻じ曲げられたため、その本質抜きに拡大解釈した状態において、統合教育が討議されるようになったといえる。

　1984年に中曽根首相の下で「臨時教育審議会（以下、臨教審）」が発足し、その諮問理由は「21世紀に向けて我が国が創造的で活力ある社会を築いていくためには、教育の現状における諸課題を踏まえつつ、時代の進展に対応する教育の実現を期して、教育基本法の精神にのっとり、各般にわたる施策に関し必要な改革を図ることが喫緊の課題であり、そのための基本的方策を樹立する必要がある。」（臨時教育審議会，1988: 322）としている。

　そして、基本的方向の一つとして「教育の自由化」が挙げられており、障害児教育に関しては、障害のある子どもを通常学級で教育することを原則とする「共学」論が、障害児教育の安上がり政策として推し進められる危険性をはらんでいたといえる（藤本，1986）。1980年代の政府の臨調＝行革路線に沿った経費削減の影響が、障害児教育においても、インテグレーションの名の下に行われようとしていたのである。アメリカやイギリスにおいて、統合教育の原則が法制化される一方、日本においては、曖昧な「交流教育」という概念の提言に終始したといえる。

　このように、日本における統合教育の議論は、権利としての障害児教育ではなく、障害児教育の安上がり政策という意図を内包しながら展開し、さら

に具体的な統合教育の進展も見られなかったのである。

現在、世界の障害児教育政策は、全ての子どもを学校教育に包摂するインクルーシブ教育を志向しているが、日本の障害児教育は未だ統合教育の段階に留まっており、その目的概念であるノーマリゼーション原理の本質的な理解にも至っていない状況である。統合教育は、政府が経済効果に主軸を置いてはならないものであるが、日本における議論にはその本質を捉える視点が欠如していたと言わざるを得ないのである。

第4節　インテグレーション概念・統合教育の本来の意味

前節まで、ノーマリゼーション原理からインテグレーション概念への歴史的展開を分析・考察し、その関係性を論じてきた。ノーマリゼーション原理を達成するには、障害児（者）を地域社会・教育へ統合するという実践が必要である。

しかし、単に、障害のある者と障害のない者を統合しただけでは、本来の意味でのノーマリゼーション原理の達成とはいえない。そこで、本節では、実践のために最も重要であるインテグレーション概念の本来の意味を明らかにしたい。それは、同時に、その目的概念であるノーマリゼーション原理の理解を意味する。

第1節では、インテグレーション概念はノーマリゼーション原理の実践概念であり、単に障害者を地域社会・教育に統合するのではなく、障害者の権利保障が根底にあることを明らかにした。

バンク―ミッケルセンは、知的障害者の親の会と協同し、活動していた。また、ニルジェは、アメリカの強制収容所の状況を見て、それは、人間の尊厳の衝撃的な否定であると述べ、ノーマリゼーション原理の重要性を説いている（Nirje, 1969a）。ニルジェは、彼の論文である"The Normalization Principle and Its Human Management Implications"において、「ノーマリ

ゼーション原理は、全ての社会に役立つと同時に、全年代、社会の変化、個人の発達にも適応でき」(Nirje, 1969b: 181)、「生活条件のノーマリゼーション化の過程は、知的障害者の自立や社会への統合の達成に寄与する」(Nirje, 1969b: 185) と述べている。

筆者は、バンク−ミッケルセンと知的障害者の親の会およびニルジェの思いや言葉から、人が人としての権利と尊厳を奪われることへの強い憤りこそが、ノーマリゼーション原理の原点であると考える。

さらに、日本においても、一番ケ瀬は、ノーマリゼーション原理の性格をそれまでの障害者福祉の在り方に対する抵抗の概念であると指摘している（一番ケ瀬, 1994）。ノーマリゼーション原理を実践するためにインテグレーション概念という方法が生まれ、障害者が分離されていた状況から、地域社会・教育への統合が目指されたのである。

統合の実践に関しても、単に障害のある者と障害のない者を地域社会・教育の中で一緒にするのではなく、バンク−ミッケルセンが述べている通り、「私達は、ただ彼等を彼等の障害と共に受け入れ、彼等に障害と共に生きることを教えるのだ。そして、全ての市民に開放されているサービスや施設は全て原則として、知的障害者も利用可能であるべきなのである。」(Bank-Mikkelsen, 1969: 234) と考える。障害者の権利は全ての市民と同様に保障されるべきである。

さらに、ニルジェは、収容施設の状況は、知的障害者に彼等の発達可能な段階より、はるか下の力しか発揮できないようにしているとして、知的障害者の発達を保障する環境の重要性も説いている (Nirje, 1969a)。このことから、障害児（者）の権利保障や発達の保障は、実践に最も重要な要素であるといえる。

第2章・第3章を通しての分析を踏まえた上で、障害児（者）とその家族の抱えてきた「人としての権利を奪われることへの抵抗」と「排除への闘い」は、ノーマリゼーション原理とインテグレーション概念の双方に通底す

る思想であり、欠くことのできない本質であると導き出すことができる。また、インテグレーション概念では、地域社会や教育に障害児（者）を統合する際に、障害児（者）の権利保障、発達の保障が守られるべきである。

そこで、筆者は、ノーマリゼーション原理とインテグレーション概念の関係図を図3-1の通り、提示したいと考える。

つまり、ノーマリゼーション原理とインテグレーション概念の根底には、デンマークのバンク—ミッケルセンと知的障害者の親の会の思い、ニルジェの強い思いである「人としての権利を奪われることへの抵抗」、「排除への闘い」があり、その本来の意味を把握しなければ、インテグレーション概念の本当の理解には至らないのである。また、インテグレーション概念は、単に地域社会・教育へ統合することで達成されるのではなく、障害者の権利保障、発達の保障という視座から、その本質を捉えることが必要である。その

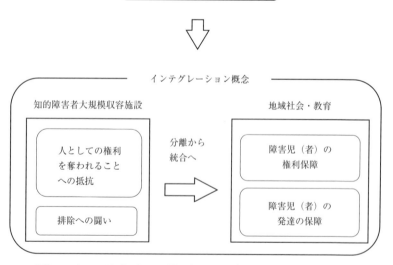

図3-1　ノーマリゼーション原理とインテグレーション概念の関係図

上で、実践が行われてこそ、ノーマリゼーション原理の達成に至ると指摘したい。

第5節　インテグレーション概念・統合教育の課題

　インテグレーション概念は、ノーマリゼーション原理を具現化し、知的障害児（者）の権利を保障するという意味で、不可欠な実践概念である。しかし、同時に、政策主体側にとっても、福祉支出を削減する上で歓迎できる要素を持っており、そこが課題であるといえる。

　当時のデンマークでは、大規模収容施設よりも小規模のユニットを建設し、経営する方が安価であることが証明されていた（岡田, 1985）。つまり、人権思想だけではなく、政策主体側にもメリットがあったことに注意を向ける必要がある。また、アメリカにおいても、巨大収容施設の解体は、ノーマリゼーション原理および人権思想に基づいたものであると同時に、地域社会でケアを提供した方が安価であるという政策主体にとってのメリットもあった。同様に、イギリスにおいても、障害のある子どもと障害のない子どもを共に教育する統合教育は、教育費を節約するための単なる煙幕にすぎないものであるとの主張もなされている（Lewis, 1995）。そして、日本における臨調＝行革路線に沿った「共学」の議論は、同様の性格を持つものである。

　すなわち、インテグレーション概念は、人権思想とともに、政策主体にとって経済効果という歓迎できる要素があり、だからこそ推進されたともいうことができ、この二面性を把握した上で、我々は本質が失われることなく実践されることに注意を向ける必要がある。インテグレーション概念は、その意味・理解が欠如することによって、容易に本質が歪められてしまう危険性を内包しているということをここで指摘したい。

　また、インテグレーション概念は、多義性ゆえの曖昧さがあるため、本来の意味を捉え直すことが重要である。田中は、「インテグレーションの概念

は今日いくつか異なった意味で用いられていることからも予想されるように、複合的でありかつ動態的である。」(田中, 1983: 71) として、インテグレーション概念の多義性を指摘している。リスペンス (Rispens, J.) も、私達はインテグレーションが何であるかについて、ある程度の不確かさを受け入れなければならないとして、定義や目的が多様であるが故の曖昧さを論じている (Rispens, 1994)。

　統合教育において、障害のある子どもと障害のない子どもの学びの場を統合するだけでは、単なるダンピングであり、結果的に障害のある子どもが、適切な支援および教育を受けることができず、実践での限界を迎えることは明白である。つまり、本来の統合教育は、障害児の教育を受ける権利と一人ひとりの特別な教育的ニーズに対応した上で、各々の発達が保障されるべきものであるが、就学の場や教育の形態に固執することにより、単に障害のある子どもと障害のない子どもを通常学級に混合しただけの状態に陥る危険性を内包しているのである。

　このように、インテグレーション概念は、社会的条件が整備されなければ、実践に結びつかず、理想主義的な思想に帰結してしまうのである。イギリスにおける調査では、インテグレーションは、決して安上がりの選択肢ではなく、通常学校において、適切な資源の配分と教職員の研修を行えば、多額の当初費用がかかるとの指摘がなされている (Lewis, 1995)。つまり、インテグレーションの本質に沿えば、環境整備は最も重要なもので、政策主体の負担は避けて通れないものなのである。

　筆者は、インテグレーション実現のための、最も重要な要素として、インテグレーション概念・統合教育の本来の意味の理解に加え、基礎的環境整備の必要性を強調したい。中園は、「北欧が社会保障制度の充実をとおして、資本主義社会という限界をもちながらも、すべての市民に、可能なかぎりの平等な生活を保障する社会的状況をつくってきたことは、市民の生活態度や障害児・者にたいする意識に影響をあたえてきた。生活条件において平等を

実感させる社会的状況は、『社会的関係』の平等性を認識させる根拠となるものである。」(中園, 1981: 103) とし、基礎的環境整備の重要性を指摘している。つまり、社会的状況が整備されなければ、インテグレーション概念は実践に結びつかず、理想主義的な思想に帰結してしまうのである。その点を回避するためにも、環境を整備し、社会的状況を整えていくことが、最も求められていることだと考える。

加えて、統合教育も、その実践では、全ての子どもの教育を受ける権利と発達を保障するという考えの下、教育の場に多様な教育的ニーズをもつ子ども達をどのように包摂していくか、社会全体としての意識の変革、制度・政策の構築、さらなる実践の研究が必要だと指摘できる。

1990年代以降、インテグレーションに代わり、インクルージョンという新しい概念へと障害児（者）福祉政策・教育政策論は発展しているが、ノーマリゼーション原理の本質を今一度捉え直すことが必要である。障害のある者も障害のない者も社会の一成員として、平等で対等であることが本来の社会であり、障害は個人の問題にのみ帰結するものではなく、社会の問題として捉えることが重要である。

注
1）国立特別支援教育総合研究所「盲学校小学部・中学部学習指導要領（文部省告示第77号）」・「聾学校小学部・中学部学習指導要領（文部省告示第78号）」・「養護学校小学部・中学部学習指導要領（文部省告示第79号）」、『特別支援教育学習指導要領等データベース』
（https://www.nise.go.jp/blog/2000/01/shido_db.04_index.html, 2016. 9. 27）

文献
・荒川智（2000）「20世紀と障害児教育―『特殊教育』から『特別ニーズ教育』へ―」『障害者問題研究』27、全国障害者問題研究会
・Bank-Mikkelsen, N. E.（1969）'A Metropolitan Area in Denmark: Copenhagen', In Kugel, R. B. & Wolfensberger, W.（eds.）, *Changing Patterns in Residential*

Services for the Mentally Retarded, Washington D. C.: President's Committee on Mental Retardation, pp.227-254.
・Booth, T. (1992) 'Integration, Disability and Commitment: A Response to Mårten Söder', In Booth, T. et al. (eds.), *Policies for Diversity in Education*, Routledge.
・Department of Education and Science (DES) (1976) *Education Act 1976*, H. M. S. O.
・Department of Education and Science (DES) (1978) *Special Educational Needs: Report of the Committee of Enquiry into the Education of Handicapped Children and Young People*, H. M. S. O.
・藤本文朗 (1983)「障害児教育におけるインテグレーションの系譜と動向」『障害者問題研究』32、全国障害者問題研究会
・藤本文朗 (1986)「第一部 教育的インテグレーションの現状、Ⅳ 臨教審『改革』で障害児教育はどうなるか」藤本文朗・渡部昭男編(科学的障害者教育研究会)『障害児教育とインテグレーション』労働旬報社
・Grunewald, K. (1969) 'A Rural County in Sweden: Malmohus County', In Kugel, R. B. & Wolfensberger, W. (eds.), *Changing Patterns in Residential Services for the Mentally Retarded*, Washington D. C.: President's Committee on Mental Retardation.
・Hegarty, S. (1994) '6. England and Wales', In Meijer, Cor J. W., Pijl, S. J. & Hegarty, S. (eds.), *New Perspectives in Special Education –A Six-Country Study of Integration–*, Routledge, p.84.
・Hegarty, S., Pocklington, K. & Lucas, D. (1981) *Educating Pupils with Special Needs in the Ordinary School*, NFER-Nelson, pp.10-11, p.17.
・堀正嗣 (1997)『新装版 障害児教育のパラダイム転換―統合教育への理論研究―』明石書店
・一番ケ瀬康子 (1994)『一番ケ瀬康子社会福祉著作集 第三巻 生涯福祉・ノーマライゼーション』労働旬報社、p.13
・Lewis, A. (1995) *Children's Understanding of Disability*, Routledge, p.12.
・中園康夫 (1981)「『ノーマリゼーションの原理』の起源とその発展について―特に初期の理念形成を中心として―」『社会福祉学』22 (2)、日本社会福祉学会、pp.91-107
・Nirje, B. (1969a) 'A Scandinavian Visitor Looks at U. S. Institutions', In Kugel, R. B. & Wolfensberger, W. (eds.), *Changing Patterns in Residential Services for the*

Mentally Retarded, Washington D. C.: President's Committee on Mental Retardation, pp.51-57.
- Nirje, B. (1969b) 'The Normalization Principle and Its Human Management Implications', In Kugel, R. B. & Wolfensberger, W. (eds.), *Changing Patterns in Residential Services for the Mentally Retarded,* Washington D. C.: President's Committee on Mental Retardation, pp.179-195.
- 岡田武世（1985）「社会科学的障害者福祉論とノーマライゼーションの『思想』」『社会福祉学』26（1）、日本社会福祉学会、p.14
- 臨時教育審議会（1988）『教育改革に関する答申―臨時教育審議会第一次～第四次（最終）答申』大蔵省印刷局
- Rispens, J. (1994) 'Rethinking the Course of Integration: What Can We Learn From the Past?', In Meijer, Cor J. W., Pijl, S. J. & Hegarty, S. (eds.), *New Perspectives in Special Education –A Six-Country Study of Integration–,* Routledge.
- 真城知己・石部元雄（1989）「戦後のイギリス特殊教育に関する一考察―ウォーノック報告に焦点をあてて―」『心身障害学研究』14（1）、筑波大学
- 清水貞夫（1987）「ノーマリゼーション概念の展開―ウォルフェンスベルガーの論考を中心として―」『宮城教育大学紀要　第2分冊　自然科学・教育科学』22、pp.137-141
- 滝一二三・渡部昭男（1986）「第一部 教育的インテグレーションの現状、Ⅲ　似て非なるインテグレーションの実態」藤本文朗・渡部昭男編（科学的障害者教育研究会）『障害児教育とインテグレーション』労働旬報社
- 田中耕二郎（1983）「インテグレーション概念をめぐる諸問題―イギリスにおけるS. Hegartyらの議論―」『障害者教育科学』7、科学的障害者教育研究会
- United Nations (1982) *World Programme of Action Concerning Disabled Persons.* (http://www.un.org/documents/ga/res/37/a37r052.htm, 2016. 9. 27)
- United Nations (1993) *The Standard Rules on the Equalization of Opportunities for Persons with Disabilities.* (http://www.un.org/esa/socdev/enable/dissre00.htm, 2016. 9. 27)

第4章　インクルーシブ教育の歴史的展開

第1節　インクルージョンとは何か――ソーシャル・エックスクルージョンからソーシャル・インクルージョンへ――

　1990年代から、インテグレーションに代わって、インクルージョンやインクルーシブ教育という新しい理論が生まれ、世界の障害児（者）福祉政策・教育政策の潮流となっている。本章では、なぜそれらの新しい理論が生まれ、世界の潮流となったのかを明らかにする。

　「インクルージョン」という言葉は「包摂」を意味し、今日では世界的に、政策の用語、そして各国の政策目標として使用されている。清水は、「障害児教育におけるインクルージョンの登場は、社会福祉や社会政策分野での『ソーシャル・エックスクルージョン（社会的排除）』への闘いである『ソーシャル・インクルージョン（社会的包摂）』と深く結びついている。」（清水, 2007: 83）と指摘しており、ソーシャル・エックスクルージョンへの対応策として、ソーシャル・インクルージョンが生起してきたことが理解できる。つまり、インクルージョンは単にその前段階といわれているインテグレーションから発展しただけではなく、他方でソーシャル・エックスクルージョンに出自を持ちながら、政治・経済・教育に関わる時代的な諸潮流の合流により生み出されたものであるといえる（清水, 2007）。

　また、オッペンハイム（Oppenheim, C.）は、ソーシャル・エックスクルージョンの定義として、「社会の主流から離されるか孤立して、経済的、社会的、政治的、文化的生活に効果的に参加できず、個人や集団が社会資本の生産と配分という社会の主たるメカニズムから孤立していくプロセスであり、

労働市場、非公式のネットワーク、そして国という主たるメカニズムの中で、一つかそれ以上、孤立している状態のことを指す。」(Oppenheim, 1998: 13) としている。そして、その解決策として、ソーシャル・インクルージョンを取り上げている。

同様に、岩田正美はソーシャル・エックスクルージョンについて「主要な社会関係から特定の人々を閉め出す構造から生み出された現代の社会問題を説明し、これを阻止して『社会的包摂』を実現しようとする政策の新しい言葉」(岩田, 2008: 20) だと定義付けている。

「社会的包摂」、つまりソーシャル・インクルージョンとは、吉原美那子が説明しているように、「社会的排除の対象を明確にし、二項対立化した単純な議論は避けて多次元的な問題構造を把握し、指標を設けた上で、排除された人々のニーズに合った支援を行い、社会に参加させ包摂する」(吉原, 2005: 78) という概念だといえる。

このように、ソーシャル・エックスクルージョンとソーシャル・インクルージョンは、対を成す概念であると捉えることができる。ソーシャル・エックスクルージョンという社会問題を解決するために、ソーシャル・インクルージョンがそれに対応する政策の重要な理念として登場したのである。

第2節　EUの政策におけるインクルージョン

「インクルージョン」という言葉が注目されるようになったのは、EU (European Union: 欧州連合) を中心とした政策の用語として使用され、定着したことによる。

1980年代に入り、市場主義と新自由主義を基調としたグローバリゼーション化が進む中、欧州ではアフリカ系およびイスラム教の宗教的背景を持つ労働者が流入し、彼等は正規雇用市場の周辺で貧困層を形成し、経済活動、教育、医療、人との繋がりからの「排除」などが、世代を超えて子どもに連鎖

する状況が生まれたのである（清水，2007）。

　事の発端は、EU加盟国のフランスで表面化した問題まで遡ることができる。1980年代のフランスでは、移民二世や三世といわれる青年の失業が問題となっていた。彼等は労働市場から排除されているだけではなく、労働組合などの正当な代表団体に属して政治的に発言していく途からも排除されていたのである（岩田，2008）。まさにソーシャル・エックスクルージョンの起源となったのは、このフランスでおきた「排除」という問題であったのである。こうした状況に対して主張されたのが、ソーシャル・インクルージョンである。

　この「ソーシャル・インクルージョン」という言葉は、欧州に広がり、経済統合だけではなく、さらに社会統合を目指すEUによって積極的に取り入れられ、EUの中でソーシャル・エックスクルージョンとソーシャル・インクルージョンという対語に変化し、次第に加盟国の政策のキー・コンセプトとなっていったのである（岩田，2008）。ソーシャル・エックスクルージョンへの闘いは、国により差異を持ちながら、社会正義や平等の実現を目指す先進諸国の共通した政策目標になっていくのである（清水，2007）。

　EUでは、1988年フランス社会党出身のドロール（Delors, J.）欧州委員会委員長のもとで社会的排除についての議論が開始されている[1]。1997年の「アムステルダム条約（Treaty of Amsterdam)[2]」では、障害を理由にした差別を含めて、非差別条項が設けられるとともに、「高水準の雇用の継続と社会的排除の撲滅のための人的資源の開発」が、明確な目標に掲げられている（中村，2002）。そして、2000年のリスボン欧州理事会（EUサミット）で、来る十年間におけるEUの「社会的結束を伴う持続可能な経済成長」という新たな目標を実現する手段として、社会的排除との闘いの欧州モデルが構築されることになったのである（中村，2002）。このことからも、ソーシャル・エックスクルージョンとの闘いが、確実にEUそして各国の政策に浸透していることがわかる。

教育に関しては、1995年の欧州委員会白書の中で、「包摂的な学習社会の構築」が提言されており、そこでは、青年に対する幅広い知識と雇用のための教育および訓練を行い、学校と企業間の連携を図ることや不利な条件におかれた人々に対し、平等に教育権を与えることが指摘されている（吉原, 2005）。

　ソーシャル・エックスクルージョンには多様な定義があるが、EUの定義は非常に包括的なものであり、EUの政策に積極的に取り入れられている。パーシースミス（Percy-Smith, J.）は、EUの文書を用いて、「社会的排除は、現代社会の普通の交換、実践や権利から排除される人々を生み出すような複合的で変化する要素を意味している。貧困はもっとも明らかな要素の一つであるが、社会的排除はまた、住宅、教育、健康、そしてサービスへのアクセスの権利の不適切さをも意味する。それは個人や集団、とくに都市や地方で、場合によっては差別あるいは隔離される人々に影響をおよぼす。そして、それは社会の構造基盤の弱さと、二重構造社会の定着を認めてしまうようなリスクと強く関わっている。委員会は、社会的排除を宿命的なものとして受容することに断固反対し、全てのEU市民が人間の尊厳を尊重されるという権利を有していることを信じている。」（Percy-Smith, 2000: 3）と説明している。つまり、EUは、ソーシャル・エックスクルージョンという言葉を活用し、そこから対の概念であるソーシャル・インクルージョンを導き出し、委員会のキー・コンセプトとしていったのである。それは、社会統合を目指す上では格好のアイディアであり、加盟国の結束を強める上で、有用だったと考えられる。

　しかし、バラとラペール（Bhalla, A. S. & Lapeyre, F.）が指摘しているように、EUがソーシャル・エックスクルージョンという言葉を使ったのは、政治的な背景として、「貧困」という言葉の使用について、EUの加盟国が留保を示したことが挙げられ、貧困の概念よりも排除という概念の方が、実際に生じている構造的な社会的懸案問題を際立たせる度合いが低く、無難であ

るとみなされたことが明らかになっている (Bhalla & Lapeyre, 2004)。

　社会的排除と貧困の関係について、吉原は、「社会的排除の根源は貧困にある。だが、ここで問題にする貧困とは、発展途上国における貧困ではなく、先進国の新しい概念のもとでの貧困である。資本主義社会が発達し変化するにつれ、物質的な貧困から貧困の文化 (culture of poverty)、つまり諸権利の剥奪 (deprivation) へ、そして自らが望むと望まざるに関わらず社会的に排除されるといった状況が生ずる。」(吉原, 2005: 76) と指摘しており、ソーシャル・エックスクルージョンの根源には「貧困」があることを見逃すことはできない。このことは、解決すべき問題の本質は「貧困」に対する政策をどう構築するかであったということを示唆している。

　つまり、EU は、意図的に、戦略として「貧困」という言葉を使うことを避け、それに代わる言葉としてソーシャル・エックスクルージョンを使用したのである。この点については、岩田が、「もともと社会的排除という言葉が、その生まれ故郷のフランスでも EU やその加盟国においても、社会政策担当者たちの政策推進の言葉として使われてきたので、それが何を意味するかを明確にすることをわざと避けてきたふしがある。」(岩田, 2008: 21) と指摘している通り、「貧困」という言葉を避けるなど、ソーシャル・エックスクルージョンの本質について一貫した説明に欠け、明確な定義がされていないといえる。

　その理論の曖昧さゆえ、政策主体のその時々の政策的意図に合わせて、臨機応変に対応することが可能であり、ソーシャル・エックスクルージョンとソーシャル・インクルージョンの用語は多様な意味に使われてきたのである。このことから、問題の本質から目をそらすためにソーシャル・エックスクルージョンを用いたという戦略を垣間見ることができる。

　以上、EU やその加盟国では、ソーシャル・エックスクルージョンに対処する戦略として、ソーシャル・インクルージョンがその中心的な対応策とされている。EU が先導的な役割を果たしながら、ソーシャル・エックスク

ルージョンへの闘いとして、ソーシャル・インクルージョンは生まれたのである。つまり、政策としてのインクルージョンは、新自由主義が生み出した社会的に排除された人々の増加によって生起する多様な問題への対応策として登場しており、その背景には政策主体の社会をどう統合し、安定させていくかという戦略が隠されているのである。

第3節　イギリスの政策におけるインクルージョン

　イギリスは、EU加盟国であり、ソーシャル・インクルージョン政策を積極的に推進している国だといえる[3]。イギリスにおける社会的排除をめぐる議論の火付け役は、トニー・ブレア率いる「新労働党」であり、1994年にブレアが労働党の党首となってから、1997年の選挙で政権につくまでの間、フェビアン協会、公共政策研究所などの労働党系シンクタンクは、サッチャー政権以降の保守党政権時代に深刻化したイギリス社会の貧困や不平等の現状とその克服に関わる政策構想を提言していた（福原，2007）。その中で浮上してきたキーワードがソーシャル・エックスクルージョンであり、これに対抗するためのソーシャル・インクルージョンが新労働党の政策の重要な側面を形成することになったのである（福原，2007）。
　加えて、EUの政策との整合性やブレア政権における「第三の道」を志向した政策策定が影響を及ぼし、ソーシャル・インクルージョン政策は実行されていったと考えられる。労働党の政策は、EUの政策と足並みを揃えながら、推進されていったのである。
　政策の実行を確かなものとするために、1997年12月、ブレア労働党政権により、内閣府に社会的排除と闘う特別機関である「社会的排除対策室（Social Exclusion Unit: SEU）」が設置されている。
　ブレアは、ソーシャル・エックスクルージョンについて「失業、低いスキル、低収入、貧しい住宅、犯罪率の高い環境、不健康、家庭崩壊などの互い

に関係した問題が組み合わさることによって、個人あるいは地域が苦しめられている時に、生じるものを表した簡略なラベルである。」(The Secretary of State for Social Security, 1999: 23) と定義している。この定義における「簡略なラベル」という表現からもわかるように、ソーシャル・エックスクルージョンについての明確な定義がなされず、曖昧な表現に留まっていることがわかる。前節で述べた通り、明確な定義がされていないことは、イギリスも例外ではなく、EUにも共通していることである。

　ともあれ、ブレア労働党政権において、ソーシャル・エックスクルージョンの概念が積極的に取り入れられ、伝統的な貧困研究の蓄積を背景に、実証的研究が進められている（岩田，2008）。そのことにより、ソーシャル・インクルージョンが推進されていったことは評価できる。それゆえ、その一側面であるインクルーシブ教育が発展する土壌がイギリスにあったことは、看過できない事実である。しかし、今後は、曖昧な表現によって、ソーシャル・エックスクルージョンおよびソーシャル・インクルージョンを定義するのではなく、その理論の構造を明らかにし、一貫性のある理論構築をしていく必要がある。

第4節　障害児教育政策におけるインクルージョン

　前節で述べた通り、インクルージョンは、複合的な社会的要因の関係の中で生み出され、ソーシャル・エックスクルージョンからソーシャル・インクルージョンへの流れの中で発展してきたことが理解できる。ソーシャル・インクルージョンが各国の政策目標となっていった状況の下で、社会や教育の主流に位置づかない障害児や学校教育から様々な理由で排除された子ども達がソーシャル・インクルージョンの対象として認識されたのである（清水，2007）。

　このように、教育の場におけるインクルージョンが、インクルーシブ教育

であるといえる。障害児や様々な理由で教育から排除される子ども達にとって、教育から排除されるのではなく、教育を受ける権利や同年齢の他の子ども達と同じように発達が保障されることが重要であるといえる。

　教育政策における「インクルージョン」という言葉は、1990年代半ばに、インテグレーション（Integration）に取って代わる障害児教育政策の用語として、イギリス、アメリカ、カナダで定着している（清水，2007）。教育におけるインクルージョン、つまり、インクルーシブ教育は、今日、障害児教育政策の潮流となっているが、その前段階として位置づけられているインテグレーションと混同されて使用されることが多いため、両者の違いは何であり、どのように発展してきたのかを明らかにする必要がある。

　この点について、荒川智は、「インテグレーションとは障害のある子どもを対象にして、一般教育の中で特別な教育を施すことであるのに対し、インクルーシブ教育は、学校から排除される（おそれのある）子どもに焦点を当てつつ、多様なニーズをもつすべての子どもを対象にしています。」（荒川，2008: 15）と定義し、「インクルーシブ教育は、『分離か統合か』という枠組みで何か決まった形態を論じるものではなく、特定の個人・集団を排除せず学習活動への参加を平等に保障することをめざす、学校教育全体の改革のプロセスとされる」（荒川，2008: 16）ことを指摘している。インクルーシブ教育は、子どもが学校に適応することを求めるのではなく、全ての子ども達を包摂するために、通常学校の変革を目指しているのである。

　1960年代以降、欧米諸国でインテグレーションの主張や実践が本格的になり、1980年代には障害児教育の中心的な理念となるが、その背景には、ノーマリゼーション原理があり、北欧諸国では早くからインテグレーションが議論され、政策に移されている（荒川，2008）。ノーマリゼーション原理に基づけば、障害のある子どもと障害のない子どもが共に学ぶことは当然のことであり、その考え方は、教育における統合化、すなわち統合教育に通じる。他の欧米諸国でも、障害者の施設収容の実態への批判と、それまで「教育不可

能」とされた重度障害児の発達的な変化の確認から、「教育不可能な子どもはいない」という考え方が広がり始める（荒川，2008）。

　前章で述べた通り、イギリスでは、「1970年教育（障害児）法」によって、就学免除が廃止され、重度障害児の教育も保障されるようになった。同様に、アメリカでは、1975年に「全障害児教育法」が制定され、障害のある子どもも可能な限り最大限、障害のない子どもと共に教育しなければならないとしている。

　このように、障害を理由にした排除は是正され、通常学校においても、障害児の権利保障と発達を保障するという視点から、特別な教育的支援の施策が進み、インテグレーションは推進されていくのである。ノーマリゼーション原理が、インテグレーションの実践に影響を与え、障害児教育政策は進展し、その後、インクルーシブ教育へと結実するのである。

　そして、このような流れの中で、従来の障害児教育の在り方を根幹から揺るがすことになったのが、イギリスにおける1978年の「ウォーノック報告」である。同報告は、「1981年教育法」により、世界で最初に「特別なニーズ教育」として制度化されたのと同時に、世界の障害児教育に多大な影響を与え、1994年の「サラマンカ声明」の基盤となっている。そして、2006年、国連の「障害者権利条約」において、インクルージョンは基本理念の一つとなり、障害のある子どもの教育はインクルーシブ教育を基本とすることが明確にされている。障害児の教育を受ける権利が、インクルーシブ教育を基本として、認められたといえる。

第5節　インクルーシブ教育の概念規定──「プロセスとしてのインクルージョン」と「フル・インクルージョン」──

　前節の通り、教育の場におけるインクルージョンが、インクルーシブ教育であり、学校から排除される子どもに焦点を当て、多様なニーズを持つ全て

の子ども達を学校へ包摂する教育を意味する。

インクルーシブ教育の概念規定には代表的な二つのタイプがあり、インクルーシブ教育の在り方に影響を与えているため、理解することが重要である。それらは、「プロセスとしてのインクルージョン」と「フル・インクルージョン」である。

まず、「プロセスとしてのインクルージョン」は、イギリス政府によって支持されている考え方であり、プロセスを重視し、特別学校の存在を肯定しつつ、通常学校の学校改革を主張するものである。こうした概念規定は、イギリスのブレア労働党政権によるインクルーシブ教育政策の礎となっている。近年のインクルーシブ教育研究の動向を代表するものであるといえる。

セバとサシュデフ（Sebba, J. & Sachedev, D.）は、インクルーシブ教育は通常学校が全ての子どもを包摂できるようになるプロセスであると定義している（Sebba & Sachedev, 1997）。ブース（Booth, T.）は、インクルージョンはエックスクルージョンと切り離して考えるべきではないとし、「私はインクルージョンを二つのつながった過程として定義する。それは、学習者の参加を増加する過程であり、近隣にある学習のメインストリームセンターのカリキュラム、文化、地域社会からの排除を減少する過程である。」（Booth, 1999: 78）と述べている。

エインスコウ（Ainscow, M.）は、「インクルージョンを、単に状態を変えるというより、終わりのない過程として、メインストリームの中での継続する教育学的な、体制的な発展に依拠するものとして考える。」（Ainscow, 1999: 218）とインクルージョンを特徴づけている。つまり、インクルージョンを単に場の概念として矮小化するのではなく、通常学校教育の改革として捉えているといえる。

ミットラー（Mittler, P.）は、インクルーシブ教育について、「教育の分野では、インクルージョンは、全ての子どもが、学校によって提供される全ての範囲の教育的社会的機会に参加できるということを保障する目標と共に、

学校全体として改革し、再構築するプロセスに関係している。」(Mittler, 2002: 2) と述べている。つまり、通常学校を改革し、学校が提供するあらゆる機会に、全ての子どもたちがアクセスし、分離されず、参加できることを保障する考え方である。この概念規定は、インクルーシブ教育の基本かつ主流のものである。

エインスコウとブースとダイソン（Ainscow, M., Booth, T. & Dyson, A.）は、「インクルージョンは終わりのないプロセスであり、インクルーシブな学校とは、完璧な状態に到達しているというより、むしろ動的なものである。」(Ainscow, Booth & Dyson et al., 2006: 25) として、インクルージョンは固定されているものではなく、動的なものだと指摘している。

UNESCO (2005; 2009) は、インクルージョンをプロセスとして定義しており、「インクルージョンは、学習、文化、地域社会における参加を増大し、教育からの排除を減少させることを通して、全ての学習者のニーズの多様性に対処し、呼応するプロセスとして見られる。」(UNESCO, 2005: 13) としている。

清水は、インクルージョンは、サポート付き教育の主張であり、通常教育改革の思想であると論じている（清水, 2007）。

このように、「プロセスとしてのインクルージョン」は、エックスクルージョンへの闘いとしてのインクルージョンであり、特別な教育的ニーズのある生徒に多様な学びの場を保障しつつ、彼等が可能な限り通常学校へ包摂されることを試み、通常学校を改革していくことを意味している。

一方、「フル・インクルージョン」は、全ての障害児が通常学校に包摂されるべきであるとして、特別学校の存在を否定している。人権としてのインクルージョンを推進する立場である。

リプスキィとガートナー（Lipsky, D. K. & Gartner, A.）は、全ての障害児が通常学校に包摂されるべきとして特別学校の否定をしており、「フル・インクルージョン」の考え方を打ち出している（Lipsky & Gartner, 1997）。「プロ

セスとしてのインクルージョン」と対立する考え方ではあるが、通常学校における障害児の教育を受ける権利を求める点では共通している。

　洪は、リプスキィとガートナーのフル・インクルージョンの主張について、「第一に、障害児と健常児の区分は教育目的に対して有用でない。第二に、通常の教師が全ての子どもを教えることができる。第三に、分離システムは必要なく、全ての子どものための高質な教育提供のために資金が使われるべきである。第四に、通常教室以外での分離教育は不道徳であり、不平等である。」（洪，2005: 90）との考えを指摘している。リプスキィとガートナーは、公民権としてのインクルージョンの主張に基づき、障害児の分離は不平等であるとの考えを導き出している。

　また、リアシドウ（Liasidou, A.）は、人権問題としてのインクルージョンとして、フル・インクルージョンの考え方を紹介している（Liasidou, 2012）。加えて、障害者団体である Alliance for Inclusive Education は、フル・インクルージョンを推進している学校を紹介するなど、親への情報提供にも力を入れて研究を行っている（Alliance for Inclusive Education, 2015）。

　このように、「プロセスとしてのインクルージョン」と「フル・インクルージョン」は、特別学校の捉え方に関して、対立する考え方ではあるが、教育からの排除への闘いと通常学校における障害児の教育を受ける権利を求める点では共通している。

　筆者は、現時点で、どうしても通常学校では十分な支援を受けることができない子どもにとって、特別学校の存在は重要であり、その専門性から特別な教育的ニーズに関する支援のセンター的機能を果たせると考える。そのため、プロセスとしてのインクルージョンの考え方が重要であると考える。そして、最終的なゴールはフル・インクルージョンであり、そのために漸進的に通常学校は改革を進めるべきであると考える。どこで教育を受けるかという教育の場の問題に矮小化するのではなく、どのような教育を受けられるかという子どもの教育を受ける権利と発達を保障する視点が何より重要である

と考える。

第6節　インクルーシブ教育の世界的な動向

　これまでの分析・考察の通り、障害児教育政策を中心とした、教育の場におけるインクルージョンが、インクルーシブ教育であり、ノーマリゼーション原理が、統合教育の実践に影響を与え、障害児教育政策が進展したことが理解できる。このような流れの中で、世界的な規模で障害児教育の改革が行われていったのである。

　国連における取り組みとしては、1924年の「子どもの権利に関するジュネーブ宣言（Geneva Declaration of the Rights of the Child of 1924）」が採択され、障害児の権利にも人々の意識が向けられるようになった。「ジュネーブ宣言」では、子どもに対して、身体的にも、精神的にも、正当な発達のために必要なあらゆる手段が講じられ、病気のある子どもは治療を受け、発達に遅れのある子どもは援護されなければならないとしている。

　1948年には「世界人権宣言（Universal Declaration of Human Rights）」があり、障害者が一人の人間として初めて認められ、権利を保障されている。それは、1975年の「障害者権利宣言（Declaration on the Rights of Disabled Persons）」において、具体的に明示され、障害者は同年齢の周囲の人々と同一の基本的権利を有することや、彼等の能力や技術を発達させ、社会への統合を促進する教育・職業教育・訓練といったサービスを受ける権利があることが宣言されている（玉村，2007）。

　この宣言は、1981年の「国際障害者年」へつながっていくのである。「国際障害者年」の「完全参加と平等」というスローガンは、1982年「世界行動計画（World Programme of Action Concerning Disabled Persons）」において具体化され、1983年から1992年の「国連・障害者の十年（United Nations Decade of Disabled Persons）」の中で、世界各国で障害者の権利拡大と具体的な施策

が展開され、追求されている。

1990年、タイのジョムティエンにおいて開催された「万人の基礎的な学習ニーズを満たすための教育に関する世界会議（World Conference on Education for All Meeting Basic Learning Needs）」が採択した「万人のための教育世界宣言（World Declaration on Education for All）」および「基礎的な学習ニーズを満たすための行動の枠組み（Framework for Action to Meet Basic Learning Needs）」では、第3条第5項において、「障害者の学習ニーズには特別な配慮が必要である。教育システムの不可欠な部分として、あらゆるカテゴリーの障害者に等しく教育の権利が与えられるような手段が講じられる必要がある。」（UNESCO, 1990）と規定されている。国連は、「障害者の十年」の最終年に「万人のための社会」をスローガンとして掲げ、障害者の機会均等化を強調している。

このような流れは、1993年「障害者の機会均等化に関する基準規則（The Standard Rules on the Equalization of Opportunities for Persons with Disabilities）」の制定に結実する。「基準規則」の規則6の「教育条項」では、「少なくとも、障害のある子どもは障害のない子どもと同等の教育的資源を与えられるべきである。政府は、通常教育への特別教育の段階的な全体的統合を目指すべきである。」（United Nations, 1993）と規定されている。

「基準規則」が制定された翌年、1994年、スペインのサラマンカでユネスコとスペイン政府の共催で「特別なニーズ教育に関する世界大会」が開催され、その結果、「サラマンカ声明」が採択されている。先に述べた通り、イギリスの「ウォーノック報告」を基盤として作成されたものである。ソーシャル・エックスクルージョンからソーシャル・インクルージョンへの潮流の表れが「サラマンカ声明」であり、それは、インクルーシブ教育の実現を各国に求めたものである。「ウォーノック報告」とともに、障害児教育の新局面を切り開いたという点で積極的に評価できる。

ユネスコ第7代事務局長のマヨール（Mayor, F.）は、「サラマンカ声明」

の前文において、「インクルーシブ教育の取組みを推進するために必要な基本的政策の転換を検討することによって、『万人のための教育』の目的をさらに前進させる。すなわち、学校が全ての子ども達、とりわけ特別な教育的ニーズのある子ども達の必要を満たすことを可能にする」(UNESCO, 1994)として、「インクルーシブ教育」の用語を用いた上で、推進する方針を打ち出している。

「サラマンカ声明」では次の点が明言されている。

> 「我々は以下を信じ、かつ宣言する。
> ・全ての子どもは教育を受ける基本的権利があり、また、受容できる学習レベルに到達し、かつ維持する機会が与えられなければならず、
> ・全ての子どもは、独自の性格、関心、能力、学習のニーズを持っており、
> ・教育システムはこうした多様な特性やニーズを考慮に入れて、計画された教育プログラムが実行されなければならず、
> ・特別な教育的ニーズのある子どもは、そのニーズに見合った子ども中心の教育方法の中で調整する、通常学校にアクセスしなければならず、
> ・このインクルーシブ志向を持つ通常学校こそ、差別的態度と闘い、全ての人を喜んで受け入れる地域社会を作り上げ、インクルーシブな社会を築き上げ、万人のための教育を達成する最も有効な手段であり、さらにそれらは、大多数の子ども達に効果的な教育を提供し、全教育システムの効率を高め、最終的に費用対効果が高いものとする。」
>
> (UNESCO, 1994)

本声明は、障害児に限らず、貧困や病気、不登校、様々な特別な教育的ニーズのある子どもも可能な限り、通常学校において学ぶべきであるとしている。その教育こそが差別や偏見を減らし、仲間として、共に生きていく社会を創る礎になるとして、インクルーシブ教育を推進することを明示している。さらに、インクルーシブな学校という形態が最も万人のための教育に相応しいものであり、今後、推進されていくべき学校形態であることを明示し

ている。つまり、学校は様々なニーズがある子ども達を受け入れ、教育し、それができるように通常学校の環境を整備することが求められているのである。

インクルージョンが実現する社会（Inclusive Society）は一部の人々を排除するのではなく、社会の中で共に生きる社会である。そのような社会を目指すためにも、インクルーシブ教育が実践される必要があることを「サラマンカ声明」は示唆しているのである。このように、インクルーシブ教育の根底には、ソーシャル・エックスクルージョンへの闘いがあり、差別ではなく違いを認め、包摂する通常学校教育の改革とインクルーシブな社会の実現がある。

その後、2001年に国連総会において「障害者権利条約」が発議され、インクルージョンを差別撤廃、人権保障のための基本理念の一つであるとし、第24条「教育」においても障害のある子どもの教育はインクルーシブ教育を基本とすることが明確にされている（United Nations, 2006）。つまり、障害を理由として、教育から排除してはならないのである。

2006年12月、第61回国連総会は、この「障害者権利条約」を採択している。インクルーシブ教育の理念を基調として、特別な教育的ニーズのある子どもに対応した教育となるように、本格的な改革が求められている。さらに、条約の中に盛り込まれた合理的配慮の概念は、インクルーシブな教育であることを根底に、施設・設備といった物理的環境の調整、教授法やコミュニケーション方法に対する配慮や支援を各国の教育制度に求めている（玉村，2007）。つまり、各国は、教育において、障害児（者）に対する特別な支援と合理的配慮を推進しなくてはならないのである。

国連において「障害者権利条約」が採択されたことは、障害者の権利が世界的に認められたという点で、特筆すべき出来事である。世界的に見ても、障害児教育の方向性はインクルーシブ教育に向かっているといえる。イギリスは、2009年6月にすでに「障害者権利条約」を批准しているが、日本は条約批准のための国内法の整備に着手した後、ようやく2014年1月に批准して

いる。

　以上のように、「教育からの排除」への闘いであるインクルーシブ教育は世界的な障害児教育のキー・コンセプトとなっている。日本も「障害者権利条約」を批准したことにより、確実にインクルーシブ教育へと舵を切ったといえる。

第7節　インクルーシブ教育の本来の意味と課題

　現在、インクルーシブ教育は、障害児教育の中心的な理論となり、各国の政策や実践において追及されている。しかしながら、第1節から第3節で分析・考察した通り、インクルージョンの定義は非常に曖昧であり、政策主体のその時々の政策的意図に合わせて、臨機応変に対応してきたことがわかった。リアシドウは、「インクルージョンは、非常に定義が難しい考えであり、その解釈や実行も非常に難しい。」(Liasidou, 2012: 6) として、インクルージョンの意味の多様性について指摘している。そこで、本節では、教育の場におけるインクルージョンを意味するインクルーシブ教育の本来の意味と課題について、検討したいと考える。

　第2節で明らかにした通り、ソーシャル・エックスクルージョンの起源となったのは、1980年代にフランスでおきた移民二世・三世の若者の社会や労働市場からの「排除」という問題であり、彼等は、社会や労働市場への参加という「人としての権利」を求めていたといえる。こうした状況に対して主張されたのが、ソーシャル・インクルージョンである。第5節のインクルーシブ教育の概念規定においても、インクルーシブ教育の根底には、教育からの排除への闘いと、通常学校における障害児の教育を受ける権利の保障および発達の保障があることがわかった。

　また、第2章で明らかにした通り、ノーマリゼーション原理とその実践概念であるインテグレーション・統合教育の原点には、知的障害者の親の会と

バンク—ミッケルセン等の「人としての権利を奪われることへの抵抗」、「排除への闘い」への思いがあった。

つまり、ノーマリゼーション原理、インテグレーション概念・統合教育、インクルージョン・インクルーシブ教育の理論は、人としての権利を求めているという点において、通底していると考えることができる。その根底には、「人としての権利を奪われることへの抵抗」、「排除への闘い」があるのである。

以上のことに加え、第2章・第3章で明らかになった点も踏まえ、図4-1

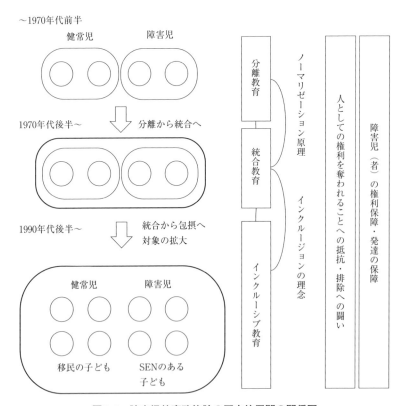

図4-1　障害児教育政策論の歴史的展開の関係図

の通り、障害児教育政策論の歴史的展開の関係図を示したい。

1970年代前半までは、健常児と障害児は分離教育の状態であった。それが、ノーマリゼーション原理の影響を受け、分離から統合へと動き、1970年代後半から統合教育が始まった。この時は、障害児が健常児に合わせる形であり、異なる二つのグループをくっつけた形だったといえる。そして、インクルージョンの理念の影響を受け、統合から包摂へと動き、対象の拡大があり、1990年代後半からインクルーシブ教育が始まった。インクルーシブ教育では、健常児、障害児、移民の子ども、特別な教育的ニーズのある子ども等を一つの集まりとして捉え、必要な時に必要な支援を一人ひとりに与える形へと動いていった。

前述した通り、ノーマリゼーション原理、インクルージョンの理念の根底には、「人としての権利を奪われることへの抵抗」、「排除への闘い」があるといえる。また、統合や包摂されるだけであれば、単なるダンピングであるため、障害児（者）の権利保障や発達を保障する視点が重要である。

このように、障害児教育政策論の歴史的展開は、ノーマリゼーション原理に始まり、インクルージョン・インクルーシブ教育に至るまで、通底しているのである。ノーマリゼーション原理からインテグレーション概念・統合教育の時の対象は、障害児（者）であったが、時代の流れとともに、学校から排除される傾向にある全ての特別な教育的ニーズのある子どもへと対象を拡大し、インクルーシブ教育へと結実している。

その背景には、地域社会や教育から排除される傾向にある多様な子ども達が増加しており、政策主体にとって、彼等をいかに教育に包摂するかが課題となってきたと指摘できる。1980年代以降のEUのソーシャル・エックスクルージョンへの闘いの取組みからも明らかである。

ノーマリゼーション原理から、インクルーシブ教育に至る過程において、特別な教育的ニーズや障害のある子ども、親、教員等による、「人としての権利を奪われることへの抵抗」、地域社会や教育からの「排除への闘い」は

続いており、現在もその途上にある。

　そして、インクルーシブ教育の実現に向けて、いくつかの課題を指摘できる。ノーマリゼーション原理、インテグレーション概念・統合教育と同様に、インクルーシブ教育の課題は、政策主体に支出を削減できるというメリットのみで推進される危険を内包している点にある。統合や包摂されるだけであれば、単なるダンピングである。本来の意味として、権利保障と発達を保障する視点が重要である。そのためにも、通常学校における基礎的環境整備がしっかりとなされることが必要である。

　また、キャンベル（Campbell, L.）は、「障害児と障害のない子どもが、共に教育を受けることは、インクルージョンと多様性の価値について、地域社会の人々へ強いメッセージを送ることになる。」（Campbell, 2002: 203）とし、「教育におけるインクルージョンの主要な障壁は、法律でも建物でも設備でもなく、人々である。それは、彼等の態度や行動である。」（Campbell, 2002: 205）としている。つまり、インクルージョンの主要な障壁を「人々」であるとしており、彼等の意識を改革し、インクルーシブな社会の一員として、障害児を再評価することが必要であるとしている。

　加えて、チェーンベリとマッソン（Tjernberg, C. & Mattson, E. H.）は、教員同士の協力によって、インクルーシブな学校文化（Inclusive School Culture）を醸成することで、生徒は排除されないと感じられると指摘している（Tjernberg & Mattson, 2014）。これらのことから、通常学校における基礎的環境整備に加えて、人々の意識の改革も重要であることがわかる。

　ダニエルズとガーナー（Daniels, H. & Garner, P.）は、「私たちは、いまインクルージョンについて思考を深め、実行するという成熟しつつある局面にいる。この局面では、インクルージョン概念はグローバルな規模で一貫して、社会政策と教育政策の中心的な構成要素となっている。国際諸機関は協力しあい、全面的な社会的インクルージョンを追及するうえでの組み込み要素として、インクルーシブ教育の発展に向ってますます直接的に取り組むように

なっている。」(Daniels & Garner, 1999: 13) と述べている。ダニエルズとガーナーの言葉は、現在のインクルーシブ教育を端的に表わしていると考える。世界的な規模で、インクルーシブ教育は潮流となっており、今後も教育政策として追究されていくといえる。

2006年、「障害者権利条約」によって、障害児教育の方向性はインクルーシブ教育が基本となった。排除される傾向にある子ども達をいかに教育へ包摂していくか、特別な教育的ニーズや障害のある子どもの権利保障と発達の保障、通常学校における基礎的環境整備、人々の意識の改革、そして、通常学校教育の改革という視点を持って、漸進的な取り組みが必要であるといえる。

注
1) 1980年代末から、EUでは、失業と貧困問題が「社会的排除」という新たな概念と関連づけられ、議論されるようになっている。以下の文献に示されている。
  ・Byrne, D. (ed.) (2008) *Social Exclusion: Critical Concepts in Sociology Vol.1*, Routledge, p.349.
  ・福原宏幸編著 (2007)『社会的排除／包摂と社会政策』法律文化社、p.13
2) 1999年5月1日に発効したEUの基本条約。通貨統合を定めたマーストリヒト条約(1993年発効)の改訂版で、既に実現した通貨統合に続く目標として、共通外交・安全保障政策の実現を打ち出しているのが特徴である。
3) 本研究の執筆時は2015年であり、イギリスはEUに加盟している。

文献
・Ainscow, M. (1999) *Understanding The Development of Inclusive School*, Falmer Press.
・Ainscow, M., Booth, T. & Dyson, A. et al. (2006) *Improving Schools, Developing Inclusion*, Routledge.
・Alliance for Inclusive Education (2015) *Inclusion Now –A Voice for the Inclusive Movement in the UK– Issue* 41, Alliance for Inclusive Education.
・荒川智 (2008)「第1部 インクルーシブ教育の基本的な考え方」荒川智編著『イ

ンクルーシブ教育入門―すべての子どもの学習参加を保障する学校・地域づくり―』クリエイツかもがわ、p.13
- Bhalla, A. S. & Lapeyre, F.（2004）*Poverty and Exclusion in a Global World -Second Revised Edition-*, Palgrave Macmillan, p.15.
- Booth, T.（1999）'Inclusion and Exclusion Policy in England: Who Controls the Agenda?', In Armstrong, D. et al.（eds.）, *Inclusive Education: Contexts and Comparative Perspectives*, David Fulton Publishers, pp.78-98.
- Campbell, L.（2002）'Rights and Disabled Children', In Franklin, B.（ed.）, *The New Handbook of Children's Rights -Comparative Policy and Practice-*, Routledge.
- Daniels, H. & Garner, P.（eds.）（1999）*Inclusive Education -World Yearbook of Education 1999-*, Kogan Page.（＝ハリー・ダニエルズ、フィリップ・ガーナー編著　中村満紀男・窪田眞二監訳（2006）『世界のインクルーシブ教育―多様性を認め、排除しない教育を』明石書店、p.13）
- 福原宏幸編著（2007）『社会的排除／包摂と社会政策』法律文化社、pp.42-43
- 洪浄淑（2005）「A. ガートナーと D. K. リプスキーにおける特殊教育批判とフル・インクルージョンの提唱」『心身障害学研究』29、筑波大学
- 岩田正美（2008）『社会的排除―参加の欠如・不確かな帰属』有斐閣、p.17、19、22
- Liasidou, A.（2012）*Inclusive Education, Politics and Policymaking*, Continuum.
- Lipsky, D. K. & Gartner, A.（1997）*Inclusion and School Reform: Transforming America's Classroom*, P. H. Bookes.
- Mittler, P.（2002）*Working Towards Inclusive Education: Social Contexts*, Routledge.
- 中村健吾（2002）「EUにおける『社会的排除』への取り組み」『海外社会保障研究』141、国立社会保障・人口問題研究所、pp.56-57
- Oppenheim, C.（1998）'Poverty and Social Exclusion: An Overview', In Oppenheim, C.（ed.）, *An Inclusive Society: Strategies for Tackling Poverty*, IPPR. "inability to participate effectively in economic, social, political and cultural life, alienation and distance from the mainstream society", "The process by which individuals and groups become isolated from major societal mechanisms, which produce or distribute social resources ", "the condition of alienation from one or more of the main mechanisms: a. labour market, b. informal networks and c. the state."
- Percy-Smith, J.（2000）'Introduction: The Contours of Social Exclusion', In Percy-

Smith, J. (ed.), *Policy Responses to Social Exclusion: Towards Inclusion?*, Open University Press.

"Social exclusion refers to the multiple and changing factors resulting in people being excluded from the normal exchanges, practices and rights of modern society. Poverty is one of the most obvious factors, but social exclusion also refers to inadequate rights in housing, education, health, and access to service. It affects to individuals and groups, particularly in urban and rural areas, who are in some way subject to discrimination or segregation; and it emphasises the weaknesses in the social infrastructure and the risk of allowing a two-tier society to become established by default. The Commission believes that a fatalistic acceptance of social exclusion must be rejected, and that all Community citizens have a right to the respect of human dignity."

・Sebba, J. & Sachedev, D. (1997) *What Works in Inclusive Education?*, Barnardo's.
・The Secretary of State for Social Security (1999) *Opportunity for All: Tackling Poverty and Social Exclusion*, Cmnd.4445.

"A short-hand label for what can happen when individuals or areas suffer from a combination of linked problems such as unemployment, poor skills, low incomes, poor housing, high crime environment, bad health and family breakdown."

・清水貞夫（2007）「インクルーシブ教育の思想とその課題」『障害者問題研究』35（2）、全国障害者問題研究会、pp.82-83
・玉村公二彦（2007）「第5章 特別ニーズ教育の国際動向」日本特別ニーズ教育学会編『テキスト　特別ニーズ教育』ミネルヴァ書房、p.196、pp.198-199
・Tjernberg, C. & Mattson, E. H. (2014) 'Inclusion in Practice: A Matter of School Culture', *European Journal of Special Needs Education* 29 (2), Routledge.
・UNESCO (1990) *World Declaration on Education for All and Framework for Action to Meet Basic Learning Needs*.
（http://unesdoc.unesco.org/images/0012/001275/127583e.pdf, 2016. 9. 27）
"The leaning needs of the disabled demand special attention. Steps need to be taken to provide equal access to education to every category of disabled persons as an integral part of the education system."
・UNESCO (1994) *The Salamanca Statement on Principles, Policy and Practice in Special Needs Education and Framework for Action*.

(http://unesdoc.unesco.org/images/0009/000984/098427eo.pdf, 2016. 9. 27)
"…to further the objective of Education for All be considering the fundamental policy shifts required to promote the approach of inclusive education, namely enabling schools to serve all children, particularly those with special educational needs."

"We believe and proclaim that:
- every child has a fundamental right to education, and must be given the opportunity to achieve and maintain an acceptable level of learning,
- every child has unique characteristics, interests, abilities and learning needs,
- education systems should be designed and educational programmes implemented to take into account the wide diversity of these characteristics and needs,
- those with special educational needs must have access to regular schools which should accommodate them within a childcentred pedagogy capable of meeting these needs,
- regular schools with this inclusive orientation are the most effective means of combating discriminatory attitudes, creating welcoming communities, building an inclusive society and achieving education for all; moreover, they provide an effective education to the majority of children and improve the efficiency and ultimately the cost-effectiveness of the entire education system."

- UNESCO (2005) *Guidelines for Inclusion: Ensuring Access to Education for All.* (http://unesdoc.unesco.org/images/0014/001402/140224e.pdf, 2016. 9. 27)
- UNESCO (2009) *Policy Guidelines on Inclusion in Education.* (http://unesdoc.unesco.org/images/0017/001778/177849e.pdf, 2016. 9. 27)
- United Nations (1993) *The Standard Rules on the Equalization of Opportunities for Persons with Disabilities.*
  (http://www.un.org/esa/socdev/enable/dissre00.htm, 2016. 9. 27)
  "At a minimum, students with disabilities should be afforded the same portion of educational resources as students without disabilities. States should aim for the gradual integration of special education services into mainstream education."
- United Nations (2006) *Convention on the Rights of Persons with Disabilities.*
  (http://www.un.org/disabilities/convention/conventionfull.shtml, 2016. 9. 27)
  "Article24 Education

1. States Parties recognize the right of persons with disabilities to education. With a view to realizing this right without discrimination and on the basis of equal opportunity, State parties shall ensure an inclusive education system at all levels and lifelong learning.
2. (a) Persons with disabilities are not excluded from the general education system on the basis of disability, and that children with disabilities are not excluded from free and compulsory primary education, or from secondary education, on the basis of disability; (e) Effective individualized support measures are provided in environments that maximize academic and social development, consistent with the goal of full inclusion."

・吉原美那子（2005）「イギリスにおける包摂的教育の政策とその特質―社会的排除と社会的包摂の概念に着目して―」『東北大学大学院教育学研究科研究年報』53(2)、p.77

第3部　イギリスにおけるインクルーシブ教育政策の歴史的展開

第5章　戦前・戦後のイギリスにおける障害児教育の発展過程

第1節　障害児に対する組織的教育の成立

　第3部では、イギリスにおける障害児教育が、どのような過程を経て、インクルーシブ教育に至ったのかを分析・考察する。

　イギリスにおける障害児教育は、17世紀後半、個別的な指導として聾唖教育から開始されている。オックスフォードの数学者で文法学者のウォリス（Wallis, J.）と神学者のホールダー（Holder, W.）が、名家の聾子弟に対して、口話法の立場から、個別的な指導を試みている（中村, 2003a）。この時期に、個別的な指導であったにせよ、聾唖教育が開始されていたのである。

　このことについて、中村満紀男は、「憐憫や同情心だけでなく、近代に移行しつつある社会において、聾唖児が教育を受けることが、宗教的・社会的に重要な意義をもつこととなったことによる。聾唖教育の顧客は、ほとんどが貴族や上層の人々であった。それゆえ、社会構成員としての基本条件であったキリスト教徒として聖書を理解し、祈ることができること、また、自分の意思や感情をもち、それを相互に交換し、文字を理解して、公的書類に署名し、契約が可能なこと、すなわち言語をもつことは、自らの財産と社会的地位を維持するために必要であった。」（中村, 2003a: 18）と指摘している。キリスト教徒としても、社会の一構成員として認められるためにも、言語をもち、読み書きができることは必要であり、それゆえ裕福な家庭では聾唖児に教育の機会を与えていたのである。

　さらに、一部のキリスト教関係者と哲学者は、彼等の宗教的責務としての

認識とともに、修道院内では「手話」が宗教行為として使用されていたため、それを聾唖者に応用することに対して受容的であり、聾唖教育を肯定し、支持していたことが明らかにされている（中村，2003a）。このように、イギリスでは、いち早く、聾唖教育が開始されたのである。

18世紀には、個別的な指導から組織的な教育へと進展し、ブレイウッド（Braidwood, T.）が、1760年に聾唖児の教育を開始し、1783年にロンドン郊外にハックニー聾唖院を創設している。そのような中で、貧困層の聾唖児に対する教育を求める声が高まり、1792年、多くの博愛主義者、宗教家の支援を得て、ロンドンのバーモンジーにバーモンジー貧困聾学校施設が設立される。教育の対象が、富裕層の聾唖児から貧困層の聾唖児まで拡大されたのである。聴覚障害児に対象は限定されるが、ここにイギリスにおける障害児に対する組織的教育が成立する。

同様に、18世紀末に、盲院も開設されている。イギリス最初の盲院は、1791年のリバプールの貧窮盲人学校であり、1793年にはブリストル、1799年にはロンドン、1800年にはノーウィックに盲院が設立されている。これらの盲院は、宗教教育とともに、老人や子どもを収容し、保護する性格も有するものである（中村，2003b）。

当時の視覚障害児に対する教育は、職業的自立を目指したものであったといえる。この背景には、将来、社会の重荷とならないように、幼少期から教育を与え、自立させるという政策主体の意図があったのである。つまり、救貧費の削減という考え方と結びついていたのである。

肢体不自由児の教育は、聾唖や盲の子どもよりも遅れて開始されている。その理由としては、通常教育を受けられる程度の運動障害がある子どもは、教育上の問題にはならず、重度肢体不自由児は保護対象と見なされていたからだと考えられる（中村，2003b）。

また、イギリス障害児教育史の研究者であるプリッチャード（Pritchard, D. G.）が指摘しているように、肢体不自由児の教育は、視覚障害児と同様に、

職業的自立を目指した教育が行われていたといえる（Pritchard, 1963）。

イギリスでは、1850年代から、肢体不自由児を対象とした教育施設が開設されている。しかし、教育を受けられる肢体不自由児は一部であり、社会事業的発想が濃厚で、教育内容は職業教育が中心であり、読み・書き・計算の他に宗教教育という最低限の内容であったのである（中村, 2003b）。

また、白痴と言われていた精神薄弱（知的障害）に対する教育の開始は最も困難であり、盲聾唖児に対する教育との障害間格差は非常に顕著であったといえる。

白痴児でも、聾唖者と同じく、言語の獲得とキリスト教徒としての教育的な可能性が模索されていたが、白痴は個人によって特徴が異なり、教育の効果を確認することが難しいという他の障害にはない教育上の困難があり、白痴児教育が社会的に是認されるには時間がかかったのである（中村, 2003b）。

白痴の教育的可能性を示した代表的な論者はフランスのセガン（Seguin, E.）[1]であり、その成果に基づいてヨーロッパ各地で白痴学校が設立されている。イギリスでは、1846年にバース、1847年にハイゲート、1859年にコルチェスターに白痴院が設置されている。なかでも、1855年にハイゲートから移転したアールスウッド精神薄弱者施設では精神薄弱者を教育対象として認識し、教育実践が行われていたという点において他とは大きな違いがあり、高く評価できると考える。

しかし、教育的な実践が欠けた施設では、19世紀以降、重度障害児の問題とともに、入所期間終了後の処遇問題が顕在化してくることになる。その後、精神薄弱児と貧困・犯罪との関連性が取り沙汰されるにつれ、精神薄弱児への教育は社会防衛が目的となり、学校という形式ではなく、施設に収容する形で進んでいくことになったのである。「欠陥児およびてんかん児専門委員会（The Departmental Committee on Defective and Epileptic Children）」では、教育から得るものがあるにも関わらず、重度の障害児と共に、永久に収容されている生徒もいるとの証言もなされている（Pritchard, 1963）。

つまり、他の障害が組織的に学校教育化されていく中で、精神薄弱は施設化されていくのである。その結果として、精神薄弱児の教育は、他の障害と比べて、立ち遅れていくことになったといえる。

このように、17世紀後半から18世紀にかけて、宗教的な影響を受けて開始された障害児への教育は、次第に「教育可能な障害児」に対する職業教育が中心となり、社会的な自立へ向けて舵を切ることになる。そして、その背景には、政策主体による教育対象の限定、救貧費の削減や、将来、社会の重荷とならないようにという社会防衛的な意図が隠されていたのである。

そして、19世紀における障害児に対する処遇は、1834年の「救貧法」改正による「救済から予防へ」という救貧政策の変化、特に1860年代後半以降大きく防貧へと変化していったことに伴って学校教育への接近を強めていくのである（山口，1993；真城，1994）。イギリスにおける障害児公教育制度の成立に向けて動き出したといえる。

第2節　障害児公教育制度成立への歴史的展開

イギリス公教育制度は、「1870年初等教育法（Elementary Education Act 1870）」の成立から始まる。イギリスにおける児童教育は、民間団体に委ねられてきたが、「工場法」の流れの中で、児童の教育要求が高まり、就労最低年齢と就業時間の規定を通して、徐々に改善されていくのである（山口，1993）。

また、イギリスは、「世界の工場」として技術教育に力を入れ始め、初等教育段階における基礎教科の充実が必要条件となったが、未就学児が多く、民間の私立学校だけではその要請に応えられず、それを補う意味で、公教育が成立するのである（山口，1993）。このことから、公教育は補填的な役割だったことがわかる。

「1870年初等教育法」においては、5歳から13歳までの子どもの就学をそ

の親に要求できるとしているが、それは、その子どもが免除規定に入らないという条件付きである。免除規定には、心身に障害を有した子ども、すなわち視覚障害児、聴覚障害児、精神薄弱児、肢体不自由児等が入っている。障害児は初等教育から除外されていたのである。また、貧困のため、工場に就労している子どもや通学範囲内に学校がない子どもも就学が免除されている(Owen, 1903a)。

つまり、「1870年初等教育法」は、就学の義務を課すのではなく、奨励するものであったのである。しかし、広く子どもに公教育への道を開いたという点では評価できるものであり、同法律の施行により、多くの子どもは、初等教育を受けてから、就労することになったのである。

そして、「1876年改正初等教育法（Elementary Education Act 1876）」が出される。この法律は、初めて子どもの教育の義務を親に課したという点で画期的なものである。

そこでは、「全ての子どもの親は、子どもを、読み方、書き方、算数の効果的な初等教育を受けさせる義務を負う。もし親がその義務を行わなかった場合は、その責任をとり、この法律に決められている罰を受けなければならない。」(Owen, 1903b: 310) と定め、イギリス教育史上初めての義務教育制度が確立している。

この親の義務の「親」とは、「後見人（救貧員）を含めて、どのような子どもでも、その子どもを扶養する責任があるか、実際の親権を有している全ての人」(Owen, 1903b: 310) とされている。

就学年齢は、5歳から14歳までであり、同法の5条では、①10歳未満の児童は働かせてはいけない、②10歳以上で就業している児童は工場法の規定に従うこと、とされている (Owen, 1903b)。つまり、5歳から10歳までの児童はいかなる場合も就学すべきことになったのである。

しかし、同法に続く、学校設置義務を規定した「1880年教育法（Education Act 1880）」において、各地区に公立学校が開設されたものの、依然として心

身障害児は初等教育を受ける権利からは除外されていたのである。

このような初等教育に関する一連の流れの背景には、イギリスでは、産業革命以降、子どもの教育が私立学校などで行われてきたために、公教育成立に関する立法が遅れたこと、また、心身障害児が就学免除として取り残された背景には、生産力として優れている貧民の子どもを有効な労働力として育成することが第一であったことが考えられる。つまり、当時の教育に求められていたのは、多くの貧困層を含めた子どもに対する労働力の再生産だったのである。

しかし、山口は、「慈善組織協会（Charity Organization Society: COS）」が、視覚障害児と健常児の共学に大きな役割を果たしており、実験的な意味合いを含んでいたものの、都市周辺の公立学校の中では、視覚障害児と健常児の共学が行われ、聴覚障害児の学級が公立学校の中に設けられていたことを指摘している（山口，1993）。

「慈善組織協会」が視覚障害児の職業指導の特別委員会を作り、1876年に提出した報告書では、スコットランドにおける視覚障害児と健常児の共学は成功しており、ロンドンでも20校以上が取組み、視覚障害児の能力の鋭敏さと共学が発達に健全な刺激を与えていると述べられている（山口，1993）。つまり、このことから、視覚障害児は就学免除の対象でありながら、公立学校の中に包摂されていたことがわかる。

また、山口は、1930年に出された『盲教育―調査研究―』において、ロンドンの1874年頃からの公立学校における実験について、「ロンドン学務委員会は『ロンドン家庭訪問協会』に連携して、同協会の教師が週2回ぐらい視覚障害児にムーンタイプ（Moon Type）[2]等の補助的な援助を行って、普通学級で教育する実験的な試みを行った。この結果ロンドン学務委員会は1879年、この方式をより徹底的、組織的に行うことを決める。それから、1893年の義務制が成立するまでの間、政府の援助なく行われた。」（山口，1993: 81）として、「ロンドン学務委員会（London School Board）」と「ロンドン家庭訪

問教育協会（London Home Teaching Society）」が果たした役割に関しても言及している。

　このことは、ロンドンを中心とする公立学校では、視覚障害児と健常児の共学が行われ、その実践に力が入れられていたことを示唆している。つまり、障害種に限定はあったにせよ、統合教育は1800年代には既に始まっていたのである。

　プリッチャードが指摘しているように、この背景には、ロンドン学務委員会の二番目の議長であるリード（Reed, C.）の活躍があったといえる（Pritchard, 1963）[3]。

　リードは、1874年に視覚障害児、聴覚障害児が教育されることができる方法を中心となって模索していたのである。そして、聴覚障害児を支援する教会の牧師であるステイナー（Stainer, W.）と出会い、彼の強い勧めで、公立学校に聴覚障害児の学級を設け、まず聴覚障害児の両親に聴覚障害児の出席を促す説得活動をしている。その中から、5名の聴覚障害児を選出したのである。同年9月には、聴覚障害児では最初の公立学校での教育が開始されている。

　また、盲学校で包摂しきれなくなった視覚障害児を公立学校が受け入れ、それが根付いていったという事実もあり、それは、政府の補助なしで、1893年に「初等教育（盲・聾児）法（Elementary Education (Blind and Deaf Children) Act 1893)」で盲聾児の就学義務制が成立するまで続けられている。

　プリッチャードは、「ステイナーは、確かに、時間、エネルギー、お金を惜しげもなく教育に与えた。」（Pritchard, 1963: 78）と評している。宗教的な背景、ロンドン学務委員会、障害児教育関係者の尽力により、視覚障害児・聴覚障害児と健常児の統合教育が開始され、それが社会に受け入れられていたのである。

　リードやステイナーによる聴覚障害児に対する教育実践が続けられるとともに、視覚障害児に対してもロンドン家庭訪問教育協会が精力的な教育実践

を続け、盲学校に定員超過で入学できない視覚障害児が公立学校に包摂されることになる。そのような中で、国に対する支援の要望も粘り強く続けられている。

そして、1876年に、慈善組織協会が『視覚障害者の職業教育について』という特別委員会の報告書を出し、視覚障害者の経済的自立という視点から、職業教育を論じ、公的な財政支援の必要性を訴えている（山口，1993）。また、王立委員会の設置を求め、全国的な実態調査が行われるべきであると主張している。

この王立委員会の設置の背景については、青柳・中村の指摘にもあるように、「慈善組織協会」の強い希望があったことが明らかにされている（青柳・中村，2001）。それを追うように、聴覚障害児教育の関係者も王立委員会の設置を求め、1885年に盲・聾児教育に関する「盲・聾王立委員会（The Royal Commission on the Blind and Deaf）」が設置され、1889年には盲・聾教育の義務制を勧告する報告書が出された。

このことにより、それまで、救貧行政や民間の慈善団体による救済と保護の対象とされていた視覚障害・聴覚障害児問題の調査・研究が、初めて政府の手によって行われたのである。

また、軽度精神薄弱児についても取り上げられている。これは、調査の段階で、精神薄弱児施設の施設長であるシャトルワース（Shuttleworth, G.）等が、軽度精神薄弱児の教育による改善の可能性やその処遇についての問題を指摘したことにより、調査対象が広げられたのである（山口，1993）。しかし、あくまでも王立委員会の報告書の中心は、盲・聾であり、精神薄弱児に対する教育は、盲・聾の義務教育立法の成立を待ってから、進んでいくことになる。

報告書の序文では、「視覚障害、聴覚障害、教育可能な軽度精神薄弱者達は、教育を受けずに放置していると、国家にとって大きな負担になる。従って、彼等を教育するのは『最終的に貧民の激流へと膨れ上がる小さな川をで

きる限り干上がらせる』ためである。」(Pritchard, 1963: 97) としている。この考え方が委員会の大前提でもあり、結論でもあったのである。つまり、救貧費削減のために、視覚障害児・聴覚障害児の経済的自立を求める考えが根底にあったといえる。

この王立委員会の立場に対して、プリッチャードは、「国の利益ということはよく言われているが、障害児の利益には言及していない。」(Pritchard, 1963: 97) と指摘し、厳しく批判している。確かに国益が第一に優先され、障害児は教育を受ける主体として捉えられていない点は大きな問題であるが、盲・聾児教育の実態が明らかとなったという点においては、王立委員会の活動は評価できると考える。

そして、王立委員会の報告書と約3年の議会における審議を経て、1893年に「初等教育（盲・聾児）法」が成立する。この法律は、イギリスにおいて障害児のための初めての義務教育立法である。経済的自立を目標にしたこの義務教育は、視覚障害児は5〜16歳、聴覚障害児は7〜16歳という義務教育年限を定めたものであり、職業訓練の教育を含んだ特徴的なものである (Pritchard, 1963)。

これにより、盲・聾学校が増加し、職業訓練教育が行われ、視覚障害児・聴覚障害児と健常児との統合教育は進展しなかったといえる。

19世紀後半になると、一般初等教育制度の整備・確立に伴い、軽度精神薄弱児（Feeble-Minded Children）問題が顕在化してくる。その背景には、補助金を得るため、成績が第一という学校側の考え方の中、明らかに授業についていけない子どもの存在があったのである。ここから、軽度精神薄弱児への国としての教育的対応の必要性が求められていくのである。

イギリス社会福祉の研究者であるクーツ（Cootes, R. J.）は、「中産階級の間にも、政府が初等教育の経費を負担すべきであるという考え方が、次第に受け入れられていった。また、産業界でも、読み・書きのできる人々を益々必要としていた。また、都市における犯罪、社会不安、泥酔は、無教育による

無知の直接の結果であり、また教育のない労働者は、国家の平和と安全を危険にさらすものだと広く信じられてきた。」(Cootes, 1984: 21) と指摘している。つまり、産業界からの要請と社会防衛の観点から、財源を含め、教育が国の責任となっていったことが理解できる。

そして、1861年に王立委員会は、前年度の学校における子どもの知識の達成程度に応じて、地方税から学校に補助金を出す制度を勧告し、翌年、「成果補助金制度」が確立する (Cootes, 1984)。この制度は、読み・書き・算数の能力を試験し、その成績に応じて補助金を出すものであった。その結果、学校は補助金を得ようと必死になり、学習内容が徐々に高度になっていく中で、明らかに授業についていけない学習不振児の存在や、彼らの留年や中退などの問題が深刻になっていったのである。

こうしたことを背景に、「1862年初等教育法（Elementary Education Act 1862）」において、学習不振児を集めた特別な学級が設置されている。また、一般就学率の上昇に伴い、シャトルワース等によって「教育可能な精神薄弱児」の教育の必要性が説かれ、公的対応の要求が高まり、最初の本格的な特殊学級が1892年にロンドンに設置されている (荒川, 2003)。

すでに視覚障害児と聴覚障害児に対する義務教育制度が成立していたこともあり、公教育における軽度精神薄弱児教育の広がりは、その義務教育化に向けて動き出すことになる。1889年の「盲・聾王立委員会報告書」において、軽度精神薄弱児問題が提起され、実際の公教育の中で、軽度精神薄弱児の教育実践が進んだことを背景に、1896年に「欠陥児およびてんかん児専門委員会」が設置され、軽度精神薄弱児、肢体不自由児、病虚弱児、てんかん児に対する教育の実情について諮問がなされ、1898年に「欠陥児およびてんかん児専門委員会報告書」が提出されている。

そうした動きをうけて、教育可能な軽度精神薄弱児、てんかん児に対する特別な学校を設立する権限を地方教育当局に与える「1899年初等教育（欠陥児およびてんかん児）法（Elementary Education (Defective and Epileptic Children)

Act 1899)」が成立する。

しかし、義務立法には至らず、地方教育当局の自由裁量に任されていたといえる。その背景には、法律制定の審議過程で、精神薄弱児の教育を受けた後の社会的自立への可能性の低さが指摘され、また財政上の負担増が懸念されたこともあり、結果的には、社会的保護、つまり隔離の方向へと動いていくのである。

高島進が、「1899年法は、軽度のてんかん児と他の肢体不自由児については『身体の欠陥のみでは特別クラスに児童をうけ入れる十分な理由とはいえない』としており、しかも普通学級ではなんらの配慮も彼らに対して払わず、病気で遅滞したものは精薄児クラスに入れとして、まともな配慮を示さなかった。」(高島, 1981: 171) と指摘しているように、障害児が十分な教育を受けられる状況ではなかったといえる。

「1899年初等教育（欠陥児およびてんかん児）法」は、軽度精神薄弱児や肢体不自由児、てんかん児等の公教育制度への道を切り開いたという点では評価できるものであるが、その内容や実践方法は明確にされず、不十分なものであったといえる。

そして、「1902年教育法（Education Act 1902）」により、特殊教育は地方教育当局の監督下に置かれることになるのである。精神薄弱児の学級・学校が設置されるのとほぼ平行して、弱視、難聴、言語障害、肢体不自由、病弱など、その他の軽度障害児のための特殊学級・学校も設置される。

「1899年初等教育（欠陥児およびてんかん児）法」は、「1914年初等教育（欠陥児およびてんかん児）法」に改正され、精神薄弱児の教育義務制および特殊学級・学校の設置が義務付けられている。しかし、法制上は、軽度精神薄弱児は義務教育に取り込まれることとなったが、重度精神薄弱児は就学免除されるという問題を残した。

また、「1918年教育法（Education Act 1918）」により、肢体不自由児・病虚弱児の教育義務制がなされている。しかし、特殊学校に入学する前の手続き

に必要な障害児であるという証明は、彼らに烙印を押し、結果として、健常児から引き離すことになったのである（高島，1981）。そして、「1921年教育法（Education Act 1921）」により、障害児教育の場は、特殊学校や特殊学級がふさわしいと定められ、別学体制が強化されていくのである。

しかし、その一方で、1929年「ウッド委員会（Wood Committee）」では、特殊学校は通常学校と立法上においても行政上においても調和していくべきだと議論され、特殊学校は「通常学校の有効なバリエーション」だと見なされるべきだとされていた（Hegarty, Pocklington & Lucas, 1981）。ウッド委員会において、特殊学校と通常学校の連携について触れられている点は、非常に画期的であり、別学体制は強化されているものの、特殊学校と通常学校の接点を持とうとする取り組みがあったことがわかる。

以上、障害児に対する公教育制度成立は、障害種で特徴を持ちながら進み、「1921年教育法」によって、障害のある子どもと障害のない子どもの別学体制が強化されたといえる。

また、障害児に対する公教育制度成立の段階において、都市周辺の公立学校を中心に、視覚障害児・聴覚障害児と健常児の共学が行われていたことがわかった。つまり、イギリスでは、統合教育が1800年代に既に始まっていたと指摘できる。

しかし、多くの教育関係者の尽力はあったものの、盲・聾学校が増加し、職業訓練教育が行われるようになり、視覚障害児・聴覚障害児と健常児との統合教育は進展しなかったといえる。

そして、精神薄弱児の教育を受けた後の社会的自立への可能性の低さが指摘され、財政上の負担増が懸念されたこともあり、精神薄弱児に対する義務教育制度は立ち遅れることになる。

結果的には、精神薄弱児の社会的保護、すなわち隔離という方向へと動いていくことになるのである。つまり、障害児に対する教育は、教育が可能で、将来、労働力として役に立つ者には与えることとし、労働力としての見

込みのない者は「教育不可能」として排除されたのである。

このように、特殊学校・特殊学級の対象外となる障害児は明確に線引きされ、重度障害児の就学免除が定められていくのである。他方で、「教育可能な障害児」に教育を与える特殊学校・特殊学級には、将来、社会の重荷にならないようにしようとする社会的な負担軽減や社会にとっての危険を防止する社会防衛、そして、労働能力のある国民にするという意義付けがなされていたといえる。

第3節 「1944年教育法（Education Act 1944）」成立の背景

第二次世界大戦後のイギリスにおける障害児教育は、「1944年教育法」によって、大きな転換期を迎える。

本教育法は、教育の機会均等を原則としている。大田直子は、このことについて、「1940年5月から、挙国一致政府を率いたチャーチルは、国民の戦意を鼓舞するために、かつてのロイド＝ジョージよりも戦後のより平等な社会の実現の約束を繰り返し主張せざるをえなかった。第二次世界大戦は第一次世界大戦と比べて、その規模も犠牲者の数も圧倒していたからである。」（大田, 1996: 128）と指摘している。

また、社会福祉政策も進められ、1942年には「ベヴァリッジ報告（Beveridge Report）」が発表されている。同報告では、国民全員に最低限の生活水準を保障することが約束されている。つまり、苦しい戦争を闘う国民に対して、戦後の平等な社会と福祉国家の実現を約束することによって、戦意を維持させていたといえる。

そして、第二次世界大戦後の社会が、機会均等を原則とする、より平等で、民主的な社会となることが熱望されたときに、教育にかける期待が強くなり、教育に対する関心も高まったといえる（大田, 1996）。教育によって、平等な社会が切り開かれると考えられたのである。

「1944年教育法」成立への動きは、1941年7月にバトラー（Butler, R.）が教育院総裁に着任してから、1943年には白書『教育再建（Educational Reconstruction）』が出され、教育関係者との協議が進められている。そして、重要な問題に関しては、諮問事項として扱い、そのための各種の王立委員会が設置されている。教員養成問題に関しては、マックネイア委員会、パブリック・スクールに関しては、フレミング委員会、中等教育のカリキュラムと試験に関しては、ノーウッド委員会が設置されている。それらの報告書の結果を受け、教育法案が1943年に12月に提案され、1944年8月に勅裁が下されている（大田, 1996）。

　「1944年教育法」の成立には、バトラーの尽力が大きいといえる。バトラーは、教育関係者との交渉を続け、教育の機会均等を基本とした同法を成立させている。同法では、障害児教育に関しても、通常の初等・中等教育の規定の枠組みの中で述べられており、教育の機会均等と平等が意識されていることがわかる。大田が指摘している通り、階級社会であり、保守党の力も強い当時のイギリス社会において、教育の機会均等と平等をうたった同法が成立したことは、高く評価されることである（大田, 1996）。「1944年教育法」は、戦後のイギリス社会の民主化と教育における機会均等、そして、福祉国家の象徴であり、障害児教育に与えた影響は非常に大きいといえる。

　1945年には、ドイツが降伏したことを受け、連立内閣が解散し、総選挙が行われた。その結果、労働党が圧勝し、「1944年教育法」の具体的な進展が約束された。

　首相であるアトリー（Attlee, C. R.）は、「ベヴァリッジ報告」の実施にも積極的に動き、1946年には「国民保険法（National Insurance Act）」、1948年には「国民保健サービス法（National Health Service Act）」が施行されている。このことによって、国民全員が無料で医療を受けられる「国民保健サービス（National Health Service: NHS）」がスタートしたのである。つまり、ここに福祉国家がスタートし、「揺りかごから墓場まで」といわれる社会福祉

体制が構築されたのである。トムリンソン（Tomlinson, S.）は、「教育は、戦後社会の再構築の中心であった。そして、『1944年教育法』は『国民保険法』（1946）と『国民保健サービス法』（1948）と共に、福祉国家の三本柱の一本だと見なされていた。」（Tomlinson, 2001: 1）と指摘している。

このように、戦後のイギリスは、平等な社会へ向けて、教育と社会福祉が大きく前進したということが理解できる。

第4節　「1944年教育法」の特徴——障害カテゴリーの拡大——

「1944年教育法」では、「特別な教育的配慮が必要な生徒の初等・中等教育（Primary and Secondary Education of Pupils Requiring Special Educational Treatment）」の第33条と第34条において、障害児について詳しく述べられている（Ministry of Education, 1944）。

同法律の特徴としては、以下のことが挙げられる。

第一に、障害カテゴリーの拡大である。

第33条第1項では、「教育大臣は、特別な教育的配慮の必要な生徒のいくつかのカテゴリーの定義について規定し、それぞれのカテゴリーの生徒の適切な教育のための特別な方法についても規定しなければならない。」（Ministry of Education, 1944: para.33-1）と述べられている。そして、翌1945年に、「障害のある生徒と学校保健サービス規則（Handicapped Pupils and School Health Service Regulations 1945）」によって、それまで5種類であった障害のカテゴリーは一挙に11種[4]まで増え、特殊学校の種類と数は拡大することになったといえる。つまり、子どもを障害種別のカテゴリーに分け、それによって教育の場も分けるようにしたのである。

プリッチャードが指摘しているように、戦前期は、障害児を障害種別に分けて教育することができなかったために、十分な教育効果が上げられなかったという反省があり、そのことを受けて、生徒の障害の特徴に合わせた教育

が求められていたといえる (Pritchard, 1963)。

　第二に、障害児に対する特別な教育的配慮の保障である。

　第33条第2項では、特別な教育的配慮の必要な生徒のための手配は地方教育当局（Local Education Authority: LEA）によってなされ、どのような学校においても、それは与えられるとしている。地方教育当局によって、特別学校以外の学校でも特別な教育的配慮が与えられるとした点の意義は大きいといえる。

　第三に、地方教育当局と親の義務の拡大である。

　第34条第1項では、全ての地方教育当局に対して、その地域の特別な教育的配慮の必要な子どもを確定する義務を課している。地方教育当局は、2歳に達した全ての子どもに医学的な検査を受けさせることとし、親には子どもに医学的な検査を受けさせる義務を課した。そして、この義務を適切な理由なく怠った親に対しては、5ポンド以下の罰金が科せられるとしている。

　地方教育当局は、この医学的な検査によって、心身に障害があるのかどうか、また、障害の程度について調べ、障害児を確定しようとしたのである。

　第四に、重度障害児の就学免除規定がある点である。

　「1944年教育法」の第57条では、障害児の就学免除が規定されており、地方教育当局によって、障害のために学校教育を受けるのは不可能であると判断された場合は、就学を免除されたのである。

　そのため、就学免除の子どもは、学校外の施設で教育や訓練を受けたといえる。就学免除という形で、学校教育から排除されたのである。

　第五に、通常学校教育における初等・中等教育の義務化である。

　第8条において、地方教育当局に初等・中等教育の提供を義務化している。第7条では、「公教育の法制度は、初等教育・中等教育・継続教育の三つのステージによって組織される。全ての地域の地方教育当局は、その権限の限りにおいて、その地域の人々のニーズに見合ったステージを通して、効果的な教育を保障することによって、地域の宗教的・道徳的・精神的・身体

的な発達に貢献する義務を負う。」(Ministry of Education, 1944: para.7) と規定されている。すなわち、地方教育当局は、初等・中等・継続教育の三つのステージを通して、全てに責任を負うことになったのである。また、中等教育だけではなく、継続教育についても言及されている点は評価できると考える。

　また、第35条により、義務教育年齢が5歳から15歳までと規定され、義務教育年限が14歳から15歳に延長されている。第36条では、義務教育年限にある全ての子どもに対して、義務教育を受けさせる義務を親に課している。結果、初等・中等教育における義務教育は浸透していったといえる。

　以上、「1944年教育法」によって、障害児は、障害種別のカテゴリーに分けられ、それによって教育の場も分けられるようになったのである。結果として、障害種別の学校に包摂される障害児は増加し、通常学校における統合教育は進展しなかったといえる。

　また、障害児に対する特別な教育的配慮の保障、地方教育当局と親の義務の拡大、通常学校教育における初等・中等教育の義務化もなされている。

　しかしながら、重度障害児の就学免除規定があることは非常に残念な点であるといえる。

第5節　「1944年教育法」の課題

　「1944年教育法」施行後、医学的な障害カテゴリーに対する問題が噴出し、それは、「ウォーノック報告」における障害カテゴリーの撤廃、および特別な教育的ニーズ概念の導入につながっていくのである。

　「1944年教育法」の主要な課題としては、以下のことが挙げられる。

　第一に、医学的な障害カテゴリーの問題である。

　医学的な見地から見た障害カテゴリーは、実際に子どもが必要としている教育や特別な教育的配慮と合致しない場合があった。また、どの障害カテゴ

リーにも属さないと判断された場合、特別な教育的配慮が必要であっても排除されてしまうのである（DES, 1978）。

　タンズレイとガリフォード（Tansley, A. E. & Gulliford, R.）は、「特別な教育的配慮へのニーズの基準は、本質的に教育的な観点からのものでなければならない。このカテゴリーは、教育上のニーズに基づくもので、医学的なものでも心理学的なものでもないのである。」（Tansley & Gulliford, 1960: 5）と指摘している。結果として、医学的な見地から見た障害カテゴリーではなく、教育的な見地から見た基準が必要とされていったといえる。

　第二に、ラベリングとスティグマの問題である。

　障害があると診断された子どもは、学校にいる期間もその後も、必要のないスティグマを与えられてしまったといえる。また、障害カテゴリーは、子どもを「障害のある者」と「障害のない者」という二つのグループに明確に区別してしまうとの課題が指摘されている（DES, 1978）。

　第三に、重複障害の子どものカテゴリーの問題である。

　多くの子どもは、一つの障害だけではなく、複数の障害を持っているため、一つの障害カテゴリーに分類するのに困難が生じるようになっていったといえる。

　第四に、障害児に対する特別な教育的配慮の保障の不十分さである。

　第33条第2項では、特別な教育的配慮の必要な生徒のための手配は地方教育当局によってなされ、どのような学校においても、それは与えられるとしている。しかし、実際には、第二次世界大戦直後ということもあり、学校の設備や教員の専門性の十分ではない通常学校において、障害児に対する特別な教育的配慮を行うことは困難であったといえる（Hegarty, 1994）。つまり、法律においては、障害児に対する特別な教育的配慮を通常学校に求めたものの、通常学校の実践においては、設備も教員の専門性も追い付いていなかったのである。

　第五に、教育が不可能であると判断された重度教育遅滞児の就学免除の問

題である。

　重度の教育遅滞児は、就学免除され、学校教育の対象外となっていた。しかし、重度教育遅滞児に対しても、教育は可能であるとの考えが示されている。

　タンズレイとガリフォードは、調査結果から、良い学習環境を与えることによって、教育遅滞児の精神面も知能面にも進歩が見られることを明らかにしている（Tansley & Gulliford, 1960）。つまり、重度の教育遅滞児でも、良い環境が刺激を与え、教育は可能であるとの考えが示されたのである。このことから、障害について、障害児の個人要因だけではなく、環境との関係から捉えることの重要性が理解できる。

　第六に、障害カテゴリーに分類されない子どもの問題である。

　初等・中等教育の義務化によって、通常学校において、明確に障害児と診断することはできないが、明らかに授業についていけない、学習に困難のある子どもの存在が顕在化し、問題視されるようになっていったといえる。

　以下に示す**表5-1**の通り、そういった子ども達を対象とした「教育遅滞児（Educationally Subnormal Children）」の特殊学校は増加し、イギリスにおける障害児教育の中心的な問題として認識されるようになったのである。1947年度から1965年度で、他の特殊学校数は減少しているが、教育遅滞特殊学校数は約3倍に急増している。

　また、教育遅滞児特殊学校の生徒数は、1947年には12,060名であったもの

表5-1　教育遅滞特殊学校数と特殊学校全体に占める割合

年　度	1947	1955	1965
教育遅滞特殊学校	135 (25.1%)	256 (41.2%)	410 (52.0%)
その他の特殊学校	402	365	379
合　計	537	621	789

出典：真城（1999: 120）を基に筆者作成

が、1955年には22,639名になっており、約1.9倍になっている（DES, 1978: para.2.54）。さらに、12,000名以上の生徒が、教育遅滞特殊学校への入学を待っている状態であり、このことは、受け入れ可能な特殊学校の数が限られていたことを意味している（DES, 1978: para.2.54）。

教育遅滞児と教育遅滞児特殊学校の急増の背景には、個人の障害という問題よりも、環境的な問題によって学習に困難のある生徒が存在しており、それが可視化されていった事実があったといえる。真城は、「都市部の貧困生活層の家庭における堕落した生活、売春、非行といった様々な社会生活上の問題が子どもの知能に悪影響を与えていると考えられていた。」（真城, 1999: 77）として、環境が子どもの学習に影響を与えていたことを指摘している。

今日のインクルーシブ教育では、子どもの特別な教育的ニーズと環境との関わりを検討することはごく一般的になっているが、イギリスでは「1944年教育法」の施行を契機として、すでに検討されていたことが理解できる。

このように、「1944年教育法」施行後に噴出した課題は、医学的な障害カテゴリーや教育遅滞児に関するものが多かったといえる。「1944年教育法」により、環境的な問題によって、学習に困難のある子どもの存在が可視化されることになり、その子どもたちへの対応が中心的な課題になっていくのである。

そのため、1959年の「精神保健法（Mental Health Act 1959）」では、重度の教育遅滞児も地域で生活し、教育を受けられるようにするための対応が迫られている（Ministry of Health, 1959）。医学的な障害カテゴリーや教育遅滞児に関する課題の解決に向けて、この後、障害児教育は動いていくのである。

第6節　「1970年教育（障害児）法（Education（Handicapped Children）Act 1970）」——全員就学へ——

「1944年教育法」により、初等・中等教育が義務教育になったことによ

り、通常学校において、明らかに学習に困難のある生徒の存在が顕在化してきた。そうした生徒は、教育遅滞児として、通常学校から教育遅滞特殊学校へ転校する場合が多く、通常学校から排除されていたのである。

前述した通り、教育遅滞特殊学校に通う生徒は、増加の一途を辿っていた。そして、そうした子どもの多くは貧困地域に住んでおり、貧困という環境と学習困難の関係は認識されていたといえる。

このような中で、明らかに授業について行けない生徒が、教育遅滞児であるのかどうかの判断は非常に困難であったといえる。このことについて、タンズレイとガリフォードは、「境界線を明確に引くことは不可能である。」（Tansley & Gulliford, 1960: 5）として、医学的な障害カテゴリーの限界性を指摘している。

通常学校から排除された軽度の教育遅滞児は、教育遅滞特殊学校で教育の機会が与えられたが、重度教育遅滞児は、就学免除され、学校教育の対象外となっていた。

しかし、重度教育遅滞児に対しても、教育は可能であるとの考えが示されている。タンズレイとガリフォードは、調査結果から、良い学習環境を与えることによって、教育遅滞児の精神面も知能面にも進歩が見られることを明らかにしている（Tansley & Gulliford, 1960）。つまり、重度の教育遅滞児でも、良い環境が刺激を与え、教育は可能であるとの考えが示されたのである。

また、1967年の「子どもと彼等の初等学校―中央教育審議委員会調査報告書（Children and Their Primary Schools: A Report of the Central Advisory Council for Education）」（The Plowden Report）（以下、「プラウデン報告」）により、学校側が全ての子どもに対して、平等な機会を提供し、ハンディキャップを補うべきであることが明示されている（DES, 1967）。

さらに、1968年の「地方当局および関連対人ソーシャルサービス委員会調査報告書（Report of the Committee on Local Authority and Allied Personal Social

Services)」(The Seebohm Report)（以下、「シーボーム報告」）では、重度の教育遅滞児が通っていたジュニアトレーニングセンターを教育科学省の管轄にするとの勧告がなされ、これを契機として、重度の教育遅滞児を教育の対象とする動きが加速していくこととなる。

　これらのことを背景に、「1970年教育（障害児）法（Education (Handicapped Children) Act 1970)」は施行され、「1944年教育法」の就学免除は撤廃され、重度教育遅滞児への対応は地方保健当局ではなく、地方教育当局が担うことになった。重度教育遅滞児の教育を受ける権利がようやく保障され、「1970年教育（障害児）法」により、全員就学が達成されたといえる。

　宮崎孝治は、「教育と福祉の対象に子どもを分けることは、イギリス社会で不快に思われている『分離（segregation）』であるという認識が広まったと考えられる。」（宮崎, 1996: 58）と述べており、重度教育遅滞児の処遇に対して、改善を求める声が高まっていたと考えられる。

　これにより、就学免除の対象だった重度の教育遅滞児が学校教育に包摂され、表5-2で示した通り、1970年度から1975年度の間に、病院内特殊学校数は約1.8倍にも増加し、その他の特殊学校数は約1.6倍にも増加している（真城, 1999）。

　このように、「1970年教育（障害児）法」により、就学免除対象児童は学校教育に包摂され、全員就学が達成し、全ての子どもの教育を受ける権利が保障されたといえる。

表5-2　病院内特殊学校数・その他の特殊学校数（英国）

年　度	1965	1970	1975	1980
病院内特殊学校	97	91	166	145
その他の特殊学校	957	1,113	1,747	1,875
合　計	1,054	1,204	1,913	2,020

出典：真城（1999: 79）を基に筆者作成

しかし、前述した通り、明らかに授業について行けず、学習に困難があるが、どの医学的な障害カテゴリーにも属さない子どもの存在が明らかとなっており、彼等への対応が急務とされていくことになる。

　また、障害のある子どもへの特別な教育的配慮は、単に子どもの障害に焦点を当てて決められるものではなく、子どもを主体として、彼らが置かれている環境と関連づけて、そのニーズを把握すべきであるという考え方が示されるようになった。そして、この考え方が、後に「ウォーノック報告」の基本的な姿勢に繋がり、「特別な教育的ニーズ」という新概念に結実するのである。

注

1）エドワード・セガンは、精神薄弱児教育学を確立した医師・教育者である。1837年にイタールとともに一人の白痴児の教育にあたり、感覚教育を取り入れた方法を作り上げている。（石部元雄他編（1981）『心身障害辞典』福村出版）

2）1840年にムーン（Moon, W.）によって考案された視覚障害者用の線凸字。触覚で読み取ることに優れている。

3）山口洋史も1993年の下記文献において同様の指摘をしている。

4）それまで5種類（盲、聾、身体障害、知的障害、てんかん）だったものが、11種類（盲、弱視、聾、難聴、教育遅滞、身体障害、病弱、糖尿病（1953年に病弱と合併）、てんかん、不適応、言語障害）のカテゴリーに分類されるようになっている。

文献

・青柳まゆみ・中村満紀男（2001）「19世紀末イギリスにおける視覚障害者の生活実態と社会の期待―1889年盲・聾等王命委員会公聴会証言を中心に―」『心身障害学研究』25、筑波大学、p.90、94

・荒川智（2003）「第3章　公教育制度と障害児教育―帝国主義・ファシズム期の障害児教育」中村満紀男・荒川智編著『障害児教育の歴史』明石書店、p.51

・Cootes, R. J. (1984) *The Making of the Welfare State –Second Edition–*, Longman, p.23.

・Department of Education and Science (DES) (1967) *Children and Their Primary*

Schools: A Report of the Central Advisory Council for Education (The Plowden Report), H. M. S. O., Chapter 15.
- Department of Education and Science (DES) (1970) Education (Handicapped Children) Act 1970, H. M. S. O.
- Department of Education and Science (DES) (1978) Special Educational Needs. Report of the Committee of Enquiry into the Education of Handicapped Children and Young People, H. M. S. O., para.2.54, 3.23, 3.24.
- Hegarty, S. (1994) '6. England and Wales', In Meijer, Cor J. W., Pijl, S. J. & Hegarty, S. (eds.), New Perspectives in Special Education –A Six-Country Study of Integration–, Routledge, p.84.
- Hegarty, S., Pocklington, K. & Lucas, D. (1981) Educating Pupils with Special Needs in the Ordinary School, NFER-Nelson, p.17.
- Ministry of Education (1944) Education Act 1944.
- Ministry of Health (1959) Mental Health Act 1959.
- 宮崎孝治 (1996)「イギリスにおける全員就学に関する考察―障害児に関する教育法制・実態の推移から―」『江戸川女子短期大学紀要』11
- 中村満紀男 (2003a)「第1章 障害児教育の黎明―近代以前の障害者と障害児の教育」中村満紀男・荒川智編著『障害児教育の歴史』明石書店、pp.18-19
- 中村満紀男 (2003b)「第2章 障害児教育の本格始動―市民革命・産業革命期の障害児教育」中村満紀男・荒川智編著『障害児教育の歴史』明石書店、p.31、34、pp.40-41
- 大田直子 (1996)「イギリス1944年教育法再考―戦後教育史研究の枠組みを越えて―」『人文学報(東京都立大学人文学部)』270、pp.128-130、p.132
- Owen, H. (1903a) '33&34 Vict. c. 75, sec. 74 (7), Elementary Education Act 1870.', The Education Acts, 1870-1902, and Other Acts Relating to Education. With Summary of the Statutory Provisions and Notes., Knight & Co., pp.276-277.
- Owen, H. (1903b) '39&40 Vict. c. 79, sec. 4 & 5, Elementary Education Act 1876.', The Education Acts, 1870-1902, and Other Acts Relating to Education. With Summary of the Statutory Provisions and Notes., Knight & Co., pp.310-311.
- Pritchard, D. G. (1963) Education and the Handicapped 1760-1960, Routledge & Kegan Paul, p.58, 63, 76, 97, 207.
- 真城知己 (1994)「19世紀末イギリス公立基礎学校における肢体不自由児―在籍率とそのとらえられ方―」『特殊教育学研究』32 (3)、日本特殊教育学会、p.49

- 真城知己（1999）「イギリス―障害概念の拡大と特別な教育的ニーズ―」『世界の障害児教育・特別なニーズ教育』三友社出版、p.75、77、79、120
- The Secretary of State for the Health Department, the Secretary of State for Education and Science, the Minister of Housing and Local Government and the Minister of Health（1968）*Report of the Committee on Local Authority and Allied Personal Social Services*（The Seebohm Report）, H. M. S. O.
- 高島進（1981）「第3章 イギリスにおける社会福祉の展開」一番ヶ瀬康子・高島進編『講座社会福祉第2巻 社会福祉の歴史』有斐閣、p.171
- Tansley, A. E. & Gulliford, R.（1960）*The Education of Slow Learning Children*, Routledge, p.5, pp.27-31.
- Tomlinson, S.（2001）*Education in a Post-welfare Society*, Open University Press.
- 山口洋史（1993）『イギリス障害児「義務教育」制度成立史研究』風間書房、p.3、pp.74-75、80-82、p.123、pp.129-130、p.205

第6章 「ウォーノック報告」にみるインクルーシブ教育への萌芽

第1節 「ウォーノック報告」成立の背景

　1970年、総選挙で保守党が勝利をおさめるとエドワード・ヒース首相(Heath, E.)はマーガレット・サッチャー(Thatcher, M.)を教育科学相に任命し、教育費の削減を要請している。当時のイギリスは「イギリス病」とよばれる経済の停滞や財政赤字が拡大し、国力が落ち込んでおり、そのような中で、青年の失業が大きな社会問題となっていたのである。

　「1944年教育法」において、中等教育は15歳まで義務化されたが、授業についていけず、学校を中退する教育遅滞児や移民の子ども等が増加し、そのことも失業者の増加へとつながっていたのである。前章で述べた通り、教育遅滞は、知的障害児だけではなく、環境などが原因で学習困難に陥っている子どもも包含するカテゴリーであり、対象となる子どもは非常に多かったといえる。

　障害児教育に関しては、費用がかかりすぎるとの批判があり、それをいかに効率化するかという懸案があった。また、当時、成人してから障害者を教育することは難しく、かえって費用がかかるため、幼少期から教育し、就労させるべきとの考え方が出てきていたといえる。いかに障害児教育を効率化するか、そして、失業者の増加につながっている教育遅滞児や移民の子どもをどのように教育するかが、政府や教育科学省の重要な課題となっていたといえる。

　そして、1973年11月、サッチャー大臣が、障害児(者)教育調査委員会

(Committee of Enquiry into the Education of Handicapped Children and Young People) を設置し、以下のことを諮問している。

> 「イングランド、スコットランド、ウェールズにおける、心身に障害のある子どもおよび青年について、彼らのニーズの医学的な側面と就業するための準備の方策を考慮に入れながら、彼らに対する教育的対応について再検討を行うこと。また、これらの目的のために最も効果的な資源の利用法を考え、勧告を行うこと。」
> (DES, 1978)

このように、障害児教育の効率化と障害者の労働市場への参入を意図して、勧告は行われている。政府や教育科学省として、将来、国のお荷物とならないように障害児を効果的に教育せねばならないという意図も読み取れる内容となっている。同委員会は、約3年半におよぶ活動を続け、報告書を作成している。

1974年の総選挙で保守党は敗れ、1974年から1976年までウィルソン（Wilson, J. H.）首相、1976年から1979年までキャラハン（Callaghan, J.）首相の労働党政権となっている。つまり、ウォーノック委員会は、労働党政権下で実質的な活動を行っていたといえる。労働党は、多様な子どもたちを学校に包摂し、階級に縛られない教育を目標としていたため、その影響をウォーノック委員会は受けている。

また、1975年に「障害者権利宣言」があり、イギリス国内でも1975年に「性差別禁止法（Sex Discrimination Act 1975）」が成立したため、教育においても差別を禁止する方向に動き、障害児教育は前進していくのである。

委員会の活動中の1976年には、労働党のキャラハン首相が、経済停滞の原因は公教育制度にあるとして、経済成長と結びつく教育改革を提唱し、コア・カリキュラムの重要性を指摘している（吉田, 2005）。また、教育の社会貢献を高めることを強く求めた産業界からの強い要請を背景に、障害児教育を含めた教育改革が進められていくのである。

前章で述べた通り、障害児教育では、「1970年教育（障害児）法」において、重度教育遅滞児の就学免除の撤廃、全員就学が達成されており、それを契機として、統合教育の必要性が課題となっていたといえる。

真城・石部は、「社会の障害者に対する態度の変化や、障害者やその親の統合教育に対する要求の高まり、そして『1970年教育法』の施行に伴う教育対象障害児の大幅増加などにより統合教育推進の機運が高まっていた。」（真城・石部, 1989: 92）として、1960年代から1970年代にかけてのイギリスの障害児教育において、統合教育が課題であったことを指摘している。また、河合は、「イギリスでは、『1970年教育法』によって重度の障害児にも教育の機会が保障されるとノーマライゼーションの世界的な潮流の中で1970年代にはインテグレーションの問題が議論されるようになった。」（河合, 2007: 382）と指摘している。

このような流れの中で、1976年に「1976年教育法（Education Act 1976）」が成立し、同法第10条には、できるだけ障害児は通常学校（公立学校・有志団体立補助学校）で教育されるべきであると明示されている（DES, 1976）。そして、ここにイギリスにおけるインクルーシブ教育への萌芽をみることができるのである。

同法律が成立した時点で、活動を続けていた「ウォーノック委員会」はその影響を受け、「1976年教育法」の内容も含めて、統合教育推進への勧告をするのである。このように、1970年代のイギリスにおける障害児教育は、統合教育の積極的な推進へ動いていくのである。

第2節 「ウォーノック報告」の特徴

「ウォーノック報告」は、イギリスにおける特別なニーズ教育の制度化に直接的な影響を与え、全世界的にもインクルーシブ教育の原点として今日でも大きな影響を与えている。

同報告は、正式には「障害児（者）教育調査委員会報告書」であり、「特別な教育的ニーズ（Special Educational Needs）」というタイトルでサッチャー教育科学省大臣に1978年5月に提出されたものである。

　同委員会は、メアリー・ウォーノックを委員長として1973年11月に設置され、イギリスの慣習により、委員長の名前をとって「ウォーノック報告」と一般的に呼ばれている。諮問事項が多岐に渡ったものであったため、四つの小委員会を設置し、アメリカ・カナダ・デンマーク・スウェーデンなど、海外での訪問調査などを行い、約3年半におよぶ活動の後、報告書を提出している。そして、「1981年教育法」において、法制化が必要なものが規定されたといえる。

　同報告のタイトルである「特別な教育的ニーズ」について、初めて明確に論じられたのは、ウォーノック小委員会のメンバーでもあるガリフォード（Gulliford, R.）による1971年の著書『特別な教育的ニーズ（Special Educational Needs）』においてである（真城, 1999）。

　ガリフォードは、「私達は、少数の主要な欠陥—盲・聾・心身の欠陥—についての単純な考えから離れている。私達は、個人の障害あるいは環境条件、そしてしばしば二つの組み合わせから起こると思われる"特別な教育的ニーズ"について考えたい。そして、どのような場合でも、ニーズの程度は、障害と環境の二つの要因に常に関係している。」（Gulliford, 1971: 3）と述べている。つまり、「特別な教育的ニーズ」を考える時には、子どもの障害だけではなく、環境要因も考慮に加える必要があるのである。

　同様に、ガリフォードは、「異なる種類の特別なニーズの間の区別は、明確な境界線ではないことは理解されている。その一方で、私達は、実践において、子どもを強固に分類することはできないニーズの分類を必要としているのである。」（Gulliford, 1971: 3）と指摘している。特別なニーズの間に明確な境界線を引くことは困難であるのに、実践において、特別なニーズの分類が必要とされていることがわかる。

このように、ガリフォードの指摘した「特別な教育的ニーズ」は、障害要因と環境要因の組み合わせから起こるものであり、障害カテゴリーの様に明確な分類をすることは困難であることが理解できる。

そして、「1944年教育法」の課題や「1976年教育法」の内容なども踏まえ、「ウォーノック報告」では主に以下の項目が勧告されている。

第一に、「特別な教育的ニーズ（SEN）」という新しい概念の導入である。

ウォーノック報告では、「私達は、教育的支援の種類についての決定の基本は、『障害』という単一のラベルではなく、むしろ特別な教育的ニーズの詳細な記述が必要であると信じている。障害のある生徒の法令のカテゴリーは廃止すべきである。」（DES, 1978: para.3.25）と述べられている。そして、医学的な障害カテゴリーを廃止し、「特別な教育的ニーズ」という新概念を導入することが勧告されている。

それまでは、障害カテゴリーに該当するかどうかを基準として、特別な教育的支援を受ける根拠としていたが、「特別な教育的ニーズ」の概念は、特別な教育的ニーズのある子どもとそうではない子どもとは連続的な関係にあることを示している。障害のある子どもと障害のない子どもの連続性を示した視点は非常に新しく、同報告の最も評価できる点であると考える。

このことにより、特別な教育的支援を必要とする対象が拡大され、障害のある子どもだけではなく、環境要因によって、学習に困難のある子どもにも対象が拡大されたといえる。

同報告によると、「特別な教育的ニーズ」のある生徒は、五人に一人程度とされている。つまり、全学齢生徒数の約20％にまで及ぶとされているのである。従来の障害カテゴリーにおける障害のある生徒数は約2％であり、その10倍の生徒が該当すると考えられている。このことは、「1944年教育法」施行後に明らかとなった障害カテゴリーには分類することはできないが、授業について行けず、学習に困難のある子どもの存在を意味している。「特別な教育的ニーズ」という新概念は、これまで排除されてきた子ども達を包摂

しようとするものだと理解できる。

　このように、医学的な障害カテゴリーに縛られるのではなく、子どもの「特別な教育的ニーズ」に対応した教育的支援を保障することが明示されており、その視点はインクルーシブ教育の原点であるといえる。

　第二に、統合教育の推進についての勧告がなされている。

　「現時点では、障害児として数えられてはいないが、多様な形式での追加的な支援を必要とする、通常学校の全ての子どもを含めて、可能な限り、同じ環境の中で障害のある子どもと障害のない子どもを教育すべきである。」(DES, 1978: para.7.3) と述べられている。つまり、通常学校において、特別な教育的ニーズや障害のある子どもと障害のない子どもを共に教育すべきであるとして、統合教育推進の方向性を示しているのである。そして、二つの区別されたグループとしての障害のある子どもと障害のない子どもの配慮の基準に反対し、全ての子どもに対する教育的支援の重要性が説かれている。

　同報告では、インテグレーションは、「位置的統合（Locational Integration)」、「社会的統合（Social Integration)」、「機能的統合（Functional Integration)」の主要な三つの形式に分けて、述べられている[1]。

　同報告では、「インテグレーションの三つの形式は別々ではなく、重なり合っている。各々に有効性があるけれども、それらは一連の漸進的な段階を表している。それらは、インテグレーション自体と効果的な支援計画の方法の議論のための実用的な枠組みを提供している。」(DES, 1978: para.7.6) と述べられている。

　インテグレーション推進の段階について、詳細な検討がなされており、フル・インテグレーションである「機能的統合」を目指して、様々な要素が重なり合いながら、漸進的に進んでいくことが理解できる。

　完全なインテグレーションである「機能的統合」については、「機能的統合は、通常学校に多くを要求する。機能的統合は、子どもに特別な教育的ニーズがあろうとなかろうと、全ての子どもの利益を確かなものとする授業

や個人の指導プログラムの最も丁寧な計画が必要だからである。」(DES, 1978: para.7.9) と述べられている。「ウォーノック報告」では、特別な教育的ニーズのある子どもとない子どもを別々に考えるのではなく、「全ての子どもの利益」を検討している点が特徴的であり、評価できると考える。

また、統合教育を行うに当たって、障害のある子ども等が、他の生徒や教職員からの受容を得られることの大切さも指摘されており、同報告の子どもを主体として捉える視点を見出すことができる。

しかし、その一方で、国および地方教育当局の財政状況を勘案し、「不合理な公共支出の回避」について指摘されている (DES, 1978: para.7.55)。つまり、支出の有効性を検討した上で、統合教育は実施されるとしている。この統合教育推進に対する慎重な姿勢から、ウォーノック委員会が、サッチャーによる諮問内容の一節である「最も効果的な資源の利用法」、つまり財政状況を考慮し、政府や教育科学省に対して一定の譲歩をしていることがわかる。

「ウォーノック報告」は、統合教育推進の方向性を持ってはいるが、特別な教育的ニーズのある子どもとない子どもを、例外なく通常学校で教育するということを勧告している訳ではなく、効果的な教育的支援を提供できる環境を整えた上で実施するとしている (DES, 1978: para.7.15)。

第三に、障害のある子どもに対する教育の連続性についてである。

「障害のある子どもの教育は、最低年齢の制限なしで、出来る限り早く開始すべきである。」(DES, 1978: para.5.2) とし、早期教育の重要性が指摘されている。

また、中等教育修了後の教育について、障害があっても本人の興味や調整が可能であれば、シックスフォームあるいはシックスフォーム・カレッジ[2])に進学するべきであると勧告されている (DES, 1978: para.10.32)。障害のある生徒の継続教育機関への進学について言及されている点は画期的であり、高く評価できると考える。

第四に、教員をはじめとする専門家の養成についてである。

教員養成の重要性が指摘されており、「新任教員訓練の全ての課程に、『特別教育単元』を含むべきである。」(DES, 1978: para.12.7) と述べられている。そして、子どもの多様な教育的ニーズに対応していくため、教員以外の専門家である医師、教育心理士、ソーシャルワーカー、保育士等の役割についても言及されている (DES, 1978: para.14.12-14.38)。

第五に、関係機関の横の連携についてである。

特別な教育的ニーズのある子どもの判定に関して、多様な専門家が関わることが勧告されている。特別な教育的ニーズの判定は5段階に分けられており、校長あるいは校医、巡回指導教師、教育心理士、保健機関や社会福祉機関の職員等の専門家を入れて判定を行うとしている (DES, 1978: para.4-38)。また、特別な教育的ニーズや障害のある子どもと親の支援のために、地方当局、ボランティア団体などの横の連携についても勧告されている (DES, 1978: para.17.25)。

第六に、親の権利の強化についてである。

第9章において、「パートナーとしての親 (Parents as Partners)」として多様な勧告がなされており、教育への親の関与と親の権利が重視されている。はじめに、「私達は、この報告を通して、特別な教育的ニーズのある子どもの成功した教育は、彼等の親の完全な関与に左右されると強調している。実に教育のプロセスにおいて、親が平等なパートナーと見なされない限り、私達の報告の目的は妨げられてしまう。」(DES, 1978: para.9.1) と述べられている。このことから、親の教育への関与を重視していることがわかる。

また、学校長が親の支援に当たることにも触れられており、「私達は、子どもの在籍校の校長がネイムド・パーソン (Named Person) になるべきだと勧告する。」(DES, 1978: para.9.27) と述べられている。「ネイムド・パーソン」とは、親が指名する第三者であり、調整役を担う人物を指している。つまり、特別な教育的ニーズのある子どもに関して、親と学校の連携が重視され

ており、親を支援する役割を校長に課していることは、画期的であるといえる。

また、ネイムド・パーソンに関して不服がある場合は、親が地方教育当局に直接訴えることができる権利の付与が勧告されている（DES, 1978: para.9.33）。

このように、「ウォーノック報告」は、障害のある子どもと障害のない子どもの連続性を指摘し、子どもを教育の主体として捉え、特別な教育的ニーズのある子どもを含めて、全ての子どもに最も利益がもたらされるという視点に立ち、子どもを取り巻く環境や通常学校教育に改革を求めたのである。この「ウォーノック報告」の勧告を受け、「1981年教育法」は制定されるのである。

第3節 「1981年教育法（Education Act 1981）」成立の背景

1978年に、「ウォーノック報告」は教育科学省に提出されている。「ウォーノック委員会」は、労働党政権下で実質的な活動を続けており、平等主義的な政策の影響を受けていたといえる。

1979年に保守党が政権を奪取し、サッチャーが首相に就任したことにより、ウォーノック委員会は勧告の早期実施を期待していた。しかし、ウォーノック委員長が、「政府は委員会の勧告を意図的に黙殺し、実施の熱意を持っていない。」（矢野, 1980: 27）と痛烈に批判した通り、国としての具体的な動きには繋がらなかったのである。

その背景には、サッチャーの意図は、ウォーノック委員会設立の際の諮問内容にもあるように、障害児（者）を教育により、社会に順応させ、産業界に役に立つ人材として育てることが第一であり、費用のかかりすぎと批判される障害児教育をいかに効率化するかという狙いがあったのである。しかし、勧告を実行に移すのであれば、政府が膨大な財源の準備と立法化を図ら

ねばならず、そのことが実施を遅らせたといえる。

　一方で、イギリスでは、移民人口が増加し、多文化主義社会へと移行したことにより、マイノリティの権利尊重の動きが活発になっていた。1976年には、「人種差別禁止法（Race Relation Act 1976）[3]」が成立し、マイノリティに対する差別を禁止している。そして、労働党と地方教育当局は、1970年代後半から1980年代にかけて多文化主義の教育政策を牽引している。また、1973年にECに正式加盟し、加盟国の共通目標であるソーシャル・インクルージョンを実践していく必要があり、1975年には「障害者権利宣言」が発表され、教育でも、多様な子ども達を包摂していかなければならなかったといえる。

　そのような中で、「ウォーノック報告」の内容を検討し、政府は、1980年に白書『教育における特別なニーズ（Special Needs in Education）』を公表している。その中で、「ウォーノック報告」の勧告に沿いつつ、インテグレーションに関しては、子どもの特別な教育的ニーズに対応できること、一緒に教育を受ける子どもの効果的な教育と両立すること、親の意思を適切に考慮することが満たされる場合に、インテグレーションは推進されるべきとしている（河合，2007）。そして、その内容を受けて、「1981年教育法」は成立するのである。

　ウォーノック委員会は、当時の保守党政権の政策的な意図により設立された委員会ではあったが、労働党政権下で粘り強く活動を続けている。障害のある子どもと障害のない子どもの連続性を指摘し、特別な教育的ニーズのある子どもを含めて、全ての子どもを教育の主体として捉え、子どもに最も利益がもたらされるという視点に立ち、子どもを取り巻く環境や通常学校教育に改革を求めたのである。その視点は新しく、非常に評価できると考える。そして、その一部を法制化した「1981年教育法」により、イギリスの障害児教育は統合教育の実現へと前進していくことになったのである。

第4節 「1981年教育法」の特徴——統合教育の明示——

「1981年教育法」は、ウォーノック報告の答申を受け、法制化が必要なものについて、規定されている。

同法の主要な特徴は、以下の通りである。

第一に、医学的な障害カテゴリーを撤廃し、学習に困難のある子どもに対して、「特別な教育的ニーズ」という新概念を導入していることである。

「1981年法」の第1条では、「特別な教育的ニーズ」を以下の通り規定している。

> 「⑴ 特別な教育的支援を必要とする学習困難がある場合、その子どもは「特別な教育的ニーズ」があるとする。
> ⑵ 学習困難がある子どもとは、
> 　⒜ 同年齢の大部分の子どもと比べて、学習に重大な困難がある場合、
> 　⒝ 地方当局内の学校の同年齢の子どもに通常与えられている教育的施設の利用を妨げるような障害がある場合、
> 　⒞ 5歳以下で、上記の内容に該当する場合、もしくは、特別な教育的支援がなければ、上記の状態に陥ってしまう場合、である。」
>
> （DES, 1981）

第二に、統合教育の原則を明示していることである。

第2条では、以下の三点と両立できるのであれば、特別な教育的ニーズのある子どもは、通常学校で教育を受けるとされている。

⒜特別な教育的ニーズのある子どもが必要としている特別な教育的支援を受けられること、⒝共に教育を受ける子どもの効果的な教育と両立すること、⒞資源の有効な活用、である（DES, 1981）。このことから、「ウォーノック報告」の勧告を反映し、特別な教育的ニーズのある子どもを含めて、全て

の子どもを教育の主体として捉え、子どもに最も利益がもたらされるという視点に立っていることがわかる。

第三に、「特別な教育的ニーズ」のある子どもの発見と評価手続きを定めたことである。

第5条では、地方当局が、子どもに特別な教育的支援を必要とする特別な教育的ニーズがあると決定した場合に評価手続きを行うとしている（DES, 1981）。そして、特別な教育的ニーズがあると決定された子どもに対して、「ステイトメント（判定書）」と呼ばれる文書を作成する義務が、地方教育当局に課されている。「1981年教育法」によって、新たに特別な教育的ニーズの評価手続きとステイトメントについて定められた点は、特筆すべきことである。

第四に、親の権利が強化されたことである。

子どもに学習困難がある場合、特別な教育的支援の内容、評価手続きに対して、親が意見を主張できるなど、親の権利が強化されている。また、親はステイトメントの内容に対して、上訴委員会（Appeal Committee）に、不服の申し立てができるようになったのである。親の権利について、河合・石部は、「親の権限については、『81年法』が『親の憲章（Parents' charter）』と呼称されている点からも察知できる」（河合・石部，1986: 154）と指摘している。「1981年教育法」によって、親の権利が大幅に強化されたことがわかる。

以上、「1981年教育法」は、「ウォーノック報告」の内容に沿って制定され、特別な教育的ニーズという新概念の導入、統合教育の推進など、非常に画期的であり、高く評価できると考える。同法により、イギリスにおける障害児教育は大きく前進したということができる。

第5節 「ウォーノック報告」・「1981年教育法」の成果

先に挙げた「ウォーノック報告」と「1981年教育法」の特徴から、その主

要な成果としては以下のことが挙げられる。

第一に、「特別な教育的ニーズ（SEN）」という新しい概念を導入したことである。

「ウォーノック報告」は、従来の医学的な障害カテゴリーではなく、「特別な教育的ニーズ」という全く新しい概念の導入を図り、この特別な教育的ニーズのある子どもを特別な教育的支援の対象としている。

「特別な教育的ニーズ」の概念は、特別な教育的ニーズのある子どもとそうではない子どもとは連続的な関係にあることを示している。医学的な側面からみて、障害があるとされた子どものみが、特別な教育的支援の対象となるのではないことを示している点で、大きな意味を持っている。1978年の「ウォーノック報告」、「1981年教育法」によって、子どもの障害要因だけではなく、環境要因から学習に困難のある子どもも含んで、「特別な教育的ニーズ」という新概念を打ち立てたことは特筆すべきことであり、高く評価できると考える。

「ウォーノック報告」は、従来の子どもの障害要因のみを評価するのではなく、子どもの特別な教育的ニーズを引き起こす環境要因に着目するという視点を提供している。これまで、障害カテゴリーに分類されなかったために、学校教育から排除されていた子ども達を包摂し、通常学校教育自体を変えていこうとする概念は斬新であり、「特別な教育的ニーズ」の概念は、インクルーシブ教育の先導的役割を果たしている。そして、インクルーシブ教育を世界的なものにした1994年の「サラマンカ声明」に影響を与えたといえる。

第二に、統合教育の原則を明確化したことである。

「ウォーノック報告」では、通常学校にいる特別な教育的ニーズのある全ての子どもを含んで、可能な限り通常学校で障害のある子どもと障害のない子どもを教育すべきであるとし、統合教育推進の方向性を示している。

また、特別な教育的ニーズのある子どもとない子どもを別々に考えるので

はなく、「全ての子どもの利益」を検討している点が特徴的であり、評価できると考える。

　統合教育を行うに当たって、障害のある子ども等が、他の生徒や教職員からの受容を得られることの大切さも指摘されており、同報告の子どもを主体として捉える視点を見出すことができる。

　「ウォーノック報告」は、統合教育推進の方向性を持ってはいるが、特別な教育的ニーズのある子どもとない子どもを、例外なく通常学校で教育するということを勧告している訳ではなく、効果的な教育的支援を提供できる環境を整えた上で実施するとしている。

　第三に、「特別な教育的ニーズ」のある子どもの発見と評価手続きを定めたことである。

　前節で述べた通り、「1981年教育法」によって、新たに特別な教育的ニーズの評価手続きとステイトメントについて定められた点は、特筆すべきことである。

　第四に、関係機関の横の連携が示されたことである。

　同報告では、特別な教育的ニーズのある子どもの判定に関して、多様な専門家や保健機関、社会福祉機関などの関係機関が関わることが勧告されている。また、特別な教育的ニーズや障害のある子どもと親の支援のために、地方教育当局、ボランティア団体などの横の連携についても勧告されている。子どもの特別な教育的支援の効果を最大にするためにも、多様な専門家と関係機関で連携していく視点は評価できると考える。

　第五に、親の権利が強化されたことである。

　子どもに学習困難がある場合、特別な教育的支援の内容、評価手続きに対して、親が意見を主張できるなど、親の権利が強化されている。また、親はステイトメントの内容に対して、上訴委員会（Appeal Committee）に、不服の申し立てができるようになったのである。「1981年教育法」によって、親の権利が大幅に強化されたことがわかる。

以上、「ウォーノック報告」の勧告とそれを法制化した「1981年教育法」の内容は斬新であり、イギリスにおける障害児教育は新たな段階へ進んだと評価することができる。

第6節　「ホール・スクール・アプローチ（Whole School Approach）」の登場

　1980年代には、「ウォーノック報告」、「1981年教育法」の内容の成果以外にも、これに関係して、特別な教育的ニーズのある子どもを支える特筆すべき理論が登場し、導入されている。

　それは、「ホール・スクール・アプローチ（Whole School Approach）」であり、1980年代、特別な教育的ニーズのある子どもへの支援を検討した際に生まれている。

　「ウォーノック報告」では、特別な教育的ニーズのある子どもは全学齢生徒の約20％であるとされており、その内、約2％の子どもにステイトメントは発行されることとなった。しかし、問題は、残りの約18％のステイトメントのない特別な教育的ニーズのある子どもの存在である。それらの子ども達には、地方教育当局からの付加的な資金援助がないため、学校内の資源において、対応しなければならなかった。そのため、それらの子ども達に対する支援を通常学校内でどのようにするのかが課題となり、「ホール・スクール・アプローチ」が導き出されたのである。

　エインスコウとフローレック（Ainscow, M. & Florek, A.）は、「ホール・スクール・アプローチは、全ての子どもの発達を促進するために、学校の全ての資源を活用させようとする試みである。」（Ainscow & Florek, 1989: 3）と定義している。また、ディセント（Dessent, T.）は、「特別なニーズのある子どもへの学校全体の応答の構築は、通常学校に、巨大な挑戦を突きつけるだろう。」（Dessent, 1988: 121）と述べている。つまり、「ホール・スクール・アプ

ローチ」は、学校全体で、特別な教育的ニーズのある子どもを含む、全ての子どもを支援する取組みであり、それに対応できるように通常学校に改革を求めるものだといえる。

また、ディセントは、「伝統的に特別学校に在籍していた子どものニーズと通常教育に残された子どものニーズの間には、大きな重なりがあることは驚くことではない。」(Dessent, 1988: 8) として、「ニーズの連続性 (The Continuum of Need)」について指摘している。このことは、障害のある子どもと障害のない子どもに連続性があることを示した「ウォーノック報告」に繋がっている。全ての子どもの特別な教育的ニーズに対応するために、学校全体での取り組みを求めていることがわかる。

「ホール・スクール・アプローチ」では、特別な教育的ニーズのある子どもを抽出指導などで分離するのではなく、通常学級内での指導が目指されていた。その中で生まれたのが、補助指導 (Support Teaching) であり、それを担う補助教員 (Support Teacher) が生まれている。

ガーネット (Garnett, J.) は、「把握すべき最も重要な基本は、全ての生徒が彼等の学校のカリキュラムにアクセスする権利を持ち、それゆえ、全ての教員が彼等のクラスで現れる特別なニーズに気付き、応える責任がある。」(Garnett, 1989: 98) と述べ、学級内における補助指導の重要性について指摘している。また、窪田知子は、「サポートティーチングが、それまでの抽出指導がもつラベリングなどの否定的な影響を克服できるだけでなく、インテグレーションの推進に伴う実践的な問題点を克服する可能性をもつものであり、インテグレーションが成功するための要となる実践的アプローチであった」(窪田, 2006: 329) として、補助指導の重要性を指摘している。

そして、学校全体で特別な教育的ニーズのある子どもを支えるために、調整を行うなど、中心となる教員が必要となり、後に SENCO となるコーディネーターや学習支援員の制度が導入されるのである。実践において補助指導が導入されるなど、通常学校で何ができるかが考えられており、高く評価で

きる点であると考える。
　このように、「ホール・スクール・アプローチ」の理論は、どうすれば子どもの特別な教育的ニーズに応えられるのかという視点に立ち、通常学校教育の改革を求めるものである。この考え方は、インクルーシブ教育に通底していると理解できる。このような下支えする理論の基盤があったからこそ、インクルーシブ教育は発展したということができ、その過程における「ホール・スクール・アプローチ」の意義は大きかったといえる。

第7節　「1981年教育法」施行後の残された課題

　「1981年教育法」施行後の課題としては、以下のことが挙げられる。
　第一に、ステイトメント作成の基準の曖昧さである。
　特別な教育的ニーズがあると判断されても、ステイトメントが作成されて追加的な予算が与えられる場合とステイトメントの作成に該当せずに、学校内の教育的支援において対応が行われる場合があり、その違いが明確ではなく、曖昧だったのである。
　地方教育当局によっても、特別な教育的ニーズの捉え方が異なり、地域によって格差があるため、特別な教育的ニーズの判断基準、特別な教育的支援のある子どもに対して、どのような支援を提供するのかなど、具体的な実践の規範が明確化される必要があったといえる。
　第二に、財政面の問題である。
　特別な教育的ニーズのある子どもに教育的支援を提供する場合、大きな課題は、その財源の確保である。「ウォーノック報告」では、サッチャーによる諮問内容の一節である「最も効果的な資源の利用法」を重視しており、効果的な支出について検討されている。
　そして、特別学校の資源の共有化について指摘されている。特別学校には、引き続き重要な機能があるとして、「私達は特別学校の設備や専門性

は、短期間単位か時にはすぐに実施する、集中した特別な支援として、広範に提供可能とするべきだと勧告する。」（DES, 1978: para.8.9）と述べられている。つまり、特別学校に対して、設備や専門性などの資源の共有化を求めていることがわかる。

特別学校の優れた設備と専門性の共有は、特別な教育的ニーズのある子どもにとって有効であり、利益をもたらすものであるが、まず、第一に財源の確保に対しての十分な検討が必要であったと考える。

第三に、継続教育が規定されなかった点である。

「ウォーノック報告」では、中等教育修了後の教育について、障害があっても本人の興味や調整が可能であれば、シックスフォームあるいはシックスフォーム・カレッジに進学することが勧告されていたが、「1981年教育法」では法制化されなかったのである。

特別な教育的ニーズのある子どもの教育の連続性は、教育を受ける権利や発達を保障する点においても非常に重要である。法制化されず、課題として残ったことは非常に残念であったといえる。

以上、「ウォーノック報告」、「1981年教育法」の施行後には、ステイトメント作成の基準の曖昧さ、財政面の問題、継続教育が規定されなかった点が課題として残された。しかしながら、新概念である「特別な教育的ニーズ」の導入や統合教育の推進など、イギリスにおける障害児教育に与えた影響は多大であるといえる。

政府や教育科学省の最終的な目的は、教育費の削減にあったが、「ウォーノック委員会」の精力的な活動により、障害児教育の実態と課題が明らかになり、インクルーシブ教育への第一歩になったという点で、非常に大きな成果があったと考えられる。

「ウォーノック報告」以前の障害児教育においては、医学的な障害カテゴリーによって子どもは分類され、子どもの特別な教育的ニーズに対応した教育は提供されていなかった。前章で取り上げた、タンズレイとガリフォード

(Tansley, A. E. & Gulliford, R.) の言葉にもあったが、障害児と健常児の境界線を明確に引くことは不可能である (Tansley & Gulliford, 1960)。

「ウォーノック報告」では、特別な教育的ニーズのある子どもを含めて、全ての子ども達に最も利益がもたらされるような視点に立ち、勧告が行われている。子どもを取り巻く環境や通常学校教育が変わるべきであることを認識させてくれる報告であり、そこにインクルーシブ教育の理念があるといえる。

また、「ウォーノック報告」、「1981年教育法」で明示された統合教育推進の姿勢の下で、世界的な動向や障害児教育関係者の尽力により、政府や教育科学省の慎重な姿勢はあるものの、イギリスにおける統合教育は進み、インクルーシブ教育へと発展していくことになるのである。

注
1)・「位置的統合」とは、通常学校に特別学級が設置されたり、通常学校と特別学校が同一敷地内に立地したりすることを意味する。
　・「社会的統合」とは、特別学校・特別学級在籍の子ども達が、食事や遊び、課外活動を通常学校・通常学級の子ども達と共にすることを意味する。
　・「機能的統合」とは、完全な形の統合教育であり、障害のある子どもや特別な教育的ニーズのある子ども達が、通常学校・通常学級の活動に完全に参加することを意味する。
2) シックスフォームやシックスフォーム・カレッジでは、義務教育修了後に、主として高等教育機関への進学準備教育が行われている。
3) 1976年に、「人種差別禁止法 (Race Relation Act 1976)」が成立し、肌の色や人種などによる特定の集団の差別を禁止し、間接的な差別も禁じている。

文献
・Ainscow, M. & Florek, A. (1989) 'A Whole School Approach', In Ainscow, M. & Florek, A. (eds.), *Special Educational Needs: Towards a Whole School Approach*, David Fulton Publishers & The National Council for Special Education.
・Department of Education and Science (DES) (1976) *Education Act 1976*, H. M. S.

O.
- Department of Education and Science (DES) (1978) *Special Educational Needs: Report of the Committee of Enquiry into The Education of Handicapped Children and Young People*. H. M. S. O., Intro.1, para.3.25, 4.38, 5.2, 7.3, 7.7-7.9, 7.15, 7.55, 8.9, 9.33, 10.32, 12.7, 14.12-14.38, 17.25.
- Department of Education and Science (DES) (1981) *Education Act 1981*, H. M. S. O.
- Dessent, T. (1988) *Making the Ordinary School Special*, The Falmer Press.
- Garnett, J. (1989) 'Support Teaching: Taking a Closer Look', In Ainscow, M. & Florek, A. (eds.), *Special Educational Needs: Towards a Whole School Approach*, David Fulton Publishers & The National Council for Special Education.
- Gulliford, R. (1971) *Special Educational Needs*, Routledge, p.3.
- 河合康（2007）「イギリスにおけるインテグレーション及びインクルージョンをめぐる施策の展開」『上越教育大学研究紀要』26、p.382、384
- 河合康・石部元雄（1986）「イギリス特殊教育の動向―『ウォーノック報告』及び『1981年教育法』以降における―」『心身障害学研究』10（2）、筑波大学、p.154
- 窪田知子（2006）「イギリスのホール・スクール・アプローチに関する一考察―1980年代のインテグレーションをめぐる議論に焦点を当てて―」『京都大学大学院教育学研究科紀要』52
- 真城知己（1999）「イギリス―障害概念の拡大と特別な教育的ニーズ―」『世界の障害児教育・特別なニーズ教育』三友社出版、p.81、83、87
- 真城知己・石部元雄（1989）「戦後のイギリス特殊教育に関する一考察―ウォーノック報告に焦点をあてて―」『心身障害学研究』14（1）、筑波大学、p.92
- Tansley, A. E. & Gulliford, R. (1960) *The Education of Slow Learning Children*, Routledge, p.5.
- 矢野裕俊（1980）『英国の障害児教育―ウォーノック報告に見る改革への道―』日本盲人福祉研究会、p.27
- 吉田多美子（2005）「イギリス教育改革の変遷―ナショナルカリキュラムを中心に―」『レファレンス』11月号、国立国会図書館調査及び立法考査局、p.101

第7章　インクルーシブ教育の実現過程

第1節　「1988年教育改革法（Education Reform Act 1988）」成立の背景

　1970年代、「イギリス病」と呼ばれる経済や産業の停滞により、義務教育修了後の青年の失業が大きな問題となっていた。1976年、オックスフォード大学のラスキン・カレッジにおいて、キャラハン（Callaghan, J.）首相が、「社会の中でその位置と職を得ることを子ども達に教えてこなかったアカデミック偏重の公教育制度と関係者の責任」（吉田, 2005: 101）について述べた通り、経済や産業の停滞の原因は公教育に求められていたといえる。そのため、それらを克服する役割が教育に求められ、教育改革は進められたのである。

　1979年、総選挙により、保守党のサッチャーが首相に就任し、新自由主義の考え方の下、徹底した行政改革を推し進めていくことになる。荒川は1980年代以降の世界的な動向について、「1980年代以降、世界はいわゆる『小さな国家』へと進路を転換させる。行政の肥大化を改め、自由競争・自己選択・自己責任あるいは規制緩和、分権などが政策の基本原理とされるようになる。」（荒川, 2005: 108）と指摘している。イギリスもその例外ではなかったといえる。教育に関しても同様であり、トムリンソン（Tomlinson, S.）が指摘している通り、保守党の政治家や産業界は、1980年代を通して、学校と教育を批判し続け、教育の中央集権化と教育水準の向上に躍起になっていた（Tomlinson, 2001）。

　そのような中で、実際の現場に目を向けてみると、1980年代以降、統合教

育を推進する地域が増え、通常学校の教員に補助教員を配置して、教育的支援が提供されるようになるなど、様々な取り組みが工夫されていたといえる。河合は、「80年代のイギリスの特別教育は、種々の問題点や課題を残しながらも、また、地域差は認められるものの、少ない財源の中で既存の資源を再配分しながら進展していった。」(河合, 2007: 385) と指摘している。

1987年の総選挙でも圧倒的な勝利を収めたサッチャーは、第三次政権でベーカー教育担当大臣のもと、「1988年教育改革法 (Education Reform Act 1988)」を成立させる。「1944年教育法」以来の大規模かつ急進的で、イギリスの教育制度を抜本的に改革する法律であったといえる。

清水は、サッチャー政権の教育政策について、「『トリックルダウン理論 (a trickledown theory)』により、障害児教育及び LD 児や社会的不利児に対する教育資金の縮小を目指し、他方でグローバリゼーション化に伴う競争に勝ち抜くための子どもの学力水準向上の通常教育の改革 (restructuring) を推進する。」(清水, 2007: 82) と指摘している。トリックルダウン理論[1]に基づいたサッチャーの教育政策は、全ての生徒に対する教育に財政投資することが、障害児や社会的不利を被る子どもの教育の向上につながるとする考え方であり、実際、障害児教育の資金を削減する財政改革が進められることになった。

また、ガーナー (Garner, P.) は、「改革」というものは一般的には良いものを意味するが、同法は逆であり、既存の教育的支援、特に特別な教育的ニーズのある子どもに対する支援を排除したと指摘している (Garner, 2009)。

そして、「1988年教育改革法」によって、学校が市場化される中で特別な教育的ニーズのある子どもは学校から排除される傾向を強め、統合教育は後退することになったのである。

第2節　「1988年教育改革法」の特徴——市場原理の導入——

「1988年教育改革法」の最大の特徴は、教育への市場原理の導入、つまり競争原理の導入である。ウォーノック（Warnock, M.）は同法について、今世紀で最も影響力のある法律であり、障害児に関しては政策から抜け落ち、教育的ニーズがどうであれ、産業界に就労させるための教育が想定されていたと指摘している（Warnock, 2005）。

「1988年教育改革法」の具体的な内容、およびその特徴は以下の通りである（DES, 1988）。

第一に、ナショナル・カリキュラム（The National Curriculum）[2]の導入である。

従来、イギリスでは、日本の学習指導要領に相当するものはなく、学校と教員の教育に関する自由裁量が保障されていたといえる。しかし、同法はナショナル・カリキュラムを設定し、全国共通の学習水準を示し、その到達状況を把握するために、全国統一到達度テスト（Standard Assessment Tests: SATs）（以下、ナショナル・テスト）を実施することにした。

表7-1の通り、その学習段階は、大きく四つのキー・ステージ（Key stage）に分けられ、その修了時に試験が行われる。そして、その結果は学校

表7-1　ナショナル・カリキュラムのキー・ステージ

生徒の年齢	学年	キー・ステージ	到達すべき水準
5-7	Year 1-2	KS1	レベル2
7-11	Year 3-6	KS2	レベル4
11-14	Year 7-9	KS3	レベル5〜6
14-16	Year 10-11	KS4	5科目以上でA*〜C

※キー・ステージ4のテストは義務教育修了試験で成績はA*からGの8段階で評価される。
出典：阿部（2007: 5）とGOV. UK（2016）The National Curriculumを筆者が一部修正

順位表（League tables）として公表される。つまり、その狙いは、学校間競争により、学力水準の向上を図るというものであったのである。

第二に、地方教育当局から各学校への権利委譲の拡大である。

当時、学校の運営、財政、人事に関する権限は、地方教育当局が担っていた。しかし、第3章の「財政とスタッフ（Finance and Staff）」では、それらを学校理事会（Governing body）と校長に移管するとしている。

また、在籍している生徒数と年齢によって、国から予算が配分されるようになった。これにより、学校選択で選ばれず生徒数が減少した学校の予算額は減少し、学校は教職員等の削減をしなければならなくなったのである。結果として、学校は生徒集めに必死になり、学校間競争が激化したといえる。

第三に、入学定員の制限の撤廃である。

1970年代以降、イギリスでは生徒数が減少し、地方教育当局は学校の統廃合や序列化を食い止めるために、各学校の入学定員を一定の割合で減じて調整していた（河合, 2007）。

しかし、第2章「公立学校と有志団体立補助学校への生徒の入学（Admission of Pupils to County and Voluntary Schools）」では、入学定員の制限を撤回し、学校は収容能力の上限まで子どもを入学させることができるようにするとしている。つまり、地方教育当局は入学定員を制限することができなくなり、結果として、学校順位表で上位の人気校に入学希望者は殺到し、学校は序列化を強めていったといえる。

第四に、脱退制度の導入である。

これまで、地方教育当局は、当局内の全ての公立学校について責任を有し、管理してきた。

しかし、第4章「国庫補助学校（Grant-Maintained School）」の第52条では、生徒数が300人以上の初等学校は、国庫補助学校になる権利を有するとしている。地方教育当局の管理下から脱退したい学校は、親の過半数の投票で、国が管理する国庫補助学校に移行することができるようになったのである

(河合，2007）。

この背景には、地方教育当局は労働党の影響力が強かったため、脱退制度により中央集権化し、保守党の影響力を強めようとする狙いがあったといえる。

第五に、宗教教育（キリスト教）の必修化である。

「1944年教育法」では、イギリスの宗教はキリスト教であるとする規定はなかった。そのため、移民の子どもが多い学校では、キリスト教以外の宗教が教えられることもあった。

しかし、第1章「カリキュラム（Curriculum）」の「宗教教育（Religious education）」第6条第1項では、「公立学校に在籍している全ての生徒は、宗教集会に出席しなくてはならない。」（DES, 1988）と規定されている。

サッチャー首相は、荒廃した教育を立て直し、学校や子どもを道徳化するためにはキリスト教が重要であると考え、キリスト教の教育を必修としたのである。

第六は、高等・継続教育の規定である。

「ウォーノック報告」において、義務教育修了後の特別な教育的ニーズのある生徒の継続教育に関して勧告されていたが、「1981年教育法」では法制化されていなかった。しかし、高等・継続教育への進学希望者や失業率の増加が契機となり、教育省がようやく法制化に踏み切ったといえる。

第2部「高等・継続教育（Higher and Further Education）」第1章「高等・継続教育に関する地方教育当局の機能（Local Education Authority Functions with Respect to Higher and Further Education）」の第120条第2項の（1）では、「全ての地方教育当局は、地域に継続教育のための十分な施設の提供を保障する義務がある。」（DES, 1988）と規定されている。そして、(10) では、「地方教育当局は、義務教育年限を修了した学習困難のある人々の必要も考慮すべきである。」（DES, 1988）と規定されている。

これにより、義務教育修了後の特別な教育的ニーズのある生徒に対して、

高等・継続教育における教育の機会が保障されたといえる。「1988年教育改革法」において、高等・継続教育が規定されたことは一つの大きな進歩だといえる。

以上、「1988年教育改革法」における、これら一連のサッチャーによる教育改革の目的は、第一に教育に市場原理を導入し、学校を競争させた上で、国民の学力水準を向上させることであり、第二にナショナル・カリキュラムを導入することで、教育に国家が介入し、中央集権化を進めることであった。教育を学校と教員の自由裁量に任せるという「1944年教育法」で保障されていた考え方を大幅に転換したのである。

ウォーノックは、「学力水準向上の圧力が大きくなればなる程、そのような水準では輝くことができない子ども達の運命は最悪のものとなった。」(Warnock, 2005: 21) と指摘している。また、河合は、「特別教育関係者は、こうした施策によって学校の序列化が生じ、その結果 SEN がある子どもは序列化された学校体系の末端に追いやられ、最終的にはインテグレーションが後退してしまう、といった点が危惧されるようになっていった。」(河合, 2007: 385) と指摘している。

通常学校における特別な教育的ニーズのある子どもは排除される傾向が強まり、「1988年教育改革法」の影響により、統合教育は一旦後退することになるのである。

その一方で、特別な教育的ニーズのある生徒の高等・継続教育における教育の機会について規定されたことは、評価できる点であると考える。

第3節 「1988年教育改革法」が特別な教育的ニーズのある子どもに与えた影響

「1988年教育改革法」の導入により、学校はただひたすらに成績向上を追い求めるようになり、「ウォーノック報告」において勧告された統合教育は

後退し、子ども中心の教育という精神は失われつつあったといえる。

同法は、以下の通り、特別な教育的ニーズのある子どもに大きな影響を与えている。

第一に、学校から排除される特別な教育的ニーズのある生徒の増加である。

教育への市場原理の導入は、学校間の競争と序列化を生み、教育における公平さを欠如させ、学校から排除される生徒は年々増加していったといえる。

1989年に教育科学省から出されたナショナル・テストに関する文書では、「何人かの特別な教育的ニーズのある生徒の達成に関する情報は、公表される全体の統計から除外することができる。…（中略）…そうすれば、学校は特別な教育的ニーズのある生徒を含むことで生徒の達成の全体像が損なわれることを心配する必要がなくなる。」(DES, 1989: 8.5) と述べられている。教育科学省が、特別な教育的ニーズのある生徒を排除しようとしていたことは明らかである。

スターリング (Stirling, M.) は、「1988年教育改革法」の導入により、学校は地方教育当局から教育心理士などの支援サービスを購入しなくてはならなくなり、余裕のない学校では、「支援がなくて、多くの生徒が排除されそうである。」(Stirling, 1992: 130) と指摘している。従来、無料であった支援サービスが有料になり、学校は利用する支援サービスにも優先順位を付けざるを得なくなったのである。結果として、支援を受けられる生徒も限定され、生徒は必要な支援でさえ、受けられなくなったといえる。

ミットラー (Mittler, P.) は、ナショナル・カリキュラムは特別な教育的ニーズのある生徒のことを考慮せず、協議や確実性もなく、不当に急いで導入され、特別な教育的ニーズのある生徒にとって好ましくなかったと指摘している (Mittler, 1993)。当然の帰結であるが、学習水準をクリアできない特別な教育的ニーズのある生徒は学校から排除される傾向を強めたといえる。

また、福田誠は、「1997年3月、10万人の生徒が『破壊的である』ので特別学校に移して授業すべきだという声明を、当時イギリス第二の規模の教師組合である『全英校長・教師組合（NASUWT）』が発表した。」（福田, 2007: 24）と指摘している。つまり、通常学級に在籍する手のかかる生徒の扱いに困り、排除しようとしたのである。学校から排除される生徒は年々増加し、そのほとんどの理由は「問題行動（授業妨害）」だとされている。通常学校から排除された生徒は、「特別学校」へ移り、そこからも放校処分を受けると「児童生徒受け入れ施設」という、いわば隔離施設に入れられることになっていた（福田, 2007）。

　学校から排除される傾向にある生徒は、中等教育段階のアフリカ・カリブ系生徒、特別な教育的ニーズのある生徒、社会福祉の支援を受けている生徒である（清水, 2002）。ミットラーも同様に、アフリカやカリブ海地域からの移民の子どもは、同じ地域に住む他の子ども達より、学校から排除される傾向が強いと指摘している（Mittler, 2000）。

　表7-2の通り、学校からの恒久的排除者が激増していることがわかる。学校からの排除は犯罪とも結びつき、大きな社会問題となっていった。国が活性化されるというより、むしろ治安は悪化していったといえる。

　第二に、ステイトメントを持つ生徒への対応の問題である。

　特別な教育的ニーズや障害のある生徒は、学校全体の成績を低下させることはあっても、向上させるとは考えられないことから、特別な教育的ニーズのある生徒の教育的支援に予算を使うのではなく、それ以外の子どもの学力

表7-2　学校からの恒久的排除者数（Permanent Exclusion from Schools in England）

教育年度	1990〜91	1991〜92	1994〜95	1995〜96
人数	3,000	4,000	11,100	12,500

※この数値の他に、期間限定の排除（Fixed-term exclusion）や怠学（Truancy）の生徒が存在している。

出典：清水（2002: 154）を基に筆者作成

水準の向上に、学校は予算を使おうとしていた。ステイトメントを持つ生徒は資金援助を受けられるため、その資金を適切に特別な教育的ニーズのある子どもに使うのではなく、別の目的に使用するという弊害まで出る状況となったのである（真城, 1999）。

このように、サッチャー率いる保守党政権により制定された「1988年教育改革法」は、中央集権化と市場原理および競争主義を教育に持ち込み、大幅に教育を改革したといえる。ナショナル・カリキュラム、ナショナル・テスト、リーグ・テーブルの導入により、親と生徒に選ばれるため、学力水準向上のための学校間競争は熾烈となり、学校は序列化されていくことになったのである。

結果として、学校は存続するために、成績の優秀な生徒のみを集めようと必死になり、決められた学力水準を達成する見込みのない特別な教育的ニーズのある生徒は学校から排除されることになったのである。

同法は、学校間の競争により、活力を生み出し、全体の学力水準の向上を図るという狙いの下で制定されたが、結果的に、学校はナショナル・テストの結果が全てという点数至上主義にとらわれることになったのである。

しかし、本来、教育は敗者を作るものではなく、全ての子どもに学びと成長の機会を与えるものである。特別な教育的ニーズのある子どもにもその子なりの発達の速度があり、日々着実に成長している。どのレベルに到達したかだけで子どもの能力を計る教育方法は全ての子どもを包摂することはできず、逆に排除に拍車をかけることになる。教育に市場原理は適用されるべきではないと考える。

他方、同法の施行によって様々な問題が可視化され、教員達が団結し、親の団体の支持を得てナショナル・テストをボイコットするなど、大きなうねりを生み出していくことになる（Tomlinson, 2001）。同法が統合教育の流れを断ち切ったかのように見えたが、そうではなく、さらなる発展を遂げる契機になったということは見逃すことができない点である。

同法制定以降、「1993年教育法」の成立、労働党政権での教育改革など、イギリスにおける統合教育は世界的な動向と共に、様々な局面を迎えていくことになる。

第4節 「1993年教育法（Education Act 1993）」成立の背景

「1981年教育法」により、特別な教育的ニーズに基づく教育制度が確立したが、長引く経済不況の下、サッチャー政権時に、「1988年教育改革法」が成立し、教育に市場原理が導入された。

その結果、特別な教育的ニーズや障害のある子どもは通常学校から排除される傾向が強まり、統合教育は後退し、教育に様々な歪みが生じることになったといえる。そのような中で、1990年、保守党サッチャー政権の教育改革はメージャー（Major, J.）政権に引き継がれ、保守党内部や教育関係者達の教育改革を求める声が高まり、「1993年教育法」へと繋がっていくことになる。

同時に、1980年代を通じてのイギリスにおける特別なニーズ教育の展開に伴う様々な課題が浮かび上がり、その内容が整理されていくのである。その背景には、「1981年教育法」施行後も、特別な教育的ニーズのステイトメントが作成される約2％の子ども以外には、特別な教育的施策があまり進展せず、対応の見直しが求められていたことがあった（荒川, 2003）。

そして、1992年、監査委員会（Audit Commission）[3]と勅任視学官（Her Majesty's Inspectorate of Schools）[4]は、調査報告書 *"Getting in on the Act - Provision for Pupils with Special Educational Needs: the National Picture-"* を政府に提出している。

同報告書の目的は、「1981年教育法」が施行されて約十年が経過し、地方教育当局のやり方が同法の目的に合致しているのかを再検討するためであった。財政関係の観点からの分析が中心であり、このことから、障害児教育の

財源が効果的に使用されているのかを検証しようとする、政府の意図を読み取ることができる。

この調査報告書では、特別な教育的ニーズのある生徒が、どこにおいて教育を受けているのかを12ヶ所の地方教育当局と77の学校を対象に1990年から1991年度にかけて調査している。その結果、約1.3％の生徒が特別学校で、また、0.8％の生徒が通常学級において、特別な支援を地方教育当局から受けており、さらに14％の生徒が通常学校において、学校内の資源によって支援を受けていることが明らかになった（Audit Commission & Her Majesty's Inspectorate of Schools, 1992a: 10）[5]。

監査委員会と勅任視学官は、調査報告書の中で、生徒が特別な教育的ニーズの判定を受け、支援を受けるまでの過程にどのような課題があるか明らかにしている。そして、深刻な欠陥があるとして、主要な三点の問題とそれらの原因を指摘している（Audit Commission & Her Majesty's Inspectorate of Schools, 1992a: 1）。

第一に、「特別な教育的ニーズ」が何によって構成されているのかについて透明性に欠け、学校と地方教育当局各々の責任についても透明性に欠けている点である。

「1981年教育法」における「特別な教育的ニーズ」の定義は、「特別な教育的支援を必要とする学習困難がある場合」という点においてしか規定されていなかった。そのため、地方教育当局はその曖昧さから明確な判定ができず、ステイトメントを発行する境界線も確立されず、実行することが難しかったのである。

その結果、地方教育当局は、ステイトメントを発行するのに、規定の六ヶ月以上の時間がかかり、生徒の「特別な教育的ニーズ」の判定からステイトメントの発行までの過程に、教育的対応の効果が半減されていたといえる。また、定義の曖昧さから、地方教育当局が各学校への予算配分を十分に行うことができなかった。結果として、特別な教育的ニーズのある生徒は十分な

教育的対応が受けられなかったのである。

　第二に、生徒によって達成される進歩について、学校と地方教育当局の責任が不透明であり、生徒が受け取る資源についての責任も不透明な点である。

　学校および地方教育当局が、特別な教育的ニーズのある生徒にどのような教育的対応をすれば、生徒の「特別な教育的ニーズ」を満たすことになるのか不明確であった。また、一連の評価の過程において、学校および地方教育当局各々の責任分担が曖昧であり、明確に規定されていないことも問題であった。

　第三に、地方教育当局が、「1981年教育法」を実行する動機に欠けている点である。

　ステイトメントは、記述される必須内容が決められておらず、地方教育当局によるステイトメントの発行が曖昧になっていたのである。

　そして、予算配分についても、学校長の半数以上が、特別な教育的ニーズのある生徒に対する予算が不十分であるとしている。「1988年教育改革法」によって、地方教育当局から各学校への権利委譲が拡大されたが、上手く機能していなかったのである。結果として、特別な教育的ニーズのある生徒への教育的対応は不十分になった。

　このように、同調査報告書では、多くの問題点が明らかとなった。

　上記の調査報告書の結果を受け、同1992年、監査委員会と勅任視学官は、"Getting the Act Together –A Management Handbook for Schools and Local Education Authorities-" を提出している。

　同調査報告書の目的は、特別な教育的ニーズのある生徒へ効果的な教育的支援を提供するために、学校や地方教育当局が実行すべき、詳細な実践を提示することであった（Audit Commission & Her Majesty's Inspectorate of Schools, 1992b: Preface）。

　同報告書では、学校や地方教育当局が取るべき行動指針が詳細に示されて

いる。主要な点としては、以下のものが挙げられる（Audit Commission & Her Majesty's Inspectorate of Schools, 1992b: 1-4）。

第一に、地方教育当局と学校は、依頼人と請負人の関係をとるべきだとしている。

地方教育当局は、依頼人となり、学校は、特別な教育的ニーズがある生徒の教育的支援の全ての責任を与えられるものとした。教育的資源は全て学校に委譲され、学校はその達成についても全ての責任を負うことになった。

第二に、地方教育当局と各学校は、特別な教育的ニーズのある生徒に関わる学校方針である「SEN ポリシー（Special Educational Needs Policy）」を公表し、監督すべきであるとしている。

つまり、「SEN ポリシー」の策定を義務付けたのである。

第三に、学校と地方教育当局は、特別な教育的ニーズのある生徒の発見に一貫性のあるシステムを構築すべきであるとしている。

地方教育当局と学校は、特別な教育的ニーズのある生徒の評価やステイトメントの発行について決定する時は、教育省が示した指針を実行すべきであるとしている。その指針には、どの生徒が、特別な教育的ニーズのある生徒として判定され、地方教育当局がステイトメントを発行することをいつ決定するのかを考慮した基準が含まれている。

第四に、地方教育当局は、学校が特別な教育的ニーズへの対応能力を改善するために、学校と協同すべきであるとしている。

生徒の特別な教育的ニーズが発見された時、学校は最大の努力をすべきであるとしている。そして、学校内の資源では対応できない場合、地方教育当局は助言や専門家の資源を使い、特別な教育的ニーズのある生徒に教育的対応を提供できるように、学校の技術や設備を増強すべきであるとしている。学校の能力が向上すれば、ステイトメントの発行も減るはずだとしている。

第五に、ステイトメントは時間を守って発行すべきであるとしている。

これまでは、ステイトメントの基準の曖昧さから、発行基準期間の六ヶ月

を経過してしまうことがあったが、地方教育当局は迅速に対応すべきであるとしている。

　第六に、地方教育当局は、ステイトメントのない特別な教育的ニーズのある生徒に対する予算の委譲を、実際の特別な教育的ニーズのある生徒の発生率によって熟慮すべきであるとしている。

　ステイトメントのない特別な教育的ニーズのある生徒への予算委譲はとても難しいものであるが、予算委譲する際には、学校における実際の特別な教育的ニーズのある生徒の発生率を考慮して配分すべきとしている。

　第七に、学校の特別な教育的対応に対する査察は、個々の特別な教育的ニーズのある生徒に対する影響がどうであるかについて焦点を当てるべきであるとしている。

　つまり、効果的な査察は、個々の特別な教育的ニーズのある生徒に対する教育実践の影響に焦点を当てるべきだとしている。

　第八に、学校は、教員の査定において、彼等が特別な教育的ニーズのある生徒と達成したことの評価を含むべきであるとしている。

　つまり、教員の査定は、彼等が特別な教育的ニーズのある生徒と達成したことが、彼等の全ての活動の評価として認められることを確実にする機会を与えているとしている。

　以上、行動指針は、学校と地方教育当局に対して、特別な教育的ニーズのある生徒の発見と教育的対応に一貫性のあるシステムを構築すべきであるとして、各々の役割を明確にした上で、迅速な対応を求めている。

　加えて、特別な教育的ニーズのある生徒を一括りにせず、一人ひとりの特別な教育的ニーズを大切にする姿勢が見られ、同報告書の特徴であると共に、評価できる点である。

　そして、こうした勧告を受けて、具体的な実践方針が明確にされていなかった「1981年教育法」の特別な教育的ニーズに関する規定は修正され、「1993年教育法」の第3部に「特別な教育的ニーズのある子ども（Children with Special Educational Needs)」という題名で、具体的な施策を明示する「実施要綱（Code of Practice）」の公布についての規定がなされた。

つまり、先に挙げた二つの報告書が、「1993年教育法」における「特別な教育的ニーズがある子ども」の規定や「実施要綱」などの内容を決める大きな役割を果たしたのである。ウォーノックは、「実施要綱」について、「1988年教育改革法」の影響を受けた障害児のための救済の試みであったと述べている（Warnock, 2005）。

「実施要綱」は、翌1994年に「実施要綱—特別な教育的ニーズの発見と評価—（Code of Practice -on the Identification and Assessment of Special Educational Needs-）」（以下、「実施要綱」）という題名で公表され、これにより、障害児教育のシステムにおける実践上の指針が示され、地方教育当局、学校および障害児教育の関係者は、この実施要綱の内容を踏まえて、施策を講じなければならなくなったのである。

このように、「1993年教育法」は、初めて具体的な実践方針を明確にした「実施要綱」の公布についての規定がなされたことが最大の特徴であり、このことから、特別な教育的ニーズに対応した教育実践がさらに進展したといえる。

イギリスにおける障害児教育は、先進性と共に、新たな施策を「実行」した後に、1992年の二つの調査報告書の様な「評価」があり、その「改善」である「1993年教育法」と「実施要綱」が示されている。実践で生じた課題に迅速に対応し、課題解決を目指しており、漸進的な努力によって障害児教育が前進している点は、積極的に評価できると考える。つまり、トライ＆エラーで制度・政策が進んでいく点は、示唆に富むと考えられる。

また、課題を乗り越えるプロセスに加えて、生徒全体を見ながらも、特別な教育的ニーズのある生徒個々にも焦点を当てている点が、集団を重視する傾向にある日本への大きな示唆であると考える。

第5節 「1993年教育法」・「実施要綱 (Code of Practice)」の特徴

「1993年教育法」では、「特別な教育的ニーズ」に関する規定が、「1981年教育法」から大幅に増やされ、続く「実施要綱」に具体的な実践方法が示されている。

「1993年教育法」と続く1994年の「実施要綱」の主たる特徴は、以下の通りである (DfE, 1993; DfE, 1994)。

第一に、「1993年教育法」により、「実施要綱」の公布が決定されたことである。

これにより、翌年「実施要綱」が公布され、地方教育当局や学校理事会が取るべき実践の指針が示されることになった。

第二に、「SEN ポリシー」の策定が義務付けられたことである。

「実施要綱」によって、全ての通常の初等・中等学校において、具体的な「SEN ポリシー」の作成が義務付けられた。

主な内容は、①特別な教育的対応についての基本情報、②特別な教育的ニーズのある生徒の発見、評価、対応についての学校方針の情報(特別な教育的ニーズのある生徒の学校全体への統合方法など)、③学校の教職員の方針、地方教育当局との協同に関する情報などである。

特別な教育的ニーズのある生徒の統合方法に関する記述を義務付けている点からも、統合教育の実践を推進しようとすることがわかる。また、年間報告書には「SEN ポリシー」の実施状況の記述を含むこととされている。

「SEN ポリシー」の作成義務により、通常学校に在籍している特別な教育的ニーズのある生徒にも、特別な教育的対応を保障するためのシステムが整備されることになった。統合教育の実践が推進された点からも評価できるものである。

第三に、「特別な教育的ニーズコーディネーター (Special Educational Needs

Coordinator: SENCO)」（以下、SENCO）の配置が義務付けられたことである。

実施要綱では、「SEN ポリシー」を実施し、全体的な調整を行う SENCO と呼ばれる人物を通常の初等・中等学校に配置することを義務付けている。

主な業務内容は、①「SEN ポリシー」の日々の運用、②他の教員との連携と助言、③特別な教育的ニーズのある生徒への対応の調整、④「特別な教育的ニーズ」の登録の管理、全ての特別な教育的ニーズのある生徒の記録、⑤特別な教育的ニーズのある生徒の親との連携、⑥教職員の研修の手配、⑦外部の機関との連携（教育心理学サービス、ボランティア団体など）である。

このように、SENCO の業務は多岐に渡っており、特別な教育的ニーズのある生徒の対応に重要な役割を果たしている。特に、特別な教育的ニーズのある生徒は早期介入が重要であるため、特別な教育的ニーズのある生徒の親と連携しつつ初期計画を整えることが SENCO には求められている（Garner, 2009）。

第四に、評価手続きが導入されたことである。

特別な教育的ニーズのある子どもは、全体で約20%いると考えられ、必要な教育的支援を受けるために、五段階で評価される。

第一段階は、担任あるいは教科を担当する教員が子どもの「特別な教育的ニーズ」を発見し、記録する。教員は、SENCO に相談し、初期対応を取る。第二段階は、SENCO は、中心的な立場として、子どもに関係する教員達と協力して、情報を収集し、特別な教育的ニーズの対応について調整をする。第三段階は、担任と SENCO は、学校外の専門家から支援を受ける。第四段階は、地方教育当局は、法的な評価の必要性について熟考し、適切であれば、規則に沿って多角的な評価を行う。第五段階は、地方教育当局は、特別な教育的ニーズのステイトメントの必要性について熟考し、適切であれば、ステイトメントを発行し、対応の手配をして、監督し、再検討を行う（DfE, 1994）。

最初の三つのステージは学校内で、残りの二つのステージは地方教育当局

で行われるように評価実施の責任が明確にされている。「1981年教育法」では、一連の評価手続きにおいて、地方教育当局と学校の責任が不明瞭であったため、その反省が生かされ、改善されたといえる。ステイトメントは、学校からの申請によって開始される判定手続きを経て、地方教育当局より発行される。このステイトメントは、特別な教育的対応を行うための予算を受け取る根拠となるため、非常に大きな意味を持っているといえる。

第五に、統合教育に関する規定がなされたことである。

「1993年教育法」の第160条では、以下のように、統合教育に関する具体的な規定をしている。

> 「(1) …(略)…以下の(2)節の条件が満たされている場合は、親の希望に反しなければ、子どもは特別学校以外の学校で教育されなければならない。
> (2) その条件とは、特別学校以外の学校でその子どもを教育することが、
>   (a) 子どもの学習困難に必要な特別な教育的対応を子どもが受けられること
>   (b) その子どもと一緒に教育を受ける子どもに効果的な教育を提供すること
>   (c) 資源の効果的な活用と両立するということ、である。」
>
> (DfE, 1993)

このようにして、いくつかの条件はあるものの、特別な教育的ニーズのある子どもの教育が、特別学校以外の学校、つまり通常学校で行われるべきであることが明示されている。つまり、統合教育が明示化されているのである。また、「親の希望に反しなければ」の一節の通り、親の権利を重視していることがわかる。

第六に、「特別な教育的ニーズ裁定委員会 (Special Educational Needs Tribunal: SENT)」(以下、SENT) が設置されたことである。

イギリスでは、特別な教育的ニーズの可能性があると判断された子どもに対して、法的評価が実施される。その結果、その子どもに特別な教育的ニーズがあると判断された場合、ステイトメントが作成される。そして、こうし

た法的評価の実施からステイトメントの再評価に至るまでの過程に対して、SENT に対する親の不服申し立てが認められている。

　ステイトメントは 6 部で構成されている。第 1 部は、子どもと親のプロフィール、第 2 部は、子どもの特別な教育的ニーズの詳細、第 3 部は、特別な教育的対応について、第 4 部は、教育を受ける場所（学校名など）、第 5 部は、教育以外のニーズ（保健サービス・ソーシャルサービスなど）、第 6 部は、教育以外の対応（第 5 部に合致した保健サービス・ソーシャルサービスなど）となっている。

　1998年～1999年度の不服申し立て件数のデータを見てみると、総件数が 1,220 件であり、その内 685 件がこのステイトメントの内容に関する不服申し立てであった（河合，2001）。地方教育当局からの資金援助の根拠となるステイトメントの重要性が高く、争点になっていることがわかる。

　このように、SENT の設置は、特別な教育的ニーズのある生徒に対する地方教育当局や学校側の対応に対して、親の権限を強化したということができ、親の権利保障に果たした意義は大きいといえる。

第 6 節　「1993年教育法」・「実施要綱」の成果と課題

　前述の通り、「1981年教育法」の施行後に生起した課題の解決に向けて、「1993年教育法」では「実施要綱」が規定され、「SEN ポリシー」の作成義務、統合教育に関する規定、特別な教育的ニーズの評価手続きなどにおける具体的な実践指針が示されている。

　これにより、地方教育当局と各学校の責任が明確にされ、各学校は特別な教育的ニーズに関する対応方針を公にしなければならなくなったのである。つまり、学校現場において、特別な教育的ニーズのある生徒に対する教育の実施要綱が明示され、それらの生徒に対する教育的対応や統合教育が着実に導入されることになったのである。特別な教育的ニーズのある生徒に対する

通常学校での教育実践はさらに進展したといえる。

また、評価手続きの導入により、特別な教育的ニーズの発見と評価に関わる具体的な段階とその内容が示され、特別な教育的ニーズのある生徒の学習環境を整備していくことに重点が置かれている。同時に、一連の手続きやステイトメントに関する不服を申し立てる権利や SENT の設置などの特別な教育的ニーズのある生徒の親に対する権利保障がなされ、親と学校、そして地方教育当局のパートナーシップを推進する動きが見られる。

逆に、「1993年教育法」と「実施要綱」に基づいた教育が実施されることにより、いくつかの課題が浮かび上がっている。

第一に、授業やカリキュラムについて、ほとんど言及されていない点である。

特別な教育的ニーズのある生徒に対する教育は、発見と評価手続きのみで完成するものではなく、授業やカリキュラムの改善が必要であるが、その点にはほとんど触れられていないのである。

ミットラーは、「発見と評価手続きに焦点が当てられているが、教室における授業やカリキュラムにはほとんど言及していない」(Mittler, 2000: 89) として、「実施要綱」の欠陥について指摘している。学校における教育全体を網羅するものになっていない点が問題である。

第二に、ステイトメントの作成基準についてである。

ステイトメントに関する SENT への不服申し立てからも、ステイトメントの作成基準の不備が指摘されており、より詳細な実施要綱が必要とされていることがわかる。

また、ステイトメントが作成されないものの、特別な教育的ニーズのある生徒が18%程度おり、それらの生徒への教育をどのように保障するのかという課題が依然として残ったといえる。

このように、1990年代前半に統合教育に関する施策が整っていく中で、新たな課題への対応が求められ、1990年代後半から、インクルーシブ教育へと

進化していくことになるのである[6]。

第7節 「1995年障害者差別禁止法 (Disability Discrimination Act 1995: DDA)」——障害者差別の撤廃へ——

　障害児（者）の施策に関する世界的な動向は、イギリスにおけるインクルーシブ教育の導入に大きな役割を果たしたといえる。

　イギリスでは、1995年に「障害者差別禁止法」が成立し、障害児教育の発展にも大きな影響を与えている。この成立の背景には、世界的な動向と障害者団体、障害者自身の一貫した運動があったといえる。

　1970年代のイギリスでは、1975年の「性差別禁止法」において、性による差別の禁止、1976年「人種差別禁止法」において、マイノリティに対する差別が禁止される中、障害者運動が高まっていたといえる。

　そのような中、1979年、労働党政権において「障害者に対する制約に関する委員会 (Committee on Restrictions against Disabled People: CORAD)」が設置され、同委員会は、障害者の様々な要望をまとめ、報告書の結論として、「障害者差別禁止法」の制定が第一であるとして、障害者の法的権利の実現を求めたのである（玉村，1998）。

　1979年、政権は労働党から保守党に移り、障害者団体、障害者自身の一貫した要求や労働党議員の議員立法により、「障害者差別禁止法案」が提案されたものの、保守党政権の政府は、一貫して差別禁止法の導入に反対している（玉村，1998）。政府は、障害者を取り巻く問題は、社会的なものではないと解釈して、法的権利の必要性を認めようとはしなかったのである。

　しかしながら、1980年代は、1981年の「国際障害者年」など、世界的に障害者運動が活発になっており、イギリスでも障害者団体の活動が目覚ましい時期であり、それは障害者差別禁止法制への追い風になったといえる。

　ミットラーは、「イギリス障害者団体協議会 (The British Council of

Organizations of Disabled People: BCODP）は、世界的な団体である障害者インターナショナル（Disabled Persons International: DPI）と協同しながら、全てのレベルにおいて差別的な実践の撤廃を達成するために、疲れ知らずの闘いを続けている。」（Mittler, 2000: 6）と指摘している。また、玉村公二彦は、「イギリスにおける障害者のための平等の権利という共通の目標のもとに、イギリス障害者団体評議会といった障害者の当事者組織と王立障害者リハビリテーション協会といった伝統ある障害者のための組織と共同の取り組みが展開されていった。」（玉村, 1998: 216）として、障害者差別禁止法制に関して、障害者団体の果たした役割の重要性を指摘している。イギリスは、このような障害者団体などの影響を受け、障害者の法的権利の保障に向けて動いていくのである。

そして、法案の提出を経て、保守党は対応を迫られ、1995年11月に「障害者差別禁止法（Disability Discrimination Act 1995）」が成立している。同法は、雇用、品物、施設、サービスに関する差別、土地の売却や管理、教育などにおける差別を禁止している。

第4部「教育（Education）」第29条第2項では、以下の通り、教育における差別を禁止するために、年間報告書の公表の義務が規定されている。

> 「公立学校、有志団体立補助学校、国庫補助学校における年間報告書では、以下の情報を含まなくてはならない。
> (a) 障害のある生徒の入学のための用意
> (b) 障害のある生徒を他の生徒より非好意的に扱うことを防ぐための方策
> (c) 障害のある生徒が学校にアクセスすることを助けるために提供される設備」
> (DfE, 1995)

このように、第29条では、障害のある生徒を他の生徒よりも、非好意的に扱うことを禁じ、平等に扱うことを求めている。

また、第30条では、「障害者の継続・高等教育（Further and Higher Education for Disabled Persons）」について規定されており、学校理事会に対し、「障害に関する声明（Disability Statement）」を公表し、声明には、障害者に関して、学校機関によってなされる教育のための設備の配慮について、記述しなければならないとしている。

　この後、「1995年障害者差別禁止法」第4部「教育」が修正され、「2001年特別な教育的ニーズおよび障害法（Special Educational Needs and Disability Act 2001）」により、インクルーシブ教育の推進と教育における障害者に対する差別禁止が強化されることになる。

　このように、「1995年障害者差別禁止法」は、世界的な動向と障害者団体および障害者の精力的な運動の結果、イギリス政府の譲歩の上に、ようやく成立した法律である。障害者の権利保障という点で、非常に大きな役割を果たしたといえる。この流れは、1997年の総選挙に繋がり、労働党の勝利によって、障害児（者）に対する政策にも新たな動きが見られることになるのである。

注
1）通貨浸透論・供給重視経済論と言われるもので、政府の財政支出を福祉事業等に向けるより、大企業へ向ける方が、効果が大きいとする理論のこと。つまり、障害児教育では、全ての生徒に対する教育に財政支出をすることが、障害児等の教育の向上につながるという考え方である。（清水貞夫（2007）「インクルーシブ教育の思想とその課題」『障害者問題研究』35（2）、全国障害者問題研究会、p.89）
2）具体的には、義務教育の対象である5歳～16歳までを対象として、数学、英語、科学に重点を置き、歴史、地理、技術、音楽、美術、体育、外国語について統一した学習内容が決められている。
3）監査委員会（Audit Commission）は、財政面を中心に監査することを目的としている。
4）勅任視学官（Her Majesty's Inspectorate of Schools）は、学校の教育予算が適切に使用されているか調査することを主たる目的としている。

5）特別学校で教育を受けている生徒のうち、52％の生徒は中度の学習困難児のための学校、24％が重度の学習困難児のための学校、8％が情緒・行動面での困難児のための学校、そして残り16％がその他（肢体不自由学校、盲学校、聾学校）の特別学校で教育を受けている。(Audit Commission & Her Majesty's Inspectorate of Schools (1992) *Getting in on the Act -Provision for Pupils with Special Educational Needs: the National Picture-*, H. M. S. O., p.10.)

6）「1993年教育法」施行後、再検討が行われ、「1996年教育法（Education Act 1996)」が成立しているが、内容に大きな変更はなく、「1993年教育法」の第3部が「1996年教育法」の第4部になり、「1993年教育法」の内容を踏襲している。

文献

・阿部菜穂子（2007）『イギリス「教育改革」の教訓』岩波書店、p.5
・荒川智（2003）「第5章 特別ニーズ教育とインクルージョン―21世紀に向けて」中村満紀男・荒川智編著『障害児教育の歴史』明石書店、p.93
・荒川智（2005）「特別ニーズ教育の比較教育的考察」『障害者問題研究』33（2）、全国障害者問題研究会
・Audit Commission & Her Majesty's Inspectorate of Schools (1992a) *Getting in on the Act -Provision for Pupils with Special Educational Needs: the National Picture-*, H. M. S. O., p.51.
・Audit Commission & Her Majesty's Inspectorate of Schools (1992b) *Getting the Act Together -A Management Handbook for Schools and Local Education Authorities-*, H. M. S. O.
・Department for Education (DfE) (1993) *Education Act 1993*, H. M. S. O.
・Department for Education (DfE) (1994) *Code of Practice -on the Identification and Assessment of Special Educational Needs-*, H. M. S. O.
・Department for Education (DfE) (1995) *Disability Discrimination Act 1995*, H. M. S. O.
・Department of Education and Science (DES) (1988) *Education Reform Act 1988*, H. M. S. O.
・Department of Education and Science (DES) (1989) *The National Curriculum: From Policy to Practice*, H. M. S. O.
・福田誠治（2007）『競争しても学力行き止まり―イギリス教育の失敗とフィンランドの成功―』朝日新聞社、pp.24-25

- Garner, P.（2009）*Special Educational Needs –The Key Concepts–*, Routledge, p.65, 98.
- Gov. UK.（2016）*The National Curriculum*
  （https://www.gov.uk/national-curriculum, 2016. 9. 13）
- 河合康（2001）「イギリスにおける特別な教育的ニーズの判定書をめぐる親の不服申し立てに関する一考察」『上越教育大学研究紀要』20（2）、p.413
- 河合康（2007）「イギリスにおけるインテグレーション及びインクルージョンをめぐる施策の展開」『上越教育大学研究紀要』26、p.385、387
- Mittler, P.（1993）'Special Needs at the Crossroads', In Visser, J. & Upton, G.（eds.）, *Special Education in Britain After Warnock*, David Fulton Publishers, p.21.
- Mittler, P.（2000）*Working Towards Inclusive Education –Social Contexts–*, David Fulton Publishers, p.2, 6.
- 真城知己（1999）「イギリス—障害概念の拡大と特別な教育的ニーズ—」『世界の障害児教育・特別なニーズ教育』三友社出版、pp.96-98
- 清水貞夫（2002）「イギリス労働党政権下でのインクルージョンに向けた取り組み」『宮城教育大学紀要』37、pp.154-155
- 清水貞夫（2007）「インクルーシブ教育の思想とその課題」『障害者問題研究』35（2）、全国障害者問題研究会
- Stirling, M.（1992）'How Many Pupils Are Excluded?', *British Journal of Special Education* 19（4）, NASEN.
- 玉村公二彦（1998）「イギリスにおける障害者差別禁止法制と障害者施策—『1995年障害についての差別に関する法律（Disability Discrimination Act 1995）』の成立を中心に—」『奈良教育大学紀要』47（1）、pp.216-218
- Tomlinson, S.（2001）*Education in a Post-Welfare Society*, Open University Press, pp.36-39, p.58.
- Warnock, M.（2005）'Special Educationl Needs: A New Look', In Terzi, L.（ed.）（2010）, *Special Educational Needs –A New Look–*. Continuum, p.20.
- 吉田多美子（2005）「イギリス教育改革の変遷—ナショナルカリキュラムを中心に—」『レファレンス』11月号、国立国会図書館調査及び立法考査局

第8章　インクルーシブ教育の原則採用

第1節　白書『学校における卓越さ (Excellence in Schools)』

　1997年5月のイギリス総選挙において、労働党が勝利をおさめ、新たな首相として労働党のブレア (Blair, T.) が選出されている。これは、1979年のサッチャー政権の始まりから18年続いた保守党による支配、つまり、市場原理主義に対する批判として、国民が選択した結果だといえる。

　当時のイギリスは、教育や医療の荒廃が深刻化しており、青年の長期失業が増加し、それが犯罪の増加という形で社会に跳ね返っていたのである (山口, 2005)。教育に関しても、保守党政権は市場原理を導入し、特別な教育的ニーズのある子どもが、学校から排除される傾向が強まるなど様々な歪みが生じていた。そのため、教育関係者は労働党が政権を取ったことにより、荒廃した教育の是正に乗り出すことに大きな期待を寄せていたといえる。

　ブレアは就任直後、教育を重視した政策を打ち出し、「イギリスにおける重要課題は三つある。それは、教育、教育、そして教育です。」という有名な演説を行っている。ブレアの教育政策は、教育によって、優れた労働者を輩出し、国際競争力を高めようとするものであった。藤井泰は、「『イギリスの国際競争力を高めるために、すべての市民が働くための基本的なスキル (技能) を身につける必要があり、教育改革が最優先の課題とされなければならない』というものであった。」(藤井, 2006: 99) と指摘している。

　しかし、ブレア政権は、それまでの方針を大幅に転換するのではなく、サッチャー政権の市場主義的な路線を踏襲しつつ、問題点を是正する新たな道を模索していたといえる。清水は、「その公約の具体化は、一方で、サッ

チャー政権下で確立したスタンダード（教育達成水準）の向上を引き続き追及しながら、他方で、サッチャー政権の競争主義と中央集権化のもとで生起してきた問題への手直しを進めるもの」（清水, 2002: 155）であったと指摘している。

ブレアによる教育の重視は、過去に労働党が実施した手厚い福祉ではなく、訓練や教育による雇用機会の拡大を狙ったものであり、「福祉から就労へ（Welfare to Work）」がそのスローガンであったといえる（大城, 2003）。

ブレア政権は、ワークフェア（Workfare）の政策を打ち出し、福祉受給を受ける代わりに、就労や訓練・教育を受けることとし、社会保障費の削減と失業者の削減を同時に目指したといえる。機会の平等を重視すると共に、権利には義務と責任が伴うことを明示した点が特徴である。また、特別な教育的ニーズのある子どもを教育から排除するのではなく、他の子どもと同様に、機会の平等を重視する姿勢であり、その点は評価できる点である。

政府は、スローガンに基づき、教育政策についてまとめ、白書『学校における卓越さ（Excellence in Schools）』を1997年7月に発表している。

その前文で、国務大臣のブランケット（Blunkett, D.）は、「新政府の初となるこの白書は、将来の挑戦のための、この国の人々の備えについてと同様に、政府の中心となる機会の平等と全ての人々のための高い教育達成水準への関与についてである。」（DfEE, 1997a: 3）と述べている。

また、「経済と社会的な不利を克服し、現実として、機会の平等を整えるために、私達は排除と闘わなければならない。そして、我が国の最も剥奪された地域における不達成を許してはならない。」（DfEE, 1997a: 3）と述べ、排除と闘い、貧困層などの家庭が多い地域でも、教育水準を達成させようとする強い意志が感じられる内容となっている。

さらに、政府と教育サービス、地方教育当局と学校、親と学校理事会とのパートナーシップについても述べられており、協同を重視して、課題を解決していく姿勢が打ち出されている。

藤井は、「グローバルな経済競争が展開し、急激に変化するポスト工業化社会にある21世紀、優れた専門職の教師の下、子どもたちに基礎学力をしっかりと習得させ、加えて他者への思いやりや自尊心、健全な道徳心、寛容、責任感などの市民性（シティズンシップ）を身につけさせる良質な学校が想定されている。」(藤井, 2006: 99) と評価している。

　白書は、「教育監査局は、2～3%の学校が落第し、10校に1校が特定の領域で深刻な弱さがあり、約1/3が本来あるべき水準に達していないと推定している。」(DfEE, 1997a: 10) と指摘し、教育達成水準の向上が取り組まなければならない重要課題であるとしている。

　そして、白書は、1997年から2002年までの5年間に達成する政策目標として、以下の六つの主要点を挙げている (DfEE, 1997a: 3-14)。

　第一に、教育は政府の中心におかれるとしている。

　教育は政府の最優先事項であり、教育雇用省の地位を以前より向上させるとしている。また、国民所得に対する教育投資の比率を増大させるとしている。

　第二に、政策は少数の人だけではなく、多くの人々に利益を与えるとしている。

　1981年に導入された「補助学籍制度（The Assisted Places Scheme)」は、平均以上の能力を持つ低所得層の子どもに、パブリック・スクールなどの独立校に進学するための補助金を出していた。しかし、その制度を廃止して、5～7歳児の学級のクラス人数を少なくして30人学級にするとしたのである。多くの生徒に利益を与える方法を選択したといえる。

　第三に、焦点は教育達成水準の向上であり、学校の構造ではないとしている。

　白書では、「私達は、何が良い学校の創造に必要なのか知っている。それは、明確なリーダーシップの重要性を理解している、強い、熟練された校長、教職員と親との関わり、全ての子どもへの期待と何より良い指導であ

る。」(DfEE, 1997a: 12) と述べられている。学校の構造というよりも、むしろ人と人との相互関係が重要であるとしている。

　第四に、政府の介入は、成功と反比例で行われるとしている。

　政府は成功を収めている学校に介入はしないが、改善に向けて挑戦させ、問題を抱える学校には、生徒を守るために、地方教育当局により介入が行われるとしている。

　第五に、不達成には不寛容だとしている。

　目標を達成できず、失敗してしまった学校には、改善のために新しいスタートを切らせるか閉鎖もあり得るとして、厳格な姿勢を打ち出している。

　第六に、政府は教育達成水準の向上に関わる人達と協同するとしている。

　「政府は、教育の質の改善において、役割を担っている人々と協同しなければならない。それは、親、教員、学校理事会、地方当局、教会、企業の人々である。」(DfEE, 1997a: 12) として、課題解決のために、多様な関係者と協同しなければならないことを主張している。

　そして、白書では、全ての子どもの教育達成水準の向上を目指して、特別な教育的ニーズのある子どもについても触れられている。

　「この白書における提言は、多くの子どもが初期の段階で直面する問題に取り組むことを助け、そのような困難が特別な教育的ニーズの領域に広がることを防ぐだろう。それゆえ、特別な教育的ニーズのある子どもの支援と教育達成水準の改善の戦略は、教育達成水準の改善のためとニーズや障害のある子どものソーシャルサービス支援を含む、障害者のための他の国家政策の欠かせない部分でなくてはならない。」(DfEE, 1997a: 33) と述べられている。

　加えて、特別な教育的ニーズのある子どもを通常学校で教育する教育的、社会的、道徳的根拠が強固にあるとしており、学校に対する政策が、もっと一般的に障害児（者）の権利の問題に関与していくことが相応しいとの主張がなされている。

　さらに、子どものニーズが常に第一であり、特別学校や特別な施設が特別

な教育的ニーズのある子どもの在籍する通常学校への資源になることができるとし、特別学校の存在意義についても肯定している。

そして、「それは、インクルーシブ教育の原則と両立する。」(DfEE, 1997a: 34) としている。特別学校の存在を肯定する姿勢は、第6章で論述した「ウォーノック報告」の精神を引き継いでいるものと考えられ、インクルーシブ教育を推進する姿勢が読み取れる。

以上、白書で示された政策は、1998年6月の「学校の水準と枠組みに関する法律 (School Standards and Framework Act 1998)」に結実している。

同法は、特別な教育的ニーズのある子どもについて、項目として、明確に触れるのではなく、白書に基づいて、通常学校の全般的な事柄について述べられている (DfEE, 1998a)。

同法では、学校の教育達成水準の向上のために、地方教育当局が学校を管理するなど、地方教育当局の役割が強化されている。清水は、同法について「第一の特徴は、教育改革における LEA の役割と機能の復活と強化といえよう。」(清水, 2002: 156) と指摘している。

また、政府、地方教育当局、学校、教員、親、家族、地域が、それぞれパートナーシップをもとに、協同して教育達成水準を上げていく意図が示されている。

さらに、ブレアの推進しているソーシャル・エックスクルージョン対策として、重点的に教育困難校のある地域における教育達成水準の底上げを狙い、「教育改善地域 (Education Action Zones: EAZ)」の事業を開始することが規定されている。

このように、ブレアは最優先課題として教育問題を取り上げ、積極的に取り組んでいる。サッチャーの教育政策を一部踏襲しつつも、特別な教育的ニーズのある子どもを含む、全ての子どもが将来の国を担う、優れた労働力としての基盤を築くために、教育達成水準の向上を図ることを最大の目標としていたといえる。

白書において、決して多くはないが、特別な教育的ニーズのある子どもや特別学校についても述べられており、教育から排除していない点、教育達成水準を向上する対象として特別な教育的ニーズのある子どもも認識しており、インクルーシブ教育の次のステップへと繋がった点は高く評価できると考える。

第2節　緑書『全ての子どもに卓越さを：特別な教育的ニーズへの対応（Excellence for All Children: Meeting Special Educational Needs）』

ブレアによる教育改革の目標は明確であり、国民の教育達成水準を向上させるというものであった。

先に挙げた白書における、教育達成水準の向上には、特別な教育的ニーズのある子どもに対する教育達成水準の向上も含まれている。しかしながら、白書の中で、特別な教育的ニーズのある子どもについて述べた部分は少なかったといえる。

そのため、特別な教育的ニーズに対応した教育を検討する会議として、「特別な教育的ニーズに関する国家政策協議会（National Advisory Group on SEN）」が設置されている。協議会のメンバーは、教員、障害者団体、地方教育当局、専門家等、多岐に渡り、会議を重ねている。

この協議会の課題は、今後の特別な教育的ニーズに関する教育の方向性を示す施策案を作成することであった。

この施策案が、1997年10月に緑書『全ての子どもに卓越さを―特別な教育的ニーズへの対応―（Excellence for All Children: Meeting Special Educational Needs）』として提示されている。

緑書の冒頭で、ブランケット（Blunkett, D.）教育・雇用大臣は、「大多数の特別な教育的ニーズのある子どもは、大人になった時、経済にも貢献するで

あろうし、社会の一員としても貢献するであろう。学校は、全ての子ども達のこうした役割のために準備しなくてはならない。それが、特別な教育的ニーズのある子どもを可能な限り、仲間とともに教育する強固な理由である。全ての子どもが学校という社会の中に等しく包摂される時、その利益を全ての者が感じることができる。これが、障害者に対する市民権を包括的に、法的強制力のあるものにする理由である。」(DfEE, 1997b: 4) と述べている。

そして、ブレア政権における特別な教育的ニーズのある子どもの達成を改善するための六つの主要なテーマを取り上げている (DfEE, 1997b)。

第一に、特別な教育的ニーズのある子どもに対する高い期待である。

他の子どもと同じように、特別な教育的ニーズのある子どもに対しても、高い期待を示し、教育達成水準の向上のため、就学前の支援など、早期に対応することを明示している。

第二に、特別な教育的ニーズのある子どもの通常学校へのインクルージョンの推進である。

ここで、初めて、インテグレーションではなく、インクルージョンという用語を用いて、インクルーシブ教育の推進を謳っている。

緑書では、「私達は、全ての子どものニーズに対応する過程にある障壁を除去し、特別な支援のネットワークを発展させるために、特別学校の役割を再定義する。」(DfEE, 1997b: 5) として、特別学校の存在意義を強調している。

国内での統合教育の発展、そして、海外の動向の影響も受け、インクルーシブ教育が正式に採用されたのである。そして、子ども一人ひとりのニーズに応えることが最も重要であるとしている。

第三に、特別な教育的ニーズのある子どもの親の権利保障である。

全ての特別な教育的ニーズのある子どもの親が、地方当局やボランティア団体などから効果的な支援を受けること、そして、子どもの教育についての決定に対して、意見を述べる権利があることが明示されている。また、いく

らかの親は、これらの機会にアクセスできるような支援が必要であると述べられている。このように、親の権利が強化されているのである。

　第四に、高価な治療から、費用効果の高い予防と早期介入へと資源を移行し、手続き重視から実践的なサポート重視へ重点を移すとしている。

　実践的なサポートを重視し、特別な教育的ニーズのステイトメントがより実態に即したものとなることが求められている。また、治療ではなく予防で対処しようとする姿勢が見られ、そこから、政府と教育雇用省のいかに効果的に財源を使用するかという考えを読み取ることができる。

　しかし、効果的な財源の使用は、財源を削減する目的のためではないと明記されており、その姿勢は評価できると考える。

　第五に、特別な教育的ニーズのある子どもに対応する教職員の教育機会の拡大である。

　緑書では、「私達は、特別な教育的ニーズにおけるスタッフの発展の機会を増大させなければならない。そして、良い実践が、幅広く広がることを理解しなければならない。そうすることによって、緑書の原則が実践に至ることができるのである。」(DfEE, 1997b: 5) と述べられている。つまり、この緑書の原理を実践に移すことができるように、教職員が学び、良い実践が広まるべきだと指摘されている。

　第六に、地域における特別な教育的ニーズのある子どもに関わる人達の協同を基にした教育的対応の必要性である。

　特別な教育的ニーズのある子どもの教育達成水準の向上を目的として、それに関わる全ての人達が協力していくことが求められている。

　また、ブランケットは、特別な教育的ニーズのある子どもに対する教育の改善を1998年初頭までに求め、「もし、法律を改正する必要があれば、我々は早期にその機会を検討したい。」(DfEE, 1997b: 6) と明言し、法改正の可能性と特別な教育的ニーズのある子どもに対する付加的な支出についても寛大な姿勢を打ち出している。ブランケットの積極的な姿勢は評価できるもので

あり、インクルーシブ教育の前進に多大な影響を与えたと考えられる。

このように、緑書『全ての子どもに卓越さを―特別な教育的ニーズへの対応―』は、公式な文書として初めてインクルーシブ教育の原則採用について公表し、イギリスの障害児教育の大きな転換点であったといえる。積極的に評価できる文書である。

第3節　インクルーシブ教育の推進

先に述べた通り、労働党政権は、緑書において、インクルーシブ教育を推進することを明言している。

緑書では、「我々は通常の初等学校、中等学校に特別な教育的ニーズのある生徒をもっと包摂したいと考える。我々は、ユネスコの1994年の『サラマンカ声明』を支持する。この声明は、各国政府にインクルーシブ教育の原則を採択することを求めている。インクルーシブ教育は、やむにやまれぬ理由がない限り、通常学校に全ての子どもを在籍させることを意味している。このことは、通常学校が様々なニーズのある子ども達への教育的対応を取ることができるように、その力量を漸進的に拡大していくことを意味している。」(DfEE, 1997b: 44) と述べられている。

このことから、緑書は、「万人のための教育」を目指す「サラマンカ声明」の影響を受け、インクルーシブ教育の推進を打ち出していることがわかる。

また、緑書ではインクルージョンについて、「インクルージョンはプロセスであり、固定した状態ではない。それは、可能なところではどこでも、特別な教育的ニーズのある生徒が通常学校で教育を受けるべきであるというだけではなく、彼らが学校のカリキュラムと生活に同年齢の生徒とともに全て参加するべきであるということでもある。…（略）…しかしながら、分離した対応も、特別な目的のためには時には必要となる。そして、インクルー

ジョンは、子どものニーズに合致した指導とカリキュラムを包含しなければならない。」(DfEE, 1997b: 44) と述べられている。

緑書では、インクルージョンはプロセスであると定義されている。イギリスにおけるインクルーシブ教育とは、特別学校を肯定しながら、その専門性を有効な資源として活用し、通常学校へのできる限りの接近を試みるものである。そして、特別な教育的ニーズのある子どもが通常学校へ包摂されることを目指す教育なのである。そのために、通常学校は全ての子どもを包摂できるように教育改革を求められているのである。

筆者は、緑書で示されたプロセスとしてのインクルージョンを高く評価する。特別学校を有効な資源として位置づけ、全ての子どもに教育を受ける権利、発達の保障がなされるべきだと考える。

労働党政権の教育政策は、通常学校と特別学校における教育を断絶するのではなく、連続しているものとして捉え、それらの可能な限りの接近性を追及していることが特徴である。その考えは、「ウォーノック報告」における特別な教育的ニーズがある子どもとない子どもには連続性があり、明確な区別はできないとする考えに通じている。

そして、前述した通り、緑書では、特別な教育的ニーズがある子どもに対する教育の改善に伴う付加的な支出についても述べられている。つまり、政府や教育雇用省として、財源に対しても寛大な姿勢を示しているのである。この点に関しては、サッチャー政権の打ち出していた教育予算削減の姿勢とは異なり、是正されていることがわかる。

イギリスでは、緑書が発表されると、インテグレーションという用語に取って代わって、インクルージョンが主流となって使用されている。インテグレーションは、特別な教育的ニーズのある子どもを可能な限り通常学校で教育するという就学の場の概念として理解されることが多いが、インクルージョンは、通常学校を改革することで、全ての子どもが地域の通常学校で学び、孤立せず、学校文化に参加していくことが意図されている(清水,

2002)。

　すなわち、インクルージョンは、就学の場の概念に矮小化してはならないものであり、全ての子どもが通常学校で必要な支援を受けられることを目指すものである。

　このように、労働党政権では、明確にインクルーシブ教育の原則を打ち出し、その推進へと舵を切っている。政府や教育雇用省としては、全ての子どもを含めた教育達成水準の向上が目的ではあったが、特別な教育的ニーズのある子どもに対する教育が改善され、インクルーシブ教育が推進されたという点で緑書の果たした意義は非常に大きく、「ウォーノック報告」、「サラマンカ声明」とともに、インクルーシブ教育の原点であると考える。

　イギリスの「ウォーノック報告」に端を発したインクルーシブ教育の流れは、「サラマンカ声明」において世界的なものとなり、再び、イギリスの労働党政権における緑書につながっている。「ウォーノック報告」の精神は、常にイギリスの障害児教育政策の根底にあったと考えられ、インクルーシブ教育成立に至る過程から日本が学ぶべき点は非常に多いといえる。

第4節　エックスクルージョンからインクルージョンへ

　先に述べた通り、ブレア政権では、インクージョンの推進が公言されているが、その根底には、対極にあるエックスクルージョンの解消が意図されている。

　ブレア政権は、1997年12月、内閣府に社会的排除と闘う特別機関である「社会的排除対策室（Social Exclusion Unit: SEU）」を設置し、エックスクルージョンと闘い、インクルージョンを推進する考えを前面に打ち出すと同時に、その対応をこの対策室において、一括して行うことにしている。その背景には、EU の政策との整合性やブレア政権における「第三の道」を志向した政策策定が影響を及ぼしていると考えられる。

教育におけるエックスクルージョンは、特別な教育的ニーズに関係したものだけではなく、怠学や成績不振および犯罪などの青少年問題と密接な関係があり、ブレア政権もその対策に乗り出している。

　先に挙げた白書『学校における卓越さ』でも、労働党政権は、教育達成水準の向上を目指すために、犯罪などの青少年犯罪の減少に関わっていくとしている。このことから、労働党が掲げるインクルーシブ教育の対象が、特別な教育的ニーズのある子どもだけではなく、学校から排除される傾向にある全ての子どもを対象としていることがわかる。

　また、先に挙げた緑書『全ての子どもに卓越さを―特別な教育的ニーズへの対応―』では、特別な教育的ニーズのある子どもの中でも特に、情緒と行動上の困難（Emotional and Behavioural Difficulties: EBD）のある子どもに対する対応が取り上げられている。

　緑書では、「学校にとって、情緒と行動上の困難のある子どもは、エックスクルージョンが時には唯一の頼みの綱と見られてきた。」(DfEE, 1997b: 78) と指摘し、情緒と行動上の困難のある子どもの排除が行われてきたことを認めている。

　さらに、緑書では、「正式に子どもが排除されなかった学校でさえ、それらの子どもの多くは、実際上、教育の過程から排除されている。」(DfEE, 1997b: 78) として、結果的に情緒と行動上の困難のある子どもは排除されていることを指摘している。

　つまり、政府や教育雇用省は、問題に対して、対応や改善策を講じるのではなく、子どもを排除する形で対処し、根本的な問題解決に至らず、排除された子どもは放置されてきたのである。

　そして、緑書において、情緒と行動上の困難のある子どもの対策に乗り出すことを明言し、早期発見・早期教育の必要性、教育機関と他の機関との連携についても言及している（DfEE, 1997b）。

　このように、ブレア政権では、エックスクルージョンとインクルージョン

を対の理念として理解し、インクルーシブ教育推進のための施策を打ち出している。それは、「ウォーノック報告」と「サラマンカ声明」の全ての子どもを包摂するという理論を踏襲するものである。全ての子どもの教育を保障したという点で高く評価できると考える。

しかし、同時に、政府や教育雇用省が、学校から排除される子ども達を放置したために、青少年犯罪の増加を助長し、治安が悪化するなどの悪影響を生み出したといえる。そして、その対策を迫られた末の一連の教育改革と考えると、その対応は遅きに失した感があり、早期対応の重要性を思い知らされる点である。

第5節 「特別な教育的ニーズへの対応：行動計画（Meeting Special Educational Needs: A Programme of Action）」

ブレア政権では、先に論述した緑書に対して、多様な専門家達からの意見を集め、1998年11月に、今後3年間の「特別な教育的ニーズへの対応：行動計画（Meeting Special Educational Needs: A Programme of Action）」（以下、「特別な教育的ニーズ行動計画」）を提示している。

「特別な教育的ニーズ行動計画」の前書きでは、ブランケット教育・雇用大臣が、「緑書への反応は、私達の提案が正しい方向に沿っているという強い賛同を示した。」（DfEE, 1998b: 3）として、緑書を基調として、計画を進めていくことを強調している。

また、「私達は、親が望み、適切な支援が受けられる、さらなるインクルージョンの場を認める。」（DfEE, 1998b: 3）と述べ、政府は改めてインクルージョン推進を明言している。

同様に、「特別な教育的ニーズや障害のある子どもを彼等の仲間と共に教育する、強固な教育的、社会的、道徳的根拠がある。これは、インクルーシブな社会の構築の重要な一部である。」（DfEE, 1998b: 23）として、通常学校

におけるインクルーシブ教育は、インクルーシブな社会の構築に繋がるとしている。

「特別な教育的ニーズ行動計画」では、1999年から2002年までの学校における特別な教育的ニーズに関する具体策に対して、数値目標と予算を示している。ブランケットは、「1999年から2000年にかけて、特別な教育的ニーズの支援に対して、事実上それまでの二倍の予算である3,700万ポンドに決定した。それは、我々が特別な教育的ニーズを優先しているという表れである。」(DfEE, 1998b: 3) と述べている。

そして、インクルージョン推進のための法律や規定などの枠組みを再検討するとして、「実施要綱」の改定を行い、2000年から2001年度の間に、新たな実施要綱を実施したいとしている。

さらに、情緒と行動上の困難のある子どもへの教育的対応、および成績向上を目的としたプログラム (Pupil Support Standard Fund Programme) に三年間で5億ポンドの財政支援を行うとし、学校が怠学や破壊的な生徒に対応するための支援を行い、社会的包摂 (Social Inclusion) を推進するとしている (DfEE, 1998b)。情緒と行動上の困難のある子どもへの対応が、重要課題であることが理解でき、「社会的排除対策室」の動きとも連動して、社会や教育から排除される傾向にある子どもをいかに包摂していくのか、積極的に取り組んでいることがわかる。

このように、「特別な教育的ニーズ行動計画」は、特別な教育的ニーズの具体策を示し、その期限と数値目標を掲げたことが最大の特徴である。インクルーシブ教育を理念だけに終わらせず、実行性を明確にしたものであり、その点において高く評価できると考える。

第6節 「2001年特別な教育的ニーズおよび障害法（Special Educational Needs and Disability Act 2001）」

　先に論述した通り、緑書と「特別な教育的ニーズ行動計画」の内容を受け、それらを法制化するために、2001年に「特別な教育的ニーズおよび障害法（Special Educational Needs and Disability Act 2001）」が成立している。同法は、1997年からの労働党政権で進められた特別な教育的ニーズのある子どもに対する教育政策を法的に結実させたものである。

　同法は、大きく二つに区分され、第一部は保守党政権下で成立した「1996年教育法」の第四部の改訂であり、第二部は1995年の「障害者差別禁止法」の修正となっている。

　同法の目的は、「学校と他の教育機関は障害に基づいた差別に対して、対策を講じる」（DfEE, 2001: 1）ことである。

　同法では、特別な教育的ニーズのある子どもの入学にあたっての不利益や差別の禁止、特別な教育的ニーズのある子どもの学校からのエックスクルージョンに対する不利益や差別の禁止、教育や関連サービスにおける差別禁止、などが新たに規定され、多くの条項において、差別の禁止が前面に打ち出されている。

　第1条「特別な教育的ニーズのある子どもの通常学校における教育（Education in Mainstream Schools of Children with Special Educational Needs）」では、「1996年教育法」の第316条が、以下の通り、修正されている。

　　「(1)特別な教育的ニーズのある子どもは、学校で教育を受けなければならない。
　　(2)ステイトメントを持たない子どもは、通常学校で教育されなければならない。
　　(3)ステイトメントを持っていても、以下の条件に矛盾しない限り、通常学校で教育されなければならない。

(a)親の願い
(b)他の子どもに対しての効果的な教育の対応」

(DfEE, 2001: 1-2)

「1981年教育法」・「1996年教育法」の規定では、これらの条件に加えて、資源の有効な活用を妨げないこと、が明記されていたが、「2001年特別な教育的ニーズおよび障害法」では、条件が緩やかになり、通常学校で教育を受ける対象となる特別な教育的ニーズのある子どもの増加が意図されている。

また、第2条「親への助言と情報（Advice and Information for Parents）」では、以下の通り、規定されている。

「(1)地方教育当局は、地域の特別な教育的ニーズのある子どもの親に対して、特別な教育的ニーズに関係した事柄についての助言と情報を提供し、調整しなければならない。」

(DfEE, 2001: 3)

このように、地方教育当局による親への情報提供が強化されており、親の権利が強化されていることがわかる。

さらに、第3条「係争の解決（Resolution of Disputes）」では、以下の通り、規定されている。

「(1)地方教育当局は、学校理事会、地方教育当局と地域における子どもの親の間の意見の不一致を避け、解決するような視点を持って、調整しなければならない。」

(DfEE, 2001: 4)

つまり、学校理事会、地方教育当局と親の連携が目指されていることがわかる。

そして、第17条「特別な教育的ニーズと障害に関わる裁定所（Special Educational Needs and Disability Tribunal）」では、特別な教育的ニーズのある子どもの就学や教育に関わる係争を扱う「特別な教育的ニーズ裁定委員会（SENT）」の名称を「特別な教育的ニーズと障害に関する裁定所（SEN and Disability Tribunal: SENDIST）」（以下、SENDIST）と変更し、SENDISTでは、教育における障害児（者）差別に関する事項も扱うことを規定している（DfEE, 2001）。

第2部第2章「継続・高等教育（Further and Higher Education）」では、障害のある学生と障害があると予測される学生に対して、教育機関が、入学における差別をすることを違法だと規定している。また、それらの学生を非好意的に扱うことを禁止している。

前章で論述した「1995年障害者差別禁止法」においては、学校理事会に対し、「障害に関する声明（Disability Statement）」を公表し、声明には、障害者に関して、学校機関によってなされる教育のための設備の配慮について記述しなければならないとされていたが、「2001年特別な教育的ニーズおよび障害法」は、障害のある学生への差別を禁止しており、大幅に前進したといえる。

このように、「2001年特別な教育的ニーズおよび障害法」は、インクルーシブ教育の原則採用が明示され、その実効性をより確かなものとするために成立した法律である。

また、特別な教育的ニーズのある子どもに関する親の権利がこれまで以上に保障された内容となっている。SENDISTの設置はその最たるものである。さらに、障害のある学生に対して、継続・高等教育機関における差別も禁止しており、「1995年障害者差別禁止法」よりも前進したと評価できる。同法の成立はイギリスにおけるインクルーシブ教育の展開の集大成であり、意義深いものである。

第7節 「特別な教育的ニーズ実施要綱（Special Educational Needs -Code of Practice-)」──「実施要綱」の改訂──

「2001年特別な教育的ニーズおよび障害法」の成立を受けて、特別な教育的ニーズのある子どもの教育的対応を示した1994年の「実施要綱（Code of Practice)」が改訂され、新たに2001年「特別な教育的ニーズ実施要綱（Special Educational Needs -Code of Practice-)」が出された。

前文では、教育技能大臣のモリス（Morris, E.）が、「政府の教育政策は、全ての子どもが、彼等の潜在能力を解放することを助けることに焦点を当てる。私達は、機会の平等と全ての子どもの高い達成を提供する教育サービスを発展させることに取り組む。」(DfES, 2001: ⅰ) としている。そして、「特別な教育的ニーズ実施要綱」は、文字通り、地方教育当局、公立学校、早期教育の場などに対して、特別な教育的ニーズのある子どもの発見、評価、対応のための法定義務を行うための、実践の勧告を提供するものである（DfES, 2001: ⅲ)。

その最大の特徴は、7章で論述した5段階評価の従来のステイトメントの方式を簡素に、利用しやすいものにするために、3段階にしたことである（DfES, 2001)。

従来の5段階方式は、5段階もクリアしなければステイトメントを取得できず、複雑であり、支援を受けるまでに時間がかかり、地方教育当局によるステイトメントの発行が円滑に行われていなかったのである。そのため、より実行性の確かな3段階へ改正し、教員の事務仕事を減らすと同時に、特別な教育的ニーズのある生徒との関わりを増やし、早期発見を促す意図があったといえる。

これにより、特別な教育的ニーズのある子どもは、必要な教育的対応を受ける為に、図8-1の通り、評価されることになった。

第8章 インクルーシブ教育の原則採用 225

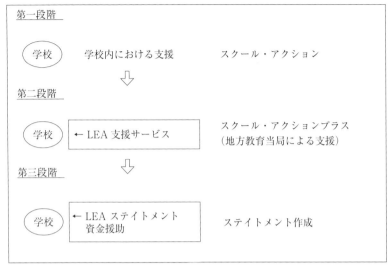

図8-1 特別な教育的ニーズの評価手続き
出典：DfES（2001: 68-73）と熊谷（2004: 72）を参考に筆者作成

　まず、担任、SENCO、および親等が、子どもに特別な教育的ニーズがあると判断した場合、申請を経て、評価手続きに入る。
　第一段階のスクール・アクション（School Action）は、学校内での支援を利用する教育的対応であり、それにより、特別な教育的ニーズのある子どものニーズが満たされない場合は、第二段階のスクール・アクションプラス（School Action Plus）として、地方教育当局の付加的な支援を受ける。
　そして、それ以上の教育的対応が必要な場合は、第三段階としてステイトメントの作成があり、学校はステイトメントの発行を地方教育当局に求め、その申請によって開始される評価手続きを経て、ステイトメントは発行されることになる。
　特別な教育的ニーズのある子どもが、このステイトメントを取得することにより、学校は、特別な教育的対応を行うための資金の割り当てを地方教育当局から受けることができ、ステイトメントはその根拠になるため、非常に

大きな意味を持っているといえる。

また、**表8-1**の通り、2004年の初等学校（小学校）におけるスクール・アクションのある生徒数は全体の11.0％（中等学校では9.6％）、スクール・アクションプラスのある生徒数は5.1％（中等学校では3.9％）、ステイトメントのある生徒数は1.6％（中等学校では2.4％）となっている。

初等学校（小学校）における特別な教育的ニーズのある生徒数は全体の17.7％であり、生徒のおおよそ5人に1人は特別な教育的ニーズがあることがわかる。これは、「ウォーノック報告」における、特別な教育的ニーズのある子どもは5人に1人いるとの推定に合致した結果であり、「ウォーノック報告」の先見性を理解することができる。

このように、「実施要綱」の改定により、ステイトメントの評価の過程が明確になり、特別な教育的ニーズのある子どもの必要に応じて、適切な教育的対応が図られることになったといえる。

さらに、参加や学習への障壁を除去するため、親、学校、地方教育当局、保健・ソーシャルサービス、ボランティア機関が強固に協同する枠組みも示されている。

この後、この「特別な教育的ニーズ実施要綱」がどのように実行に移され、遵守されていくかが、イギリスにおけるインクルーシブ教育発展の鍵と

表8-1　初等・中等学校における特別な教育的ニーズのある生徒数（2004年1月）

	初等学校生徒数	（％）	中等学校生徒数	（％）
スクール・アクション	467,020	(11.0)	318,660	(9.6)
スクール・アクションプラス	218,680	(5.1)	131,470	(3.9)
ステイトメント作成	69,610	(1.6)	78,480	(2.4)
特別な教育的ニーズがない	3,497,230	(82.3)	2,796,340	(84.1)
計	4,252,540	(100.0)	3,324,950	(100.0)

出典：DfES（2004: 9-10）のTable1a・Table2aを基に筆者作成

なっていくのである。

文献
- Department for Education and Employment（DfEE）(1997a) *Excellence in Schools*, H. M. S. O.
- Department for Education and Employment（DfEE）(1997b) *Excellence for All Children: Meeting Special Educational Needs*, DfEE, pp.4-6, p.44, 78, 80.
  "The great majority of children with SEN will, as adults, contribute economically; all will contribute as members of society. Schools have to prepare all children for these roles. That is a strong reason for educating children with SEN, as far as possible, with their peers. Where all children are included as equal partners in the school community, the benefits are felt by all. That is why we are committed to comprehensive and enforceable civil rights for disabled people." (p.4)
- Department for Education and Employment（DfEE）(1998a) *School Standards and Framework Act 1998*, The Stationery Office.
- Department for Education and Employment（DfEE）(1998b) *Meeting the Special Educational Needs: A Programme of Action*, DfEE, p.27.
- Department for Education and Employment（DfEE）(2001) *Special Educational Needs and Disability Act 2001*, DfEE, Part. 1.
- Department for Education and Skills（DfES）(2001) *Special Educational Needs - Code of Practice-*, DfES.
- Department for Education and Skills（DfES）(2004) *National Statistics First Release -Special Educational Needs in England: January 2004-*, DfES.
- 藤井泰（2006）「第7章 教育水準向上のための『優れた学校』―イギリス」二宮皓編著『世界の学校―教育制度から日常の学校風景まで―』学事出版
- 熊谷恵子（2004）「第3章 諸外国におけるLD・ADHD・高機能自閉症への対応―イギリスを中心として―」『LD・ADHD・高機能自閉症への教育的対応・東京都立中野養護学校のセンター化機能の実際―近隣の小中学校への研修支援―』ジアース教育新社
- 大城英名（2003）「イギリスにおける特別な教育的ニーズを有する子どもの指導に関する調査」『主要国の特別な教育的ニーズを有する子どもの指導に関する調査

研究」研究報告書』国立特殊教育総合研究所
（http://www.nise.go.jp/kenshuka/josa/kankobutsu/pub_f/F-101/chapter03/chapter03_e01.html, 2016. 9. 27）
・清水貞夫（2002）「イギリス労働党政権下でのインクルージョンに向けた取り組み」『宮城教育大学紀要』37、p.159, 161
・山口二郎（2005）『ブレア時代のイギリス』岩波書店、pp.10-11

第9章　近年のイギリスにおけるインクルーシブ教育政策の展開

第1節　緑書『全ての子どもが大切だ（Every Child Matters）』

　前章で述べた通り、2001年の「特別な教育的ニーズおよび障害法」によって、インクルーシブ教育は法制化され、強固に推進されることとなった。
　続いて2003年には、緑書『全ての子どもが大切だ（Every Child Matters）』が提出されている。その背景には、子どもが虐待の上に殺害されるという痛ましい事件があった。2000年2月、ヴィクトリア・クリンビー（Victoria Climbié）（当時、8歳）が、保護者の役割を任されていた大叔母とその同居人によって、虐待の上、殺害されたのである。
　この事件は瞬く間に、イギリスにおいて社会問題となり、2001年1月に大叔母等が有罪判決を受けた後、保健大臣（Secretary of State for Health）であるミルバーン（Milburn, A.）と内務大臣（Home Secretary）であり、視覚障害者でもあるブランケット（Blunkett, D.）によって独立した調査委員会（ラミング卿（Lord Laming）委員長）が設置され、2003年に1月に「ヴィクトリア・クリンビー調査報告書（The Victoria Climbié Inquiry, Cm. 5730）」（以下、「ラミング報告」）が提出された。
　「ラミング報告」は、405ページにも及び、1部：事件の背景、2部：ソーシャルサービス機関の証言、3部：医療機関の証言、4部：警察の証言、5部：経験（事件）からの学び、6部：提言によって構成され、ヴィクトリア虐待死事件に至る関係者の証言や詳細な分析がなされている（Lord Laming, 2003）。また、随所に各機関における実践者への提言がなされ、事件を決し

て無駄にせず、今後に生かすという強い決意を感じさせる報告書である。

　はじめに、ヴィクトリアが虐待やネグレクトを受けていた目を覆いたくなるような悲惨な状況が記され、ソーシャルサービス機関、医療機関、警察などの証言を基に、多様な機関が彼女を救う機会が複数回あったにも関わらず、各機関の責任が明確化されていなかったため、彼女を救うことができなかったと指摘されている。

　そして、ラミング報告では、①傷つきやすく、弱い立場の子ども達への早期対応・適切な介入、②各機関・部門のトップに立つ者は責任を持って調査を行うこと、③傷つきやすく、弱い立場の子ども達の支援に対して、誰が責任を負っているかを、あらゆるレベルにおいて明確にすること、④各機関の協同、などが最も重要な改善点であるとしている。

　また、国家レベルでは、新たに「子どもと家族の委員会（Children and Families Board）」を政府の中心に設置することとし、同じく新たに「子どもと家族のための国家機構（National Agency for Children and Families）」を設置し、「子どもと家族の委員会」に対し、子どもと家族に影響を与える政策の変化について、助言を与えるとの提言がなされている。

　「ラミング報告」は、子どもに関わる各機関の実践に対する提言はもちろんであるが、「子どもと家族の委員会」の名称からも明らかな通り、傷つきやすい立場にある子どもだけではなく、その家族全体を包摂する形での政策の立案を求めている。その点が特徴であり、評価できるものである。本研究の主題であるインクルーシブ教育政策だけではなく、子どもと家族を社会で支えようとするインクルーシブな社会構築を目指す姿勢が同報告書に垣間見られる。

　「ラミング報告」の提出を受け、政府は子どもに対する政策の見直しが必要となり、2003年9月に緑書『全ての子どもが大切だ（Every Child Matters）』を議会に提出している。

　同緑書の冒頭でブレア首相は、ヴィクトリア虐待死事件に触れ、「我々は

全員で必死になって、人間として可能な限り確実に危険を小さくするための、人々、実践、政策を見出したい。」(DfES, 2003: 2) として、危険にさらされている子ども達の人生の可能性を改善しようとする方針を打ち出している。

同緑書の取りまとめをした財務省主席政務官のボーテン (Boateng, P.) は、アフリカ系の血筋をもち、マイノリティーの支援に力を入れている人物である。

彼は、同緑書の大きなテーマとして以下の四点挙げている。

①家族とケア提供者へのサポートを増やすこと、②危機的なポイントに直面し、また支援の網の目から落ちてしまう子ども達への必要な介入を保障すること、③「ラミング報告」の中で、認められた強調すべき問題—弱い責任の所在、貧しい連携—に焦点を当てること、④子どもに関わっていく人々は、その価値と報酬が保障され、訓練を確実に受けること、である (DfES, 2003: 4)。

このように、子どもだけではなく、子どもに関わる人々、いわゆる家族とケア提供者への支援が重要視されていることが特徴であり、ケア提供者への報酬や訓練を保障する点は、理論だけではなく、実践も重視した視点であり、示唆に富むと考えられる。

同緑書では、「我々の目標は、子どもや青年の間の教育からの脱落、不健康、薬物誤用、十代の妊娠、虐待、ネグレクト、犯罪、反社会的行動を減らすことによって、全ての子どもが彼等の潜在能力を満たす機会を持つことを確保することである。」(DfES, 2003: 6) と述べられている。

そして、**表9-1**の通り、同緑書では「到達すべき最も重要な五つの成果」が指摘されている。

このように、子どもや青年が環境要因によって、人生の可能性を閉ざされないこと、社会に包摂されることが目標とされている。

そして、到達すべき成果のために、四つの提言がなされている。①親とケ

表9-1　到達すべき最も重要な五つの成果

到達すべき成果	内容
健康でいること	身体的、精神的に健康であり、健康的な生活様式で生活すること
安全でいること	悪やネグレクトから守られること
楽しみと到達	人生を最大限に生かし、大人になるためのスキルを発達させること
ポジティブな貢献をすること	地域と社会に参加し、反社会的、攻撃的な態度を取らないこと
良い経済状況であること	経済的な不利によって、人生の全ての可能性への到達を妨げられないようにすること

出典：DfES（2003: 6-7）の文章を基に筆者作成

ア提供者への支援、②早期介入と効果的な保護、③責任と統合―地域・地方・国家―、④子どもに関わる全労働者の刷新改革である（DfES, 2003: 7-11）。

　まず、「①親とケア提供者への支援」であるが、政府は支援が必要で不足している子どもの生活を改善するアプローチの中心として、親とケア提供者の支援を行うとしている。

　政府は、今後三年間に2,500万ポンド（約48億円）の子育て支援基金を創出することを宣言した。そして、専門家の支援が必要な子どもは、付加的な支援を受けられるとしている。

　「②早期介入と効果的な保護」については、初期の問題において子どもがサービスを受けられるように保障することが鍵だとしており、子どもが支援の網の目から落ちないようにするとしている。

　また、全ての地方当局は、子ども各々のサービス内容や彼等に関係している専門家の詳細について、地域の子どもリストを作成し、情報の共有を改善するとしている。そして、情報の重複を避けるために、各地方当局が特別な教育的ニーズのある子どもに関わる情報の収集と共有についての責任を持ち、一般的な評価枠組みを発展させることとした。

「③責任と統合―地域・地方・国家―」については、子どもを政策の中心に置くこととし、彼等のニーズに応じたサービスを提供するとしている。また、各機関の障壁を壊すためには急進的な改革が必要であるとしている。

政府の目標としては、一人の人間が、地域・地方・国家にまたがり、子どもの生活改善のための責任を持つべきであるとしている。

さらに、子どもへの主要なサービスは、全ての段階において、一つの機関に統合されるべきだとしている。このことから、責任の所在の明確化を図ろうとしていることがわかる。

そして、子どもを支援する組織である「子どもトラスト（Children's Trusts）」の一部として、子どもサービスの長官職（Director of Children's Services）を作り、地方当局の教育と子どもへのソーシャルサービスに責任を持つこととした。

また、地方における統合を支援するために、政府は教育技能省内に新たに「子ども・青年・家族のための大臣（Minister for Children, Young People and Families）」を設け、政府内の政策を横断的に調整するとしている。

加えて、子どもや青年の考えを聞き取り、その代弁者となる「子どもコミッショナー（Children's Commissioner）」を設置することとした。子どもを権利主体として捉えた明確な提言がなされており、この点は同緑書の最大の特徴であるといえる。特に、子どもや青年の代弁者となる「子どもコミッショナー」の制度は、子どもや青年の意見を制度・政策に取り入れる上で、有効であると思われる。子どもコミッショナーは、大臣を通して議会に年間報告書を提出することになっている。

ガーナー（Garner, P.）は、子どもコミッショナーの制度などに関して、「これら全ての構想は、受け身の存在としての子どもや親の所有物としての子どもからの転換を示唆している。」（Garner, 2009: 8）と評価しており、子どもに関する制度の大きな変革であったことがわかる。

「④子どもに関わる全労働者の刷新改革」については、子どものために働

く人々の安全や彼等の人生を最大限生かせるように支援をするとしている。また、困難であり、チャレンジが必要な仕事に従事している彼等に感謝の意を表したいとしている。

さらに、異なる専門的な背景を持つ人々の特別なスキルを評価し、専門家間の協同を妨げる障壁を壊し、就職やそれを維持する課題に取り組みたいとしている。その上で、刷新改革のゴールは、魅力的な高い地位、かつ、キャリアがある者が子どもを支援することであり、高いスキルと柔軟性がある労働者へと発展させることであるとしている。

そのために、政府は、教育技能省内に「子どもに関わる労働者係（Children's Workforce Unit）」を設置し、子どもに関わる労働者のための戦略を進めるとした。また、他の機関との横断的な活動をすべく、「子どもと青年に対するサービスのための技術審議部門（Sector Skills Council for Children and Young People's Services）」を設置するとした。総括すると、子どもに関わる労働者として、横の連携を円滑に取ることができる専門性の高い人物を求め、その養成を目標としていることがわかる。

以上、同緑書は、「ラミング報告」において詳細に分析されたヴィクトリア虐待死事件に真摯に向き合い、子どもの権利や社会的包摂という視座から提言を出している点において、高く評価できるものである。

これらの提言は、多くの機関が関わっていても、責任が明確化されていなかったために起きた事件の反省を踏まえており、家族全体を支えること、情報を共有すること、横の連携を取ることなどが強調された内容となっている。

とりわけ、子どもの背景にある家族の状態について焦点を当て、親を含めて支援の対象としたことは特筆すべきことである。つまり、子どもの支援だけで問題が解決する訳ではなく、子どもを取り巻く環境要因に踏み込むことが必要だとする政府の考えが読み取れる内容である。

また、子どものケアにあたる労働者に対しても敬意を表し、専門性の向上

と各機関の連携を目指している点も示唆に富むと考えられる。

　同緑書の課題としては、課題解決に取り組む委員会・部門などの設置が多数提言されている点が考えられる。各々の委員会・部門の設置理由は明快であり、理論としては理想的かつ崇高であるが、小委員会が乱立することで更なる混乱を引き起こすようにも思われる。しかしながら、イギリスは政策を実践に移した時に生じる課題に対して、その都度修正を加えて進んでいくため、同緑書は総じて意欲的な内容であるといえる。

　政府は、実践者、政策立案者、子ども、青年との協力を推進することを意図し、同緑書に対する意見を彼等から幅広く求めるとしている。政策を実践に移していくのは実践者であり、また同緑書の提言の最優先事項は、子どもと青年に関する事柄であるからである。そして、協議を重ねた上で、法制化へと移行することとなる。

第2節　「2004年子ども法 (Children Act 2004)」
──子どもの権利強化──

　緑書「全ての子どもが大切だ」における提言と協議の結果、政府は「2004年子ども法 (Children Act 2004)」を成立させている。同法は、「1989年子ども法」の内容を全面的に改正したものではなく、新たな条文が追加されたものである。

　「2004年子ども法」の最大の特徴は、緑書の提言を受け、「子どもコミッショナー」の職が規定されたことである。

　条文の第1部「子どもコミッショナー」、第2条「一般的な職務」の（1）では、「子どもコミッショナーは、イギリスにおける子ども達の考え方や興味に対する意識を高めるという職務を持つ。」(DfES, 2004a: 1) として、子ども達の考え方や興味をもとに、政府に助言を与える役割を課している。そして、子ども達の意見を代弁すると同時に、子ども達と協同していく立場であ

ることが明記されている。
　第2部では、「イギリスにおける子どもへのサービス」について述べられている。そこで強調されているのは、子どもが健康で幸福でいられるように、地方当局や子どもへのサービスに関わる各機関が協同することである。
　第10条「福祉を改善するための協同」の(2)において、以下の通り述べられている。

　　「(1)イギリスにおける子どもへのサービス当局は、以下の機関との協同を促進する措置を講じなければならない。
　　(a)地方当局
　　(b)各々の地方当局に関係するパートナー
　　(c)地方当局が適切と認めた個人と団体、既に機能している個人や団体、地方当局の地域において子どもに関係して活動している個人や団体
　(2)この措置は、以下の事柄に関係する限りにおいて、地方当局の地域における子どもの福祉を改善するという考えのもとに策定される。
　　(a)身体的・精神的に健康であり、情緒的にも健康であること
　　(b)悪やネグレクトから守られること
　　(c)教育、訓練、娯楽があること
　　(d)彼等から社会への貢献がなされること
　　(e)社会的にも経済的にも健全であること」
　　　　　　　　　　　　　　　　　　　　　　　　　　（DfES, 2004a: 7）

　このように、子どもを健全に育成するために、地方当局をはじめとして、各機関の連携が求められたのである。
　また、第10条の(9)では、特別な教育的ニーズについて述べられており、学習に困難を抱えた青年に関しては、19歳以上25歳未満まで引き続き支援の対象になるとしている。特別な教育的ニーズのある青年に対して、25歳までの長い期間を通して継続した支援がある点は大きな特徴であり、評価できる点である。

そして、第11条「安全保護と福祉の推進の計画」として、国民保健サービスをはじめとする医療との連携や警察との連携について規定されている。ヴィクトリア虐待死事件において、各機関の連携が欠如していた点が原因の一つとして挙げられていたが、この安全保護の規定は、その反省に基づいているといえる。

　第12条では、「情報データベース」の作成が規定されている。このデータベースは、子どもへのサービス当局に対して、子どもの基本情報やどのような支援計画が提供されているのかを記載することで、その情報の一元化を求めたものであるといえる。

　第13条では「地方安全保護児童理事会（Local Safeguarding Children Boards）の設立」として、各々の子どもサービス当局に対して、同理事会を設立しなければならないとした。第14条「地方安全保護児童理事会の機能と手続き」の通り、その設立の目的は、地域における子どもの安全保護と福祉を促進し、各機関の調整や有効に機能しているかを検証することである。

　第20条では、「合同地域における調査」として、地域における子どもサービス機関において、どのように子どもへの支援がなされているか査察することとし、その枠組みを主席学校査察官が考案するとした。

　さらに、第22条「協同と委任」では、地域における子どものサービスへのアセスメントについても、地域で協同して行うとしている。これは、子どものサービスへのアセスメントについて、各機関によって違いがあったという反省を踏まえてのものである。

　以上、「2004年子ども法」では、緑書によって提言されたヴィクトリア虐待死事件の反省を踏まえ、子どもを権利の主体として捉えること、子どもの安全保護と福祉を促進することが規定されている。

　また、地域全体で協同しながら、子どもを支えていく方向性にあり、各機関の連携が強調されている点が評価できる点である。

　加えて、特別な教育的ニーズのある青年に対しては、対象年齢を19歳以上

25歳未満まで、継続した支援を受けられると規定した点に配慮が見られた。

しかしながら、地方当局と子どもへのサービスに関わる各機関の連携については強調されているが、それらと学校との関係について触れられていない点が課題であるといえる。教育と福祉の横の連携は重要であり、その点についての言及が必要であったと考える。

第3節 緑書『全ての子どもが大切だ：子どものための変革 (Every Child Matters: Change for Children)』

「2004年子ども法」の制定を受け、教育技能省は具体的な枠組みと指針を示すため、2004年に緑書『全ての子どもが大切だ：子どものための変革 (Every Child Matters: Change for Children)』を発表している。

前書きでは、「政府は全面的に、各々の異なる限界はあるが、子どもや青年、彼等の家族の生活の改善のために共に働いていく。我々は、全ての子どもと青年が、彼等の可能性を満たし、彼等が直面する障害を乗り越えられるように、サービスの質とアクセシビリティと一貫性の変革をすることを決定した。」(DfES, 2004b: 2) と述べられている。

この前書きから、「2004年子ども法」だけではなく、同緑書において、それをどのように実践に移していくか、また具体的なサービスの提供について考えられていることがわかる。

そして、同緑書では、「我々が機会を増大させ、リスクを最小にするために、子どもと青年のニーズに関わるサービスを構築する地方の変革計画のため、国の枠組みを策定する。」(DfES, 2004b: 2) としている。

前書きの後には、子ども・青年・家族のためのサービス運用を調整する多数の大臣の署名が、顔写真と共に掲載されており、政府横断的に力を入れて取り組んでいく姿勢が感じられる緑書である。

「2004年子ども法」では、「ラミング報告」において勧告された子ども支援

第9章　近年のイギリスにおけるインクルーシブ教育政策の展開　239

の制度である「子どもトラスト」の設置が定められている。

「子どもトラスト」では、地方当局、各種機関が協同し、子どもや青年への支援を展開し、サービスを提供するとしている。

同緑書では、「子どもトラスト」の活動概念図が、図9-1の通り、示されている。

図9-1では、子どもと青年への成果、そして、それを取り巻く親、家族、地域への成果を中心に置き、様々な関係機関が協同する統合的な現場におけるサービス提供が必要であると示されている。そして、そのためには統合的なプロセスや戦略が必要であり、協同していく関係機関の管理も必要となる。

これは、子どもと青年に対する支援の全体的なシステム変革モデルであり、抜本的な改革を地方当局は求められているのである。関係機関の横のつながりや協同が重視され、子どもや青年だけではなく、彼等を取り巻く親、

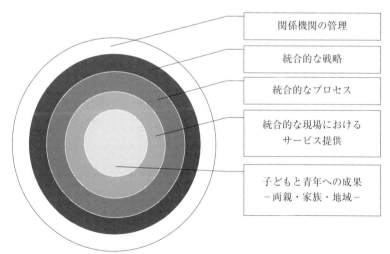

図9-1　子どもトラストの活動概念図
出典：DfES（2004b: 6）の図 "The Children's Trust in Action" を基に筆者作成

家族、地域を全て包括した形での支援が強調されている。実践上の枠組みや指針を明示するために同緑書は発表されており、「2004年子ども法」が机上の空論にならないように熟慮されたものであるといえる。

そして、特別な教育的ニーズや障害のある子どもに関しては、2004年に教育技能省から「達成のための障壁の除去—特別な教育的ニーズのための政府戦略—（Removing Barriers to Achievement -The Government's Strategy for SEN-)」が出されている。

前書きでは、教育技能大臣のクラーク（Clarke, C.）が、「教育は、全ての子どもにとって、良い将来のための鍵となる。…（中略）…しかし、特別な教育的ニーズや障害のある子どもは、適切な教育や支援を受けるにあたって、多くの障壁が立ちはだかっている。そして、彼等が受けることができる支援は、彼等のニーズよりもどこに住んでいるかに関わっている。」(DfES, 2004c: 4) と述べられている。

ここで指摘されている教育や支援の地域格差の問題はよく指摘され、改善が求められてきた点である。下院教育技能委員会の文書では、「特別な教育的ニーズの戦略は、『親は、学校、地方当局、ソーシャルサービス、保健サービスからの利用可能な支援において、頻繁に'ポストコード・ロッタリー（Postcode Lottery)'に直面してきた』ことを認めた。」(House of Commons Education and Skills Committee, 2006: 41) と述べられている。この'ポストコード・ロッタリー（Postcode Lottery)'とは、居住している地域によって、支援やサービスの地域格差があることを意味する言葉である。つまり、クラークは、今後はその地域格差の障壁を除去しようと述べているのである。

そして、地域格差を含む多様な障壁を除去するために、特別な教育的ニーズや障害のある子どものための政府方針として、**表9-2**の通り、国が主導する四つの主要な領域における計画を明らかにしている。

このように、国が主導して、特別な教育的ニーズや障害のある子どもに対して、四つの主要な領域における意欲的な計画によって、国と地方が共に、

表9-2　四つの主要な領域における計画

領域	内容
早期介入	学習における困難さがある子どもは、できる限り早く、彼等が必要としている支援を受けられるようにし、特別な教育的ニーズや障害のある子どもの親は、適切な保育を利用できるように保障する
学びへの障壁の除去	全ての学校において、初期段階でインクルーシブな実践を組み込む
期待と達成を高める	教育の技術と特別な教育的ニーズのある子どものニーズに対応できる戦略を向上させ、子どもの発達に焦点を当てていく
協同体制の改善の実現	親が、子どもが必要としている教育を受けられるという自信を得られるように、協同体制を現場主義で改善していく

出典：DfES（2004c: Intro.）の文章を基に筆者作成

継続的に改善していくことが主張されている。

なかでも、「学びへの障壁の除去」では、インクルーシブ教育について述べられている。そこでは、2001年の「特別な教育的ニーズおよび障害法」において、特別な教育的ニーズや障害のある子どもも通常学校において教育をうける強固な権利が与えられており、インクルーシブ教育は推進されているが、より専門性の共有化が必要であると指摘されている。

そのため、「特別学校は、最重度や複雑なニーズのある子どもに対しての教育を行うと共に、通常学校におけるインクルージョンを支援するために、彼等の専門家としての技術と知識を分けることを期待する。」（DfES, 2004c: 26）として、特別学校の存在意義を高く評価すると同時に、専門性の共有化を求めている。

また、「親が、自信を持って、彼等の子どもが良い教育を受けられる地域の通常学校を選択できるように、また学校社会の価値ある一員であると自信を持てるように期待する。」（DfES, 2004c: 26）としている。

つまり、特別学校の存在を肯定しながら、通常学校におけるインクルーシブ教育推進を明言している。そして、そのために、地方当局や保健サービス

など、各機関とも協同していくことに重きが置かれているのである。

さらに、特別な教育的ニーズや障害のある子ども・青年の移行支援の問題についても指摘されており、多数の専門家の関与が必要であるとされている。**表9-3**は、特別な教育的ニーズや障害のある青年の移行についての調査結果であり、教育や雇用への移行が上手く進んでいるかを明らかにしたものである。

教育、訓練、雇用のいずれの状態でもない青年は、17歳以降、23％から24％で横ばいとなっており、義務教育修了後の彼等を教育、訓練、雇用に取り込んでいく必要があると考えられる。

政府は、子どもから大人への移行計画は重要であり、専門家の専門性を改善し、学校、地方当局、他の機関の支援をしながら、移行計画の質の改善を政府横断的に行っていくとしている。

そのため、政府は、2000年に国によって設立され、移行支援を行っている「コネクションズ・サービス（The Connexions Service）」の専門性を共有しな

表9-3　特別な教育的ニーズや障害のある子ども・青年の移行に関する調査

	教育を受けている（％）	訓練を受けている（％）	雇用されている（％）	教育、訓練、雇用のいずれの状態でもない（％）
16歳 （2002年のデータ）	67％	11％	10％	13％
17歳 （2001年のデータ）	56％	10％	12％	23％
18歳 （2002年のデータ）	35％	8％	35％	23％
19歳 （2001年のデータ）	33％	13％	30％	24％

出典：DfES（2004c: 68）の表を基に筆者作成

がら、移行支援を改善していくとしている。「コネクションズ・サービス」では、13歳から19歳の子ども・青年、および学習困難や障害のある13歳から25歳までの子ども・青年の移行支援を行っている。

また、子どものための国家サービスの枠組みを通して、子どもから大人への順調な移行支援の「国家基準」を設けるとしている。

このように、義務教育修了後の移行支援は社会におけるインクルージョンを考える上でも極めて重要であり、インクルーシブ教育の重要性と共に、主要な計画に取り入れられていることは評価できると考える。

第4節 「子どもと学習者のための五ヶ年計画 (Five Year Strategy for Children and Learners)」

教育技能省は、「達成のための障壁の除去―特別な教育的ニーズのための政府戦略―」の内容を受け、2004年に「子どもと学習者のための五ヶ年計画 (Five Year Strategy for Children and Learners, Cm. 6272)」(以下、「五ヶ年計画」)として、2004年から2008年の五年間における教育政策を数値目標と共に発表している。

「五ヶ年計画」では、以下の通り、第3章の「小学校」において、"Children with Special Educational Needs"として、特別な教育的ニーズのある子どもについて述べられている。

> 「17. 我々は、新しい特別な教育的ニーズのある子どもへの戦略達成の障壁を取り除くことに着手する。それは、教員と他の専門家が正しいスキルを持ち、どのように我々が、全ての子どもが彼等の発達可能性を完遂できるように支援するかを確実にしていくかである（初等学校でも中等学校でも）。我々は、両親が子どもの達成度についてよく知らされ、教育的支援の質について信頼感が持てるように保障していく。
> 18. 我々は、通常学校と特別学校の間にある分離を壊し、全ての子どものニーズ

に見合った統一されたシステムを構築する。特別学校は、重複障害者、重度の特別な教育的ニーズのある子どもにとって重要な役割を果たし、インクルージョンを支援するために他の学校と専門性をシェアするのにも重要な役割を果たしている。」

(DfES, 2004d: 37)

　上記内容の中では、インクルージョンという文言を用いて、特別学校の専門性を指摘した上で、通常学校と特別学校の協同について述べられている点が特徴である。また、特別学校と通常学校の間にある分離を壊していくという表現は、インクルーシブ教育の推進が強く意識されているといえる。

　さらに、政府の方針として、特別学校の専門性を積極的に評価し、その存在意義を認めているため、フル・インクルージョンの論者が求める特別学校の解体ではなく、プロセスとしてのインクルージョンが引き続き採用されていることがわかる。

　加えて、第5章「中等教育年限における個人化と選択 (Personalisation and Choice in the Secondary Years)」において、過去のシステムによって十分に支援が受けられなかった特別な教育的ニーズのある生徒に対して、付加的な支援を与えるとしている (DfES, 2004d: 60)。

　「五ヶ年計画」の課題としては、上記の通り、特別な教育的ニーズのある子どもについて述べられているものの、具体的な記述がないため、特別な教育的ニーズのある子どもの発達可能性をどのように満たしていくのか、どのように特別学校の専門性を生かしていくのかなど、より深く彼等に関する枠組みや指針が示されるべきであったと思われる。

　「五ヶ年計画」発表の二年後、2006年には「五ヶ年計画—卓越した発展の維持—(The Five Year Strategy for Children and Learners: Maintaining the Excellent Progress)」が発表され、教育政策の進捗状況や数値目標の達成度合いについて述べられている (DfES, 2006a)。

小学校の学習達成度については、数値目標も順調に達成しており、地方の関係機関の実践上の努力が認められる内容である。

また、政府の教育支出に関わるデータも掲載されている。とりわけ、厳しい経済状況下においても、国内総所得における教育支出は1996年～1997年度においては4.7％だったが、2007年～2008年度には5.6％になる予定であり、政府が教育を重視していることがわかる（DfES, 2006a: 4）。

特別な教育的ニーズのある子どもに関する記述としては、「多くの特別な教育的ニーズのある子どもを含む、傷つきやすい学習者のグループの達成度は改善している。過去2年間、キー・ステージ1の算数でレベル2以上に到達している子どもの割合は1％改善しており、キー・ステージ2の終わりにレベル3以上に到達している子どもの割合は0.3％増加している。」（DfES, 2006a: 15）として、五ヶ年計画の成果が、キー・ステージ[1]の達成を基準として述べられている。このように、特別な教育的ニーズのある子どもの学習上の発達にも着目している点は評価に値する。また、今後も個人のニーズを重視し、親との協同と支援を強化すると述べられている点も評価できる。

しかしながら、特別な教育的ニーズのある子どもについて触れられている箇所が限られている点が課題である。総じて意欲的な内容ではあるが、障害のない子どもだけではなく、特別な教育的ニーズや障害があっても、子どもは適切な支援を得ることができれば着実に発達していくという視点をより強く打ち出すべきだったと思われる。

第5節 「特別な教育的ニーズ（SEN）」に関する議論

前節で述べた通り、子どもとその家族に対する政策は年々充実していったが、社会情勢に目を向けると、イラク戦争への参戦など、国民を不安にさせる事態が続いていた。

ブレア首相は、2001年の総選挙でも大勝したが、2003年のイラク戦争にア

メリカのブッシュ大統領に請われて参戦し、国民の支持を急激に落としたといえる。2003年2月には、全英で反戦集会も開かれ、反戦を主張する閣僚の辞任も相次いだが、ブレア首相は戦争に加わる意思を変えなかった。その後、2005年の総選挙でもブレア首相は辛勝したが、労働党は議席を五十以上減らすなど、政権は苦しい状況に追い込まれていた。

そのような中、インクルーシブ教育の礎ともいえる「ウォーノック報告」を発表した障害児（者）教育調査委員会の委員長であるウォーノックが一本の論文を発表している。

その論文は、1978年の「ウォーノック報告」により導入された概念である特別な教育的ニーズの見直しを約三十年ぶりに政府に求めるものであった。2005年に発表された論文は、"Special Educational Needs: A New Look"である。題名の通り、まさに新たな視点を示そうとしたものである。

ウォーノックは同論文において、「私は、障害児（者）教育調査委員会の委員長であったが、それから三十年以上経過し、徹底的な見直しの時期が来たと確信している。特別なニーズ教育は、特別な教育的ニーズのステイトメントという極めて重要な概念と共に、近年厳しい批判の的となっている。」(Warnock, 2005: 11-12) と述べている。

つまり、この論文は、批判の的となっているステイトメント制度を生み出したウォーノック自身が、その批判に答える形で自身の見解を述べたものである。そして、ステイトメント制度を中心に、政府にインクルーシブ教育政策の見直しを求めた内容となっている。

ウォーノックは、「ステイトメント発行を決定する基準が曖昧であり、そのため、同等のニーズのある子どもが全く異なる支援を受けるかもしれない。」(Warnock, 2005: 24-25) と問題を指摘し、そのステイトメント制度を生み出した委員会の委員長であった自分にいくらかの責任を感じていると述べている。

ウォーノック委員会では、当初、ステイトメント制度を利用するのは特別

学校に在籍する重複障害児や重度の障害児を中心に想定していたが、インクルーシブ教育という新たな流れと共に、通常学校においても特別学校と同様の支援を望み、ステイトメントを求める親が増加したのである。つまり、親は、特別学校と同等の支援を通常学校に求めたのである。

親が通常学校において、ステイトメントを強く求めた背景には、「特別学校は、『重度重複障害児』の最後の受け入れ場所とされている。それ以外の子ども達は特別学校には入れず、何としても通常学校で教育することを目的としなければならないのである。」(Warnock, 2005: 29) とする政府の見解とインクルーシブ教育のあるべき理想があったことが指摘されている。

また、折しも1980年代から1990年代は、地方教育当局も財政難の最中にあり、ステイトメントの要求は増加する一方で、十分な追加予算が学校側に付与されなかったのである。

さらに、ウォーノックは、「現行のシステムが不必要にお役所的であり、親と学校と地方教育当局の間に敵意を起こしがちである。」(Warnock, 2005: 25) と指摘している。これらのことを踏まえて、ウォーノックは、ステイトメント制度の再検討を求めている。

また、ウォーノックは、インクルーシブ教育について、「全ての子どもが共通の教育計画の中に包摂されることであり、ひとつ屋根の下に包摂されることではない。」(Warnock, 2005: 33) として、フル・インクルージョンの推進に消極的な姿勢を示している。

その上で、「私達が守らなければならないことは、彼等の学ぶ権利であり、他の子どもと同じ環境で学ぶ権利ではない。」(Warnock, 2005: 36) として、ステイトメント保持者に限定した小規模な「特別専門学校(Specialist School)」の設置を望むとしている。例えば、IT教育など専門的な知識を教える小規模の特別専門学校などである。

ウォーノックは、「『特別専門学校』という呼称を用いたのは、『特別学校』という名前は、親に、できれば子どもをそこに送りたくないという不安

な気持ちにさせてきたが、『特別専門学校』の方が、聞こえが良く、親にいくらかの尊敬の念を抱かせることができるから」(Warnock, 2005: 39) であるとして、親の視点に立った指摘をしている。

この後、当然ながらウォーノック論文の反響は大きく、様々な議論がなされている。2005年6月10日のガーディアン紙 (The Guardian) において、全英 SEN 協会 (The National Association of Special Educational Needs) (以下、NASEN) の協会長であるソルト (Salt, J.) は、ウォーノック論文における「特別学校は収容施設、病院、デイケアセンターと大差ないと見なされている。」(Warnock, 2005: 20) とした意見を退けた。ソルトはウォーノックの意見に強く反論し、「特別学校は重要な教育的機能を提供していると見なされている。」(Bawden, 2005) と主張している。

また、ソルトは、ウォーノックが、今になって通常学校において特別なニーズ教育を提供するという価値観を180度転換したことに疑問を呈している。そして、ソルトは、「利用可能な資金があり、親や子ども達が支援を受け、教職員が適切な訓練を受けることができる限り、インクルージョンそれ自体は問題ではない。」(Bawden, 2005) と述べている。

ノーウィッチ (Norwich, B.) は、2010年に "A Response to 'Special Educational Needs: A New Look'" と題する論文を発表し、ウォーノック論文の分析と反論を行っている。

ノーウィッチは、ウォーノックのインクルーシブ教育は全ての子どもがひとつ屋根の下に包摂されることではないとする主張に対して、「『ひとつ屋根の下』とは、障害者が積極的に社会の参加者となることを学び、また障害のない者が障害者による貢献に敬意を表し、高く評価することを学ぶために必要となる状況だと考えることもできたのではないか。」(Norwich, 2010: 77) としてウォーノックに反論し、インクルーシブ教育の有効性を指摘している。

さらに、ステイトメント制度に対しては、「このような問題は、制度の運用の改善と、手続きの明確化、細分化によって対処可能である。」(Norwich,

2010: 96）として、全国的な基準を設けることを提案している。そして、ノーウィッチは、「インクルージョンと特別学校に関する一般論を越えて、付加的な教育支援の未来を、通常の教育制度改革と接続して見るべきだということである。」（Norwich, 2010: 109）と結論付けている。

　このように、ウォーノック論文は現行のインクルーシブ教育政策に一石を投じたといえる。ウォーノックとしては、特別な教育的ニーズとステイトメント制度の導入から約三十年が経過し、その見直しやインクルーシブ教育の限界性を指摘したかったのであろうが、彼女自身がステイトメント制度の見直しの具体案を提示しているのではなく、政府へ再検討を求めることに終始している。

　また、「ウォーノック報告」は、インクルーシブ教育の基盤ともいえるものであり、その委員長が今になってインクルーシブ教育に消極的な姿勢になっていることはとても残念なことである。「ウォーノック報告」における勧告は、ステイトメント制度の曖昧さはあったものの、革新的で評価できるものであり、今回のウォーノック論文において、インクルーシブ教育の限界性を指摘するには時期尚早だと思われる。

　ウォーノックの論文が発表された背景には、政府が主導したインクルーシブ教育政策が先行した形になり、通常学校に多くの特別な教育的ニーズのある子どもが在籍するようになったが、実践を担う通常学校がそれに対応しきれなかったという政策と実践の乖離があったと思われる。加えて、ステイトメント制度の全国的な基準がなく、地方当局によって提供される支援に差異があったため、教員と親と地方当局の対立が続いていたという問題もあった。ウォーノック論文に関わる様々な議論は社会全体に広がり、この後、政府は対応を迫られていくことになる。

第6節　特別な教育的ニーズの再検討

ウォーノック論文の議論を受け、政府は下院教育技能委員会（House of Commons Education and Skills Committee）を設置し、2006年に報告書「特別な教育的ニーズ（Special Educational Needs）」（以下、「SEN 報告」）を提出している。

「SEN 報告」では、ステイトメント制度、特別な教育的ニーズ、インクルーシブ教育政策の再検討がなされている。

冒頭の「SEN 報告」の要旨では、「2005年、イギリスの学校において、約18％の生徒が何らかの特別な教育的ニーズを持っている（150万人）。そして、3％の子ども（25万人）がステイトメントを持ち、1％の子ども（9万人）が特別学校に通っている。」（House of Commons Education and Skills Committee, 2006: 5）としている。

そして、多くの子どもが適切な環境において、ニーズに見合った教育を受けている一方で、現行制度では、子どものニーズを満たすことができない困難に直面している多くの親がいることを明らかにしている。

また、インクルーシブ教育政策に関しても、2005年のウォーノック論文の通り、通常学校に子どもを入学させることを強いることで、結果的に子どもと親を苦悩させることに繋がることが報告されているとしている。

「SEN 報告」では、ステイトメント発行の手続きで、子どものニーズに見合った支援を得るために、親が SENDIST（Special Educational Needs and Disability Tribunal）（特別な教育的ニーズと障害に関する裁定所）に申し立てを行い、長期間闘わざるを得ない場合もあることを踏まえ、「ステイトメントの発行を減らすには、多様なニーズに見合った通常学校の技術や受け入れ能力の改善、ステイトメント制度の明確化、支援の最低基準を示した指針の強化が必要である。」（House of Commons Education and Skills Committee, 2006: 42）

としている。

　そのためにも、特別な教育的ニーズのある生徒に関わる教員の初任研修や全ての教員に対して特別な教育的ニーズのある生徒に関する研修を必須にすると勧告している（House of Commons Education and Skills Committee, 2006: 70）。教職員の専門性の向上は非常に重要であり、それによりステイトメントの発行数も抑えられるため、非常に重要な勧告だと思われる。

　しかしながら、「SEN 報告」の課題は、現行のステイトメント制度に代替する新たな制度についての勧告はなされていない点にある。つまり、ステイトメント制度そのものを変えるのではなく、通常学校における教職員の専門性の向上などの修正案によって、問題の解決を図ろうとしたのである。今回の修正案により、ステイトメント制度の問題が改善されていくのか、それとも、ステイトメント制度そのものを変える改革に繋がっていくのか、引き続き注視が必要な内容であった。

　また、「SEN 報告」は、「早期発見とニーズのアセスメント、効率的で均等な資源の配分、子どものニーズに基づき、親の希望を考慮に入れた適切な教育の場の選定も取り入れた制度を構築すべきである。」（House of Commons Education and Skills Committee, 2006: 44）とした。さらに、「全ての地方当局は、特別学校を含めた、広範で柔軟な支援の場を提供することを保障する。」（House of Commons Education and Skills Committee, 2006: 63）として、親や子どもは法令指針において明確な権利が与えられるべきだとした。このように、教育を受ける場・支援の場の多様性が提起され、子どもと親の権利が強調されている点が特徴である。

　そして、政府は、「SEN 報告」に対する政府回答 "Government Response to the Education and Skills Committee Report on Special Educational Needs" を提出した。それは、「政府の目から見て、報告における証拠は、特別な教育的ニーズ制度の抜本的な見直しを示唆していない。」（DfES, 2006b: 3）として、いくつかの勧告は受け入れるが、重要な勧告は却下するもので

あった。
　受け入れた勧告は、教員等の人的資源の拡充、多様なニーズに対する支援内容の改善、サービスの連携、子どもの進歩と成果に関する説明責任の改善、親の役割と親支援の強化である。
　しかし、特別な教育的ニーズ制度の抜本的な改革やステイトメント制度に関する勧告は却下された。その理由としては、①特別な教育的ニーズ制度の抜本的な改革の必要性に根拠がないこと、②ステイトメントが予定の期間内に発行されるようになったこと、③地方教育当局と親との関係が改善されていること、などであった。
　最終的な政府の結論は、以下の**表9-4**の通りである。
　五項目について、政府は焦点を当て、実行していくと確約している。
　とりわけ、子どもに関わる人的資源拡充の構築は重要かつ評価できるものである。また、教員の専門性向上は喫緊の課題であり、通常学校に特別な教育的ニーズのある生徒が多数在籍している現状から見ても、欠かすことができないものである。ノーウッチの指摘にもあるが、「政府は、『インクルージョン開発プログラム』を通して、早期教育と学校の教員の専門性向上にも力を入れており、コミュニケーション、自閉症、ディスレクシアに関わっている三団体と協力して専門家の養成も推進している。」(Norwich, 2010: 55-56) として、横の連携を取りながら専門性の向上を目指していることがわか

表9-4　「SEN報告」に対する政府の結論

①	子どもに関わる人的資源拡充の構築
②	子どもの多様なニーズに対応する一連の支援の改善
③	特別な教育的ニーズや障害のある子ども、親のニーズに関わるサービスのより良い計画・関与・調整の保障
④	子どもが達成した進歩と成果についての説明責任の改善
⑤	親の役割と親支援の強化

出典：DfES（2006b: 6）の文章を基に筆者作成

る。

　この後、政府は、2008年2月に、特殊教育連合（Special Educational Consortium）の会長であるラム（Lamb, B.）を委員長に任命し、アセスメントの手続きにおいて、親の信頼を高める効果的な方法を助言するための委員会を設置した。

　ラム委員会は、2009年に「ラム調査報告書：特別な教育的ニーズと親の信頼（Lamb Inquiry: Special Educational Needs and Parental Confidence）」（以下、「ラム報告」）を提出している。

　ラムは、冒頭で「2008年3月、政府は、特別な教育的ニーズのシステムの改善について、どのように親の信頼を高めることができるのかを諮問している。調査の期間中に、政府は緊急課題として、『特別な教育的ニーズと障害についての情報』、『ステイトメント制度の質と明確さ』、『査察と説明責任』、『親の信頼を高める裁定所システムの変化が与える影響は何か』についても諮問した。」（DCSF, 2009: 1）と述べている。

　そして、ラムは、「調査を通して、私達は国中を回って、何千人もの親、子ども、青年から話を聞くことができた。彼等は、彼等の経験、どのように現状のシステムが機能しているのか、彼等が未来にどのような希望を抱いているのかを私達と共有してくれた。」（DCSF, 2009: 1）としている。

　その上で、ラムは、「私達は明確なメッセージを聞くことができた。親は、もっと知りたいと思っているし、システムが彼等の子どもにとって、もっと意欲的であることが必要だということである。」（DCSF, 2009: 1）と結論付け、学校と地方当局と他の専門家が親や子どもともっと協同していくべきであると強調している。そして、政府に実行を強く求めている。

　前書きでは、現行のシステムでは、特別な教育的ニーズや障害のある子どもが適切な支援を受けており、幸せな親もいるが、その一方で、怒りに打ち震えている親もいるとして、同一システムであるのに差異が出ていることが重大な課題だと指摘されている。

そのため、特別な教育的ニーズや障害のある子どもの成果と人生のチャンスを生かすことに焦点を当て、親、学校、地方当局が協同していく必要があるとしている。そして、以下の四つの分野において、変化が必要であるとした。

　①子どもの成果をシステムの中心に置くこと、②親のより強い意見表明、③子どものニーズにより焦点を当てたシステム、④より良いサービスを提供するためのより責任のあるシステム、である（DCSF, 2009: 2-6）。

　まず、「①子どもの成果をシステムの中心に置くこと」では、「特別な教育的ニーズのある子どもの親は、他の親と同様に、子どもが安全で幸せで彼等の可能性を発揮できることを願っている。しかしながら、特別な教育的ニーズのある子どもの教育的な達成は、他の同年代の子ども達と比べて、低く、差異が広がっていた。このことは、障害児や特別な教育的ニーズのある子どもに対して、良い成果を出すということに十分な価値を見出してこなかったシステムや社会の遺産である。」（DCSF, 2009: 2）と述べられている。そこで、優秀な子どもを指導している優秀な教員と同様に、支援の必要な子どもに優秀な教員と資源が必要だとしている。そして、「我々も、特別な教育的ニーズのある子どもに対する低い期待の文化を変革する必要がある。」（DCSF, 2009: 2）とした。

　「①子どもの成果をシステムの中心に置くこと」は、非常に重大な視点を提供している。特別な教育的ニーズのある子どもは、成果という点において歴史的にも排除されてきたが、彼等も適切な支援によって十分な成果をあげることが可能であり、親もそれを望んできたのである。そのためにも、優秀な教員を配置しようとした点はとても重要であり、新たな視点を示しているといえる。

　「②親のより強い意見表明」では、「親が我々に話してくれる親切で、正直で、オープンなコミュニケーションは、信頼と良い関係を築く上で重要な構成要素である。親との一対一のコミュニケーションを取り、彼等を子どもの

ニーズの専門性についての共通のパートナーとして扱うことは、信頼を築き、維持する上で極めて重要である。」(DCSF, 2009: 3) と述べられている。

その上で、「何か齟齬があった場合というのは、その根本には学校と地方当局と親との希薄なコミュニケーションがあることがほとんどである。」(DCSF, 2009: 3) としている。そのためにも、ラム報告では、親が必要な情報にアクセスできるようにすべきだとしている。

「②親のより強い意見表明」の注目すべき点は、親を子どもに関する専門性を共有する対等な立場の人間として捉えている点である。子どもを中心として、協同体制を構築しようとする姿勢が読み取れる内容である。

「③子どものニーズにより焦点を当てたシステム」では、現行のシステムでは、アセスメントについて、研究者の議論や親の不満も多く、その理由としては、「多くの親が、法的アセスメントの過程において、情報が不足しており、支援も脆弱で、否定的な態度を取る人に出会ってしまうせいで、法的アセスメントはストレスフルで、困難だとわかったからである。」(DCSF, 2009: 4) と指摘されている。

それを受け、「親は、彼等の子どもが適切なアセスメントを受け、子どもの変化と発達に応じて定期的に見直されることに信頼感も持つ必要があるのである。」(DCSF, 2009: 4) としている。そのために、親が法的アセスメントを信頼できるように、早期の段階で専門家の意見が聞けるようにすることなどが必要だとしている。

「③子どものニーズにより焦点を当てたシステム」の背景には、これまで、法的アセスメントの過程において、特別な教育的ニーズのある子どもが支援の必要な時に、アセスメントに時間がかかってしまうせいで、特別な教育的ニーズのある子どもの成果のために最も効果的な時期を逃すという問題があったのである。結果として、親と地方当局は対立し、場合によって親はSENDISTに訴え、子どもへの適切なアセスメントを求めていた。今後は、専門家による早期対応が求められている。

「④より良いサービスを提供するためのより責任のあるシステム」では、「我々は、全ての段階において、説明責任の構築を保障する必要がある。」(DCSF, 2009: 4) と述べられている。また、「我々は、サービスの提供者から、より透明性と説明責任を必要としており、学校査察は、特別な教育的ニーズに十分に焦点を当てる必要がある。」(DCSF, 2009: 4) としている。

そして、そのためにも、「学校査察局が改善と親へ確実性を提供しなければならず、査察官はしっかりと準備し、職務を全うする必要がある。」(DCSF, 2009: 4-5) とした。

「④より良いサービスを提供するためのより責任のあるシステム」では、「ラミング報告」や「SEN 報告」において指摘された各機関の責任の欠如への反省がしっかりと引き継がれているといえる。各機関の責任が明確化されることにより、課題に適切に対処でき、かつ、親も子どもへの支援について安心することができる。このことにより、学校査察局の査察がより一層重要視され、判断基準となっていくことが考えられる。

このように、「ラム報告」は、地方当局と子どもの支援を求める親との対立を背景にして、いかに親の信頼を得ながら、子どもへの適切な支援を行っていくかという課題を解決しようとするものであった。

「SEN 報告」では修正に留まるとされたステイトメント制度に対しても、改革への意欲が見られる内容である。また、これまで、障害児や特別な教育的ニーズのある子どもに対して、良い達成の成果を出すということに十分な価値を見出してこなかったシステムや社会を問題視し、特別な教育的ニーズのある子どもに対する低い期待の文化を変革する必要があるとした点は画期的であり、高く評価できる。さらに、「ラム報告」では、特別な教育的ニーズのある子どもの成果のためにも、優秀な教員を配置しようと述べられており、新たな視点を示しているといえる。

特別な教育的ニーズのある子どもは、教育達成度という点で、歴史的にも排除されてきたが、彼等も適切な支援によって十分な成果をあげることがで

きる。もちろん親もそれを望んできたのである。この点は、本研究の第2部で論じたノーマリゼーション原理における、知的障害者の親の会の闘いやニルジェが提示した知的障害者も適切な環境において発達することができるとした考えを想起させるものである。どの時代においても、適切な支援を求める闘いは続いていることがわかる。

　「ラム報告」の課題としては、親の意見を重視するとしているが、そのためにも、親が子どもについて、より客観的に学べるような学びの機会が提示されるべきだったと考えられる。情報が提供されることは大切なことであるが、情報が飽和し、適切に処理できない親もいると思われるため、情報提供と話し合いの場が同時に提供されることが望ましい。また、教員と親が対立しないためにも、ソーシャルサービス機関の職員が定期的に話し合いに立ち会うなど、横の連携を強化する具体的な提案があれば、より一層評価できる内容になっていたと考えられる。

第7節　緑書『支援と大志：特別な教育的ニーズと障害への新たなアプローチ（Support and Aspiration: A New Approach to Special Educational Needs and Disability）』

　2009年6月、イギリスは「障害者権利条約」を批准している。このことにより、イギリスはさらにインクルーシブ教育政策を推進していくこととなった。

　また、翌2010年には、「1995年障害者差別禁止法」を改訂した「平等法（Equality Act）」が制定されている。同法の制定の背景には、差別に関する煩雑化した法制度を改革し、一本化しようとする政策側の意図があった。同法律は労働党政権下で作られたものであり、障害・人種・性別などによる差別を禁止し、学校などに「合理的配慮」を提供する義務を課している。つまり、教育の場における差別は禁止され、障害のある子どもに対し、学校側は

合理的配慮を提供しなければならなくなったのである。「障害者権利条約」と併せて、インクルーシブ教育政策のより一層の推進が確約されたといえる。

そして、同2010年には、保守党と自由民主党による連立政権が誕生し、国内の緊縮財政とともに、限りある資源の有効活用を考えるための教育政策の見直しも開始されている。

そのような中、教育省は2011年3月に緑書『支援と大志：特別な教育的ニーズと障害への新たなアプローチ（Support and Aspiration: A New Approach to Special Educational Needs and Disability, Cm. 8027)』を提出している。

同報告は、前述した2006年の「SEN 報告」と2009年の「ラム報告」の内容を受けたものである。教育省から発表されたものであるが、教育大臣のゴーブ（Gove, M.）だけではなく、子ども・家族省大臣（Minister of State for Children and Families）のティザー（Teather, S.）の連名で前書きが書かれており、子どもとその家族全体を支えていこうとする意図がくみ取れる。

前書きでは、「この緑書は、障害や特別な教育的ニーズのある子ども、そして青年の大望と願いである。彼等の願望は、全ての子どもや青年がそうであるように、自分で選んだ未来において、独立し、成功することです。そして、可能な限り最大限、自分の人生物語の作者になることです。」(DfE, 2011: 2）と述べられている。

また、同様に、同緑書は、彼等の家族についてのものであり、教員についてのものであると述べられている。2000年以降の特徴でもある子どもと家族について明記されている点が特徴であり、協同していく立場である教員にも中心的な役割を付与しているといえる。

そして、改革が必要な点は明確であり、「我々は早期に問題に気付くことにより、子どもに最大のチャンスを与えたい。早期教育と保育を拡大し、一回のアセスメントと教育・保健・ケアを網羅する一つの計画によって、彼等が必要とするサービスを提供したい。」(DfE, 2011: 2）としている。つまり、

多様な機関と横の連携を取りながら、横断的な支援を提供するとしているのである。2000年以降、模索されていた横の連携について、集約する言葉が述べられている。

さらに、「我々は、親に一つの計画に対し、2014年までに個人予算の権利を与えることによって、親に、より管理する権限を与えることにしたい。」(DfE, 2011: 3) としている。つまり、個人予算の透明性と親に多様なサービスの選択肢が与えられたといえる。選択肢が多様になったことは評価できるが、親に一任するだけでなく、適切な情報提供も同時に必要になると思われる。

そして、最後に「我々は協同することでしか、彼等の大望を達成できない。」(DfE, 2011: 3) として、親や教員に対してより一層の協力を求めている。

同緑書における改革の特徴は、①早期発見・早期支援・早期教育の充実、②現行の複雑な評価システムを一つの評価システムに統一、③親の権利の強化、④学習と達成、⑤大人への準備、⑥家族のための協同したサービス、である (DfE, 2011: 4-13)。

まず、「①早期発見・早期支援・早期教育の充実」では、早期の段階で特別な教育的ニーズを発見し、学校は特別な教育的ニーズのある子どもに対する低い期待という文化に挑戦し、彼等が発達するための効果的な支援を提供するとしている。また、学校の責任を強化し、全ての子どもが可能性を満たせるようにするとしている。

「②現行の複雑な評価システムを一つの評価システムに統一」では、法的アセスメントとステイトメント制度に代わって、2014年から「EHC プラン (Education, Health and Care Plan)」を導入することとしている。

これにより、子どもと親は教育、保健、ソーシャルケアの支援を横断的に受けることができる。幼少期から大人に至るまで、親の希望に応じた支援を受けることができ、子どものニーズや発達に応じて定期的に見直される。また、現行のステイトメント制度と同様の法的保障がなされるものであり、

横断的な支援を受けられることは大きな利点である。

「③親の権利の強化」では、子どもや親が得ることができるサービスについて、親がより管理できるようにするとしている。

このことにより、親は本当の意味で選択できるようになる。そして、地方当局と他のサービス機関は、全てのサービスが利用可能になるように「ローカル・オファー（Local Offer）」を開始するとしている。「ローカル・オファー」により、軽度の特別な教育的ニーズのある子どもの親であっても、学校で通常受けられる支援は何であるかを容易に知ることができるようになる。

また、2014年から、特別な教育的ニーズのステイトメント、もしくは新しい「EHCプラン」に該当する子どもと家族は個人予算が選択できるようになるとしている。主となるワーカーが、親に助言ができるようにし、教育、保健、ソーシャルケアの横断的な支援が受けられるように誘導してくれるようになるのである。

「④学習と達成」では、「全ての子どもは、通常学校でも特別学校でも、彼等の可能性を満たすことを保障する世界標準の教育を受けるに値する。」（DfE, 2011: 8）と述べられている。

この背景には、「特別な教育的ニーズのラベルは、彼等に対する低い期待の文化が続いていることや彼等が適切な場所で適切な支援を受けていないという動かしがたい事実がある。」（DfE, 2011: 9）と考えられる。その解決のために、「学校は、全ての子ども達のニーズを支援するために、さらなる柔軟性を持ち、"Pupil Premium"を通して不利な立場にある子どもの支援のために追加的な資金を得なければならない。」（DfE, 2011: 9）とした。"Pupil Premium"は、家庭の経済状況が芳しくない子どもへの追加的な資金を、学校側に提供するものである。

「⑤大人への準備」では、障害のある子どもや特別な教育的ニーズのある子どもは、十代の間、多くの困難に直面しており、就職・保健・自立などの

青年期への移行が上手くいくための機会や柔軟な支援が少ないと指摘されている。

そのため、同緑書では、「我々のゴールは、障害や特別な教育的ニーズのある青年が、教育や彼等のキャリアで成功し、独立して、健康で生活し、地域社会の一員として活躍できるように最良の機会と支援をすることである。」(DfE, 2011: 11) としている。

そして、「早期の統合された支援と助言を誕生から25歳まで単一のアセスメントプロセスで提供し、教育・保健・ソーシャルケアに雇用への支援も広げたEHCプランで支援を行う。」(DfE, 2011: 11) としている。「EHCプラン」における、誕生から25歳までの長期に渡る横断的な支援は画期的なものである。

「⑥家族のための協同したサービス」では、現行の制度においては、多くの親が、子どもの特別なニーズに見合った支援を得ようとしても、過剰で官僚的なプロセスと複雑な資金提供のシステムに妨害され、失望させられていたことが指摘されている。

その点を改善するために、「障害のある子どもや特別な教育的ニーズのある子どもは、地域の専門家による統合的で協同的な支援を受け、それは親にとっても透明性のあるものであり、金銭に見合った価値が保障されるものである。そのための資金が提供されるものとする。」(DfE, 2011: 12) と述べられている。

また、「誕生から25歳までの障害や特別な教育的ニーズのある子どもや青年達と共に働いているすべての専門家のために、法的なガイダンスを簡素化し、改善することによって、官僚的な仕組みを減らしていく。つまり、専門家達に効果的な支援を提供していないガイダンスを撤廃し、明確でアクセシブルで役に立つものを提供する。」(DfE, 2011: 12) としている。

ここで着目すべき点は、政府も現行の制度は、過度にお役所仕事的なプロセスであり、複雑な資金提供システムであったと認めていることである。そ

の反省から、よりシンプルでわかりやすいものに移行するとしているのである。

このように、障害や特別な教育的ニーズのある子どもや青年に関わる専門家達が横の連携を取りながら、包括的な支援を提供しようとしている。

そして、同緑書はこれらの提案を総括し、「次なる一歩」として、「この緑書における改革の野心的なヴィジョンは、障害や特別な教育的ニーズのある子どもや青年の成果を改善し、現行制度における親との対立を小さくし、かかる金銭の価値を最大限にするものである。」(DfE, 2011: 13) としている。

同緑書については、多様な団体から様々な反応があった。NASEN（全英SEN協会）の最高責任者であるピーターセン（Petersen, L.）は、「特別な教育的ニーズがある子どもや青年のアセスメントは、首尾一貫し、結合した取り組みがずっと必要だった。」(Gillie, 2012: 9) として、同緑書の提言をNASENは歓迎するとしている。

また、障害児（者）支援団体の"Contact a Family"の最高責任者であるセン（Sen, S.）は、「我々は、提言がどれ位、障害のある子どもと家族の本当のニーズに対応しているのかを評価するために、もっと詳細に検討する必要がある。」(Gillie, 2012: 9) として、慎重な姿勢を示しつつも、政府の提言については歓迎するとしている。

一方で、地方自治体協会・子どもと青年の委員会（The Local Government Association Children and Young People Board）の委員長であるリッチー（Ritchie, B. S.）は、単一のシステムである「EHCプラン」を評価しつつも、「我々は、もし地方自治体が特別な教育的ニーズのための支援を現状と同じレベルで維持するのであれば、十分な財源がなくてはならないことを明確にしなければならない。」(Gillie, 2012: 9) として、財源に関する懸念を表明している。

このように、障害や特別な教育的ニーズのある子どもや青年、その家族の支援団体は、新たなシステムである「EHCプラン」については期待しているものの、変革に対する懸念や財源への不安があることがわかる。

同緑書の評価できる点は、何より現行のステイトメント制度がお役所仕事的であったと認めた上で、より当事者目線に立ち、簡素化した新しい制度である「EHCプラン」への変更を提起した点にある。

ステイトメントを受け取るまでに時間がかかり過ぎ、その時に必要としている支援が受けられないことは、特別な教育的ニーズのある子ども等にとって大きな損失である。そのことが、親と地方当局との対立を招いていたのである。

そして、同緑書では、特別な教育的ニーズのある子どもに対する低い期待の文化が続いていることや彼等が適切な場所で適切な支援を受けていないことに言及している点も重要である。つまり、今後は、障害や特別な教育的ニーズのある無しに関わらず、子どもや青年の成果を大切にするという方向性になったのである。

さらに、誕生から25歳まで、彼等が横断的な支援を受けられる「EHCプラン」が開始されることは、今後大変期待が持てるものである。2000年代に起きた様々な課題において、横の連携は常に指摘されてきた点であり、それが結実した形である。

同緑書の課題としては、これらの改革を実践に移行した時の実践現場の混乱と予算の問題が考えられる。大きな制度改革であるため、学校などの実践現場の混乱は計り知れないものであるし、予算も効果的に使う必要が出てくるであろう。

これらの課題については、第10章のイギリス現地小学校の訪問調査において、政策がどのように実践に反映されているか、その成果と課題について論じたいと考える。

政府は、専門家、関係団体、学校関係者、親等の意見を集約し、同緑書の内容が実行可能であるのかを協議の上、2012年5月に緑書『進展と次なる一歩（Support and Aspiration: A New Approach to Special Educational Needs and Disability –Progress and Next Steps–)』を提出している。同緑書は、前緑書の

重要点を凝縮した内容となっている。

　この緑書の前書きにおいて、子ども・家族大臣のティザーは、「障害や特別な教育的ニーズがあると判明している子どもや青年の多くは、人生において貧しい成果しかあげることができなかった。そして、彼等や彼等の家族は、彼等に必要な支援を得るために闘ってきた。」（DfE, 2012: 3) としている。この一節は、ノーマリゼーション原理の歴史的展開を想起させるものであり、当事者は常に支援を得るために闘い続けているのである。とても残念なことではあるが、障害や特別な教育的ニーズがあるが故に、人生で貧しい成果を強いられてきたことは紛れもない事実である。

　そして、政府は、障害や特別な教育的ニーズのある子どもやその家族のための現行の発見・判定・支援のシステムを急進的に改革するとしている。

　一方で、ティザーは、「我々が直面している困難な財政状況は、資源の最も有効な使い方を我々にとって極めて重要にさせている。」（DfE, 2012: 3）とも述べており、財政状況が困難な中、いかに障害や特別な教育的ニーズのある子どもと青年への支援を横の連携を取りながら充実させていくかが課題になっていくと考えられる。

　また、同緑書の特筆すべき点としては、ボランティア団体や地域団体と協同する契約を締結したことが明記されている点にある（DfE, 2012: 82）。政府は、ボランティア団体や地域団体に対して、年間600万ポンド（約7億8千万円）を2年間支給するとしている。例えば、親の参加については、著名な障害児（者）支援団体である"Contact a Family"と契約している。このような歴史や活力のある民間団体との協同は、その専門性の高さからも有効であると思われる。

　そして、この緑書は、次なる一歩である法制化へと進むことになった。

第8節 「2014年子ども・家族法 (Children and Families Act 2014)」・「特別な教育的ニーズと障害に関する実施要綱：誕生から25歳まで (Special Educational Needs and Disability Code of Practice: 0 to 25 years)」

2012年5月に発表された緑書『進展と次なる一歩』の提言は、「2014年子ども・家族法 (Children Families Act 2014)」に繋がり、第3部「イギリスにおける特別な教育的ニーズもしくは障害のある子どもと青年 (Children and Young People in England with Special Educational Needs or Disabilities)」において法制化されている。

同法では、緑書における革新的な変更点が法制化されている。

まず、第25条の「統合の促進」では、特別な教育的ニーズもしくは障害のある子どもや青年の福祉の促進のために、保健やソーシャルケアの支援と共に、教育的支援、訓練の支援の統合を保障すると規定している。つまり、各々が独立して動くのではなく、横の連携を取りながら、包括的な支援をするとしている。

また、第30条では、「ローカル・オファー」について規定されている。地方当局は、特別な教育的ニーズや障害のある子どもや青年が、どのような支援を受けられるのかについて、情報を発表しなければならないとしている。これにより、特別な教育的ニーズや障害のある子ども、青年、彼等の親は、正確な情報を手に入れることができる。

さらに、第37条では、「EHCプラン」について規定されており、「EHCプランは、子どもと青年が必要としている正確な保健、ソーシャルケアにおける支援についても、明記するものとする。」(DfE, 2014: 32) としている。つまり、教育だけではなく、保健、ソーシャルケアに関する支援も含めた支援計画が立案されることになったのである。

そして、同法律が制定され、2014年9月には、教育省と保健省から、新たな実施要綱である「特別な教育的ニーズと障害に関する実施要綱：誕生から25歳まで（Special Educational Needs and Disability Code of Practice: 0 to 25 years）」が発行されている。

新たな実施要綱の前書きでは、保健省政務官のポウルター（Poulter, D.）と子ども・家族省政務官のティンプソン（Timpson, E.）が連名で前書きを記しており、「我々の特別な教育的ニーズや障害のある子どもへの展望は、全ての子どもや青年へのものと一緒である。それは、彼等が学校や大学において早期に良い達成を果たし、幸せであり、満たされた人生を送ることである。」(DfE and DH, 2015: 11) と述べられている。

また、「子どもや青年、彼等の親達は、どのような支援を受け、何を達成したいかについて、決定に完全に関与することとする。重要なのは、子どもと青年の大望は、雇用や自立を含めた人生の成果に焦点が当てられることを通して、高められるということである。」(DfE and DH, 2015: 11) としている。そして、教育、保健、ソーシャルケアにおける成果が保障されることによって、彼等の人生を大きく変えていくとしている。

この実施要綱は、292ページにも及ぶものであり、「ローカル・オファー」や「EHCプラン」を実践にどのように移していくか詳細に書かれている。

第1章「原則（Principles）」の「支援を提供するための教育、保健、ソーシャルケアの協同」の1.22では、以下の通り述べられている。

> 「もし特別な教育的ニーズや障害のある子どもや青年が、彼等の大志、可能な限り良い教育、仕事を得たり、可能な限り独立して暮らしたりすることを含む成果を実現するなら、地方教育当局、保健、ソーシャルケアは、彼等の適切な支援を保障するために協同すべきである。」
>
> (DfE and DH, 2015: 24)

つまり、特別な教育的ニーズや障害のある子どもと青年への支援には、協同体制の構築が不可欠であることが強調されている。

同じく、第1章「原則」の「インクルーシブな実践と学びに対する障壁の除去に焦点を当てる（A Focus on Inclusive Practice and Removing Barriers to Learning）」では、国連「障害者権利条約」に基づき、「イギリス政府は、障害児（者）のインクルーシブ教育と通常教育における学びと参加に対する障壁の漸進的な除去を表明する。」（DfE and DH, 2015: 25）としている。ここでは、インクルーシブ教育の推進が明言されている。

第4章「ローカル・オファー（The Local Offer）」では、「地方当局は、特別な教育的ニーズや障害のある子どもや青年（「EHCプラン」を持っていない場合も含む）のために、教育、保健、ソーシャルケアを通して、利用可能な支援の情報を提示したローカル・オファーを公表しなければならない。」（DfE and DH, 2015: 59）としている。そして、「ローカル・オファー」は、①協同的で、②利用しやすく、③包括的で、④最新で、⑤透明性があるべきだとしている（DfE and DH, 2015: 61）。つまり、利用者と協同しながら、利用者の目線に立った情報提供がなされるべきだと主張されている。

第7章「継続教育（Further Education）」では、2010年「平等法」に基づき、継続教育機関において、「特に障害のある子どもや青年に対して、差別をしたり、嫌がらせをしたり、酷い扱いをしてはならず、彼等が実質的な不利益にさらされるのを防ぐために合理的配慮を提供しなければならない。」（DfE and DH, 2015: 113）としている。また、継続教育機関は、特別な教育的ニーズや障害のある青年の希望に基づき、「特別な教育的支援」を検討すべきであるとされている（DfE and DH, 2015: 115）。「特別な教育的支援」とは、補助機器、パーソナルケア、一対一や小グループでの学習支援などである。

第8章「早期段階からの大人への準備（Preparing for Adulthood from the Earliest Years）」では、大人への移行支援の重要性に基づいた実施要綱が明記されている（DfE and DH, 2015: 120-140）。地方当局は、特別な教育的ニー

ズや障害のある青年の高等教育への移行が円滑に進むように計画すべきであり、「EHC プラン」がそのまま維持されるように、「青年の高等教育の所属が確認された時点で、地方当局は早期の機会に、EHC プランのコピーを青年によって指定された高等教育機関の関係者に提出しなければならない。」(DfE and DH, 2015: 134) としている。

　このように、「2014年子ども・家族法」により、「EHC プラン」の導入など革新的な変更がなされ、2015年には新たな実施要綱も発表されている。今後、新制度がどのように実践に反映されていくのか目が離せない状況である。

　以上、新制度である「ローカル・オファー」や「EHC プラン」の導入により、イギリスにおけるインクルーシブ教育政策は新たな局面を迎えたといえる。

　「ローカル・オファー」により、2014年9月には、全ての地方委員会は、その地域における特別な教育的ニーズや障害のある、0歳から25歳までの子どもと青年がどのような支援を受けられるかを発表している。

　また、特別な教育的ニーズと学習困難のアセスメントに基づいたステイトメント制度は、子どもと青年の複雑なニーズに対応するために、単一の制度である「EHC プラン」へと移行した。この制度は、名前の通り、教育、保健、ソーシャルケアを全て網羅したものである。

　この「EHC プラン」により、より一層、個人の成果が強調され、子どもが教育や訓練の機関から受け取る支援について明記されることになった。これまでのステイトメント制度は、各々の機関が独立してサービスを提供していたため、包括的なサービスを受けることが難しかったのである。

　加えて、ステイトメントを得るに至る過程が、官僚主義的で時間もかかり、今、必要としている支援を受けられないという問題があった。新制度は、家族のニーズに沿うように設計されており、教育、保健、ソーシャルケアを調和させ、評価した上で、「EHC プラン」を20週間以内に発行するとし

ている。

　さらに、「EHCプラン」のある子どもや青年は、地域の委員会と合意すれば、個人予算を要求できる権利を持つことになり、どのような支援を受けるか、より権利が保障されたといえる。

　地域の委員会は、特別な教育的ニーズのある子どもや青年、親に対しても情報、助言、支援の提供をしなければならないが、それと同時に、親は第三者機関にも相談できるようになった。以前の制度では、親は通常学校において子どもへの適切な支援を得ることが難しく、SENDISTに申し立てをするケースが後を絶たなかった。

　そこで、新制度では、地域で利用できる調停サービス機関を設置し、裁定所に駆け込む前に相談できるようにしたのである。この「EHCプラン」へは、2018年4月1日までに移行するとされている（いくつかの自治体は、早めに移行する可能性もある）。

　「EHCプラン」を必要としない特別な教育的ニーズや障害のある子どもや青年は、旧来のスクール・アクション、スクール・アクションプラスの制度に代わって、新制度である「SENサポート」に移行することとなった。

　「SENサポート」は、学校内での支援を中心に、必要に応じて、地方当局の付加的な支援を受けるものである。学校は、親に対して、子どもにどのような支援を提供し、その支援によって何を達成するのかを伝え、同意を得て、必要に応じて追加的な資源を準備し、達成のための明確な目標を設定し、取り組んでいくなど、親と協同しなければならないこととなっている。

　多くの学校は、子どもや青年と協同しながら、その子どもや青年にとって何が大切であるのか、何を達成したいのか、学校はどのように支援しようとしているのか、一枚のプロフィールにまとめるようにするとしている。

　この新制度である「SENサポート」へは、2015年の春学期の修了までに移行すべきだとされている。

　このように、新制度は開始したが、特別な教育的ニーズの定義は変わって

おらず、変更点は「1996年教育法」におけるステイトメント制度が、新たに「EHCプラン」に移行したことにある。よって、ステイトメントを保持している子どもや青年は、そのまま移行するため、従来の権利は保障される。また、親は不服がある場合、調停サービス機関に相談することもでき、場合によってはSENDISTに申し立てすることも可能である。

今回の変革により、地方当局は、学校など多様な機関と横の連携を取りながら、協同して、特別な教育的ニーズや障害のある子どもと青年の支援を進めていくこととなった。

子ども・家族省政務次官のティンプソンは、「EHCプランとその計画策定のプロセスに関わった親達は、EHCプランは子どもの限界ではなく、子どもの強みに焦点を当てたものであり、よい経験になったと言っている。」(Timpson, 2014) として、その利点を強調した上で、子どもの成果を重視する方向性を示している。そして、障害者団体と協同しながら改革を進めていくとして、親に対して"Contact a Family"などの複数の障害者団体から、詳細な情報を得ることが可能だとしている。

このように利点が強調される一方で、課題としては、新制度導入の過程における地方当局や実践における混乱、財源の問題などが考えられる。NASENは、ステイトメント制度から「EHCプラン」への移行について、「2～3の地方当局が、法令アセスメントの資格基準の規則や条件をこっそり変えようとしているという滅多にないが、気がかりな兆候がある。NASENは、これは、改革の枠組みの中で受け入れがたい実践だと確信している。」(NASEN, 2014: 17) と懸念を表明している。そして、NASENは、これらの心配事を既に政府側に伝えているとしている。

以上、特別な教育的ニーズが導入されてから約三十年が経過した今、ステイトメント制度が新制度の「EHCプラン」に移行したことは特筆すべきことであり、今後は、実践への円滑な移行が望まれる。

ステイトメント制度の改革と「EHCプラン」の導入は、2000年以降、子

どもから彼等の家族全体へと支援の対象が広がったことに端を発している。子どもだけではなく、彼等の環境要因にも目を向け、家族全体を支える取り組みが必要であることが認識された結果である。このことは非常に大きな意味を持っており、教育だけではなく、保健やソーシャルケアの横断的な支援へと広がっていった。また、2005年のウォーノック論文がインクルーシブ教育政策の議論に一石を投じたことも、新制度の導入を加速させたと思われる。

「EHCプラン」は、現在移行期間にあるため、引き続き、その成果と課題について注視していきたいと考える。

注
1) ナショナル・カリキュラムのキー・ステージの詳細については、第7章の表7-1を参照されたい。

文献
- Bawden, A.（2005, June 10）'Anger over Warnock's Criticism of Special Schools', *The Guardian*.
- Department for Children, Schools and Families（DCSF）（2009）*Lamb Inquiry: Special Educational Needs and Parental Confidence*, DCSF Publications.
- Department for Education（DfE）（2011）*Support and Aspiration: A New Approach to Special Educational Needs and Disability –A Consultation–, Cm. 8027*, The Stationery Office.
- Department for Education（DfE）（2012）*Support and Aspiration: A New Approach to Special Educational Needs and Disability –Progress and Next Steps–*, The Stationery Office.
- Department for Education（DfE）（2014）*Children and Families Act 2014*.
- Department for Education and Department of Health（DfE and DH）（2015）*Special Educational Needs and Disability Code of Practice: 0 to 25 Years*, DfE.
- Department for Education and Skills（DfES）（2003）*Every Child Matters, Cm. 5860*, TSO.

- Department for Education and Skills (DfES) (2004a) *Children Act 2004*, H. M. S. O.
- Department for Education and Skills (DfES) (2004b) *Every Child Matters: Change for Children*, DfES Publications.
- Department for Education and Skills (DfES) (2004c) *Removing Barriers to Achievement -The Government's Strategy for SEN-*, DfES Publications.
- Department for Education and Skills (DfES) (2004d) *Five Year Strategy for Children and Learners, Cm. 6272*, T. S. O.
- Department for Education and Skills (DfES) (2006a) *Five Year Strategy for Children and Learners: Maintaining the Excellent Progress*, DfES Publications.
- Department for Education and Skills (DfES) (2006b) *Government Response to the Education and Skills Committee Report on Special Educational Needs, Cm. 6940*, H. M. S. O.
- Garner, P. (2009) *Special Educationl Needs: The Key Concept*, Routledge.
- Gillie, C. (2012) *The Green Paper on Special Educational Needs and Disability*, House of Commons Library.
- House of Commons Education and Skills Committee (2006) *Special Educational Needs: Third Report of Session 2005-06 Volume 1*, The Stationery Office.
- Lord Laming (Presented to Parliament by the Secretary of State for Health and Secretary of State for the Home Department (2003) *The Victoria Climbié Inquiry, Cm. 5730 (Report of an Inquiry by Lord Laming)*, TSO.
- NASEN (2014) *Everybody Included: The SEND Code of Practice Explained*, NASEN.
- Norwich, B. (2010) 'A Response to 'Special Educational Needs: A New Look", In Terzi, L. (ed.), *Special Educational Needs -A New Look-*, Continuum.
- Parliament of the United Kingdom (2010) *Equality Act 2010*.
- Timpson, E. (2014) *New Arrangements For Supporting Children and Young People With Special Educational Needs (SEN) and Disabilities*, Department for Education.
- Warnock, M. (2005) 'Special Educational Needs: A New Look', In Terzi, L. (ed.), (2010) *Special Educational Needs -A New Look-*, Continuum.

第10章　イギリスにおけるインクルーシブ教育の成果と課題

第1節　イーストサセックス州・小学校訪問調査の背景と目的

　前章まで、イギリスにおけるインクルーシブ教育政策の歴史的展開を社会情勢と共に、分析・考察してきた。イギリスにおけるインクルーシブ教育は、「2001年特別な教育的ニーズおよび障害法（Special Educational Needs and Disability Act 2001）」において法制化され、各学校は、実施要綱に従って、実践を展開している。

　第9章において、近年のインクルーシブ教育政策の展開を分析した結果、特別な教育的ニーズに基づいたステイトメント制度の限界を超えて、新たに「EHCプラン」という制度へと移行したことがわかった。このことは、2000年以降、特別な教育的ニーズや障害のある子どもから彼等の家族全体へと支援の対象が広がったことに端を発している。

　その背景には、子どもだけではなく、彼等の環境要因にも目を向け、家族全体を支える取り組みが必要だと認識されたということがあった。「EHCプラン」は、教育だけではなく、保健やソーシャルケアの横断的な支援を単一のシステムに統合するという特徴を持っており、特別な教育的ニーズや障害のある子どもやその家族にとって、画期的なものだといえる。政権交代・社会情勢の変化の中での紆余曲折や約三十年振りに制度・政策の改革はあったものの、政府はインクルーシブ教育を支持し、推進の姿勢を貫いている。

　その一方で、第9章で述べた通り、障害児（者）支援団体からは、本当に特別な教育的ニーズや障害のある子どもや家族のニーズに見合った支援を受

けられるのか、財源は保障されるのかなど、慎重論も出ている。慎重論が出る背景には、現状におけるインクルーシブ教育政策の課題と特別な教育的ニーズのある子どもやその親に対する支援の不十分さがあるように思われる。そこで、実際の実践現場にも目を向け、どのようにインクルーシブ教育政策が実践に反映され、教員や親はその成果と課題をどのように捉えているのかを明らかにする必要があると考える。

　実際の実践現場におけるインクルーシブ教育政策の反映性と関与者の評価を調査することは、極めて重要である。それは、イギリスだけではなく、インクルーシブ教育に向かっている日本にとって、特に必要なものである。日本は2007年9月に「障害者権利条約」に署名し、国内法の整備に着手した後、2014年1月にようやく批准している。インクルーシブ教育を基本とする同条約を批准したことで、国内でどのようにインクルーシブ教育のシステムを構築していくのか、喫緊の課題となっている。

　イギリスはインクルーシブ教育の先導的な役割を果たしており、その歴史的展開において、トライ＆エラーで修正を重ねて進展してきている。2014年には新制度の「EHCプラン」を導入し、インクルーシブ教育政策と実践の間にある課題を修正しようと動いているところである。

　インクルーシブ教育へと舵を切った日本の現状を考えると、イギリスにおけるインクルーシブ教育政策と実践の間にある成果と課題を調査し、どのような方向性で課題を修正しているのかを検討する必要がある。

　インクルーシブ教育政策に関係する先行研究は、第1章で紹介した通り、実践研究が中心であり、学校関係者向けの実践指針を示したものなどが多くみられる。また、政府報告書では、インクルーシブ教育が子どもの達成に与える影響を調査したもの（DfES, 2004）がある。

　しかしながら、実際にイギリスの現地小学校において、政策がどのように実践に反映されているかという視点に基づき設問を設定し、特別な教育的ニーズコーディネーター（以下、SENCO）や特別な教育的ニーズのある生徒

の親に対して、質問紙調査・訪問調査を行った研究の蓄積はまだ十分ではないといえる。

従って、本研究では、SENCOや特別な教育的ニーズのある生徒の親にインクルーシブ教育政策の実施に関わる調査を行い、その結果から、インクルーシブ教育実践の成果と課題の傾向を提示する。そして、インクルーシブ教育の先駆的な役割を果たしているイギリスの実態から、今、まさにインクルーシブ教育に向かおうとしている日本に対して、どのような示唆が与えられるか考察したいと考える。

第2節　調査対象と調査方法

第1項　データ

調査対象校は、イギリス南東部のイーストサセックス州に位置する公立小学校である。なお、調査対象校に関しては、情報保護の観点から、学校名が特定できない様、A小学校として記号で記述する。A小学校は、ロンドンから国鉄で約一時間半の場所にあり、車でさらに三十分程移動すれば、イギリス海峡に出ることもできる。人種としては、白人の労働者階級が多い地域であり、A小学校の生徒も白人が多い。

2014年度のA小学校の在籍生徒数は、144名（国平均263名）である。その内、ステイトメントを保持している生徒、もしくはスクール・アクションプラス[1]に該当する生徒数は11.8％であり、国平均の7.7％を大きく上回っている[2]。イギリス全地域の小学校の中でも、高い在籍率である。また、「SENポリシー」、「ローカル・オファー」を策定しており、その原則に基づいて特別な教育的ニーズのある生徒の支援を展開している点から本調査に相応しいと判断し、選定した。

また、A小学校は、2013年度の教育水準局（Office for Standards and

Education: OFSTED)の学校査察報告書[3]によると、総合評価で「優れている（Good）」の評価を得ており、子どもの行動や安全面などでは「大変優れている（Outstanding）」の評価を受けている。あえて、先進的な学校で調査を行うことにより、今後の日本の目標になるものを確認できると考える。

　なお、質問紙調査の回答者は、特別な教育的ニーズのある生徒支援の中核を担う人物のからの回答を得たかったため、A小学校のSENCO（学級担任を兼務）を選定した。職歴は7年であり、30代の女性である。また、インクルーシブ教育実践に関しては、当事者の意見も重要であるため、A小学校の特別な教育的ニーズのある生徒の親を選定した。40代の女性であり、子どもはディスレクシアなどのある高学年の特別な教育的ニーズのある生徒である。

　A小学校の教員数は6名であり、他に学習支援員が6名、ハイレベル学習支援員が1名、パーソナルケアが必要な生徒のための個人的ニーズ支援員が1名在籍している。

　学習支援員は、基本的に1クラス毎に1名付いている。学習支援員は、国家職業資格として、いくつかのトレーニングが必要であり、ハイレベル学習支援員になると、さらなるコースを修了する必要がある。さらなるコースとは、プロフェッショナルコースのトレーニングであり、知的理解の低い生徒を支援するための、ソフトウェアの使い方の訓練も含まれている。個人的ニーズ支援員は、個人のニーズに沿って学校内で訓練を受けており、A小学校では身体障害のある生徒の支援をしている。他のスタッフとしては、事務的な仕事を担う総務スタッフ、給食スタッフ、教室の掃除などを担う用務員が在籍している。

　なお、A小学校の調査に付随して、学校とソーシャルサービス機関の連携体制を明らかにするために、イーストサセックス州のソーシャルサービス機関においても調査を行っている。このソーシャルサービス機関は、州内のネットワークを通して、支援の必要な子どもにサービスを提供することを目

的とした公的機関である。A 小学校から車で四十分程度の場所に位置し、教育支援員、教育心理士、ケースワーカーが在籍している。教育支援員やケースワーカーが、A 小学校へ定期的に出向き、支援の必要な子どもに対する対応方法を協議している。

第 2 項　調査方法

　2014年 9 月から12月にかけて、イギリス現地小学校の SENCO と特別な教育的ニーズのある生徒の親に対して質問紙調査を行い、その回答を基に、さらに2015年 7 月20日・21日に現地小学校において訪問調査（授業見学・インタビュー調査・観察）を行った。また、日常生活における特別な教育的ニーズのある生徒と特別な教育的ニーズのある生徒の親に対する支援の場面も、許可を得て観察した[4]。同様に、2015年 7 月21日にソーシャルサービス機関において訪問調査（インタビュー調査）を行っている。

　質問紙調査は自由記述式である。質問は、SENCO に対しては、八つの大項目とその詳細に関する小項目、特別な教育的ニーズのある生徒の親に対しては、六つの大項目とその詳細に関する小項目をそれぞれ設定した。

　SENCO に対する調査項目は、**表10-1**の通りである。

　以下、各々の小項目について説明していく。

　「 1 ．特別な教育的ニーズのある生徒に対する支援体制」では、インクルーシブ教育政策が支援体制にどのように反映されているのかを把握するために、特別な教育的ニーズのある生徒に日常的に関わっているのは誰か（1-1）、学校内で特別な教育的ニーズのある生徒の支援の中核を担う SENCO は誰がやっているか。その業務内容は何か（1-2）、SENCO にはどのような資格が必要か。研修はあるか（1-3）、特別な教育的ニーズのある生徒の最初の発見や気付きは誰の場合が多いか（1-4）、特別な教育的ニーズのある生徒の教育的支援にはどのようなものがあるか（1-5）、学校全体で特別な教育的ニーズのある生徒を支える仕組みはあるか（1-6）、特別学校、近隣の学校と

表10-1　イギリス現地小学校・SENCOへの調査項目

1. 特別な教育的ニーズのある生徒に対する支援体制	1-1	日常的な関わり
	1-2	SENCOについて
	1-3	SENCOの資格と研修
	1-4	特別な教育的ニーズのある生徒の最初の発見・気付き
	1-5	特別な教育的ニーズのある生徒への教育的支援
	1-6	学校全体で特別な教育的ニーズのある生徒を支える仕組み
	1-7	特別学校、近隣の学校との連携
2. ステイトメントについて	2-1	特別な教育的ニーズのある生徒のステイトメントの発行
	2-2	ステイトメントの発行の基準
	2-3	ステイトメントの発行手続き
3. 特別な教育的ニーズのある生徒を取り巻く教育環境	3-1	他の子ども達や親の反応
	3-2	他の子ども達や親の受容性
	3-3	他の子ども達や親の考えに影響を与えているもの
	3-4	インクルーシブ教育実践を推進する上での障壁
	3-5	インクルーシブ教育が受け入れられている理由
4. 特別な教育的ニーズのある生徒に対する教育予算	4-1	特別な教育的ニーズのある生徒に対する教育予算について
	4-2	教育予算の足りない部分
5. ソーシャルサービス機関、地方当局との連携体制	5-1	ソーシャルサービス機関との連携
	5-2	地方当局との連携
6. インクルーシブ教育政策の成果と課題	6-1	インクルーシブ教育政策と実践
	6-2	政権交代よるインクルーシブ教育政策への影響
	6-3	インクルーシブ教育政策の成果
	6-4	インクルーシブ教育政策の課題
	6-5	インクルーシブ教育政策を支持するか
7. 教育的支援の継続性	7-1	継続的な教育的支援
8. 家族支援体制	8-1	特別な教育的ニーズのある生徒の家族に対する支援
	8-2	家族支援の種類
	8-3	家族支援の提供者

連携を取り、資源を共有化しているか (1-7) を小項目として設定した。特徴的な設問としては、2000年以降、限られた財源をいかに最大限生かしていくかが声高に叫ばれるようになったため、(1-7) において、学校の協同と資源の共有化について聞いている。

「2．ステイトメントについて」では、第9章で述べたウォーノック論文の議論において、ステイトメント制度がお役所仕事的で問題があるとの指摘を受けていたため、その実態を明らかにするために、誰の判断によって、特別な教育的ニーズのある生徒のステイトメントは発行されるのか (2-1)、ステイトメントの発行に関して、政府や地方教育当局による基準はあるか (2-2)、どのような手続きを経て、ステイトメントは発行されるのか (2-3) を小項目として設定した。

「3．特別な教育的ニーズのある生徒を取り巻く教育環境」では、インクルーシブ教育政策を実践に移す際には、周りの人々の考え、態度などの環境要因が影響を及ぼすと考えられる。そこで、他の子ども達や親は、特別な教育的ニーズのある生徒と共に学ぶことをどのように感じているのか (3-1)、他の子ども達や親の態度は受容的か (3-2)、他の子ども達や親の考えや態度に、何が影響を与えていると思うか。文化的な背景の影響があるか (3-3)、イギリスは階級社会といわれているが、インクルーシブ教育実践を推進する上での障壁はあるか (3-4)、なぜイギリスでは、インクルーシブ教育が受け入れられていると思うか (3-5) を小項目として設定した。特徴的な設問としては、イギリスの現状を浮き彫りにするために文化的な背景について言及した設問 (3-3) とイギリスが階級社会であるが故の障壁はあるかを問うた設問 (3-4) である。

「4．特別な教育的ニーズのある生徒に対する教育予算」では、インクルーシブ教育政策を実践に移した際に必ず課題として上がる予算の問題を明らかにするために、学校の特別な教育的ニーズのある生徒に対する教育予算は十分だと思うか (4-1)、学校の教育予算で足りない部分はどこだと思うか

(4-2) を小項目として設定した。

「5．ソーシャルサービス機関、地方当局との連携体制」では、2000年以降、政府方針として推進されている学校とソーシャルサービス機関、地方当局との横の連携体制が実際に機能しているのかを明らかにするために、どのように学校はソーシャルサービス機関と連携を取っているのか。関係は良好なのか (5-1)、どのように学校は地方当局と連携を取っているのか。関係は良好なのか (5-2) を小項目として設定した。なお、この項目に関しては、前述した通り、ソーシャルサービス機関にも訪問調査（インタビュー調査）を行うことで、ソーシャルサービス機関側からの視点も明らかにする。

「6．インクルーシブ教育政策の成果と課題」では、この調査の核となる政策と実践の間にある課題を明確にするために、問いを立てている。インクルーシブ教育政策は、実践にどのように反映されているか。どのように実施要綱に従っているか (6-1)、これまでに政権交代によるインクルーシブ教育政策への影響はあったか (6-2)、インクルーシブ教育政策の良い点や成果は何だと思うか (6-3)、インクルーシブ教育政策を実践する上で感じる課題は何だと思うか。政策と実践のズレを感じるか (6-4)、インクルーシブ教育政策を支持するか。その理由は何か (6-5) を小項目として設定した。

「7．教育的支援の継続性」では、特別な教育的ニーズのある生徒の教育的支援は切れ目なく継続されることが重要であるため、その点に着目し、小学校卒業後の継続的な教育的支援はあるか (7-1) を小項目として設定した。

「8．家族支援体制」では、2000年以降に重視されている特別な教育的ニーズのある生徒の家族を包括した支援体制の実態を明らかにするために問いを立てた。学校において、特別な教育的ニーズのある生徒の家族（両親・きょうだい児）に対する家族支援はあるか (8-1)、どのような家族支援があるか (8-2)、誰が支援を提供しているか (8-3) を小項目として設定した。

次に、特別な教育的ニーズのある生徒の親に対する調査項目は、**表10-2**の通りである。

第10章　イギリスにおけるインクルーシブ教育の成果と課題　281

表10-2　イギリス現地小学校・特別な教育的ニーズのある生徒の親への調査項目

①特別な教育的ニーズのある生徒・その親に対する支援体制	①-1	特別な教育的ニーズの認識
	①-2	最初の発見・気付き
	①-3	教育的支援の開始時期
	①-4	教育的支援の種類
	①-5	日常的な支援の提供者
	①-6	教育的支援について
	①-7	教育的支援の足りない部分
②特別な教育的ニーズのある生徒を取り巻く教育環境	②-1	学校との情報の共有
	②-2	情報の共有で足りない部分
	②-3	他の子ども達や親の受容性
	②-4	他の子ども達や親との関係性
③インクルーシブ教育政策の成果と課題	③-1	インクルーシブ教育政策を支持するか
	③-2	インクルーシブ教育政策の成果
	③-3	インクルーシブ教育政策の課題
④ソーシャルサービス機関と民間支援	④-1	ソーシャルサービスについて
	④-2	ソーシャルサービスの足りない部分
	④-3	民間支援について
⑤教育的支援の継続性	⑤-1	継続的な教育的支援
⑥家族支援体制	⑥-1	家族支援について

　以下、各々の小項目について説明していく。

　「①特別な教育的ニーズのある生徒・その親に対する支援体制」では、インクルーシブ教育政策が特別な教育的ニーズのある生徒とその親への支援体制にどのように反映されているのかを把握するために、問いを立てている。子どもに特別な教育的ニーズがあると知ったのは子どもが何歳の時か（①-1)、最初に気付いたのは誰か（①-2)、子どもは何歳から特別な教育的支援やソーシャルサービスを受けているか（①-3)、どのような特別な教育的支

援やソーシャルサービスを受けているか（①-4）、日常的に子どものことで相談する人や教育的支援・ソーシャルサービスに関する情報を教えてくれる人はいるか。それは誰か（①-5）、学校で子どもの得ている教育的支援は十分だと思うか（①-6）、学校における教育的支援で足りていない部分はあるか（①-7）を小項目として設定した。この結果から、学校と他の機関において、特別な教育的ニーズのある生徒とその親に対する支援体制が構築されているのかを明らかにしたいと考える。

「②特別な教育的ニーズのある生徒を取り巻く教育環境」では、インクルーシブ教育政策を実践に移す際には、周りの人々の考え、態度などの環境要因が影響を及ぼすと考えられるため、特別な教育的ニーズのある生徒の親の視点から、教育環境をどのように捉えているのかを明らかにする問いを立てた。学校との話し合いや情報の共有は十分だと思うか（②-1）、学校との話し合いや情報の共有で足りない部分はあるか（②-2）、他の子ども達や親の態度は受容的か（②-3）、他の子ども達や親と上手くやっていくのに困難を感じているか（②-4）を小項目として設定した。

「③インクルーシブ教育政策の成果と課題」では、特別な教育的ニーズのある生徒の親がインクルーシブ教育政策をどのように捉えているのかを明らかにし、また、この調査の核となる政策と実践の間にある成果と課題を明確にするために、問いを立てている。通常学校で特別な教育的ニーズのある生徒もない生徒も共に教育を受けるインクルーシブ教育政策を支持するか。その理由は何か（③-1）、インクルーシブ教育政策の成果や良い点は何か（③-2）、インクルーシブ教育政策の課題は何だと思うか（③-3）を小項目として設定した。

「④ソーシャルサービス機関と民間支援」では、特別な教育的ニーズのある生徒は個人のニーズにより、学校だけではなく、学校外の支援を受けることが必要であるため、学校外の支援に関する問いを立てた。子どもの得ているソーシャルサービスは十分だと思うか（④-1）、ソーシャルサービスで足

りていない部分はあるか（④-2）、ボランティア団体などの民間支援を利用しているか（④-3）を小項目として設定した。

「⑤教育的支援の継続性」では、特別な教育的ニーズのある生徒の教育的支援は切れ目なく継続されることが重要であるため、その点に着目し、小学校卒業後、特別な教育的ニーズのある生徒の親や本人は進学に対する心配はあるか（⑤-1）を小項目として設定した。

「⑥家族支援体制」では、2000年以降に重視されている特別な教育的ニーズのある生徒の家族を包括した支援体制の実態を明らかにするために、学校やソーシャルサービスによって、家族支援、きょうだい児支援を受けているか（⑥-1）について問いを立てた。

以上が、質問紙調査の項目の詳細である。

前述した通り、あらかじめメールで質問紙調査を実施し、その回答に基づいて、訪問調査（授業見学・インタビュー調査・観察）を行う。さらに、SENCOへの調査項目5．に関連して、ソーシャルサービス機関において訪問調査（インタビュー調査）を行う。これらの調査結果とA小学校の「ローカル・オファー」も併せて総合的に分析することにより、より実態に即した調査結果を提示したいと考える。

以下、第3節の分析結果では、実際に観察したことも加味しながら、分析をしていくこととする。

第3節 分析結果

A小学校調査の結果、インクルーシブ教育政策が実践に概ね十分に反映されている項目は、「1．特別な教育的ニーズのある生徒に対する支援体制」、「2．ステイトメントについて」、「3．特別な教育的ニーズのある生徒を取り巻く教育環境」、「7．教育的支援の継続性」、「8．家族支援体制」であった。「6．インクルーシブ教育政策の成果と課題」でも、顕著な成果が

見られた。

　A小学校では、特別な教育的ニーズのある生徒の支援、および学校全体で特別な教育的ニーズのある生徒を受容・理解・共感する文化の醸成にも力を入れており、インクルーシブ教育政策は積極的に、かつ、ごく自然なこととして推進されていることがわかった。特徴としては、SENCOがイギリスにおいて、インクルーシブ教育は「標準」であると回答した点にもある様に、学校においてインクルーシブ教育は「守るべき規範」として認識されている点が浮かび上がった。

　しかしながら、特別な教育的ニーズのある生徒の親が不十分だと認識している点も見られ、それらは、「①特別な教育的ニーズのある生徒・その親に対する支援体制」、「②特別な教育的ニーズのある生徒を取り巻く教育環境」、「⑤教育的支援の継続性」であった。

　特別な教育的ニーズのある生徒の親は、支援体制や教育環境に概ね満足しているものの、一対一の教育支援、教員の特別な教育的ニーズに関する専門性、教員の特別な教育的ニーズのある生徒の支援の初期対応、心配事が出来た時の相談に対する不満があった。

　また、SENCOと特別な教育的ニーズのある生徒の親も共に、不十分だと認識している点は、資金について（SENCOは、「４．特別な教育的ニーズのある生徒に対する教育予算」、「６．インクルーシブ教育政策の成果と課題」において指摘。特別な教育的ニーズのある生徒の親は、「③インクルーシブ教育政策の成果と課題」において指摘）、および他の機関との連携体制（SENCOは、「５．ソーシャルサービス機関、地方当局との連携体制」、特別な教育的ニーズのある生徒の親は、「④ソーシャルサービス機関と民間支援」の項目において指摘）であった。SENCOや特別な教育的ニーズのある生徒の親も共に、特別な教育的ニーズのある生徒の支援に関する資金面の困難さと他機関との連携体制構築の難しさを認識しているという特徴が浮かび上がった。

　加えて、SENCOと特別な教育的ニーズのある生徒の親も共に、特別学校

の存在意義に対する指摘をしている（SENCOは、「6．インクルーシブ教育政策の成果と課題」において指摘。特別な教育的ニーズのある生徒の親は、「③インクルーシブ教育政策の成果と課題」において指摘）。

以下、訪問調査結果や観察結果も取り入れながら、分析していく。

「1．特別な教育的ニーズのある生徒に対する支援体制」は、概ね十分であった。

十分に満たしている点としては、SENCOを中心とした学校全体で特別な教育的ニーズのある生徒を支える仕組みである。SENCOの通常業務や責務は、表10-3の通りである。

SENCOの通常業務や責務は多岐に渡っており、特別な教育的ニーズのある生徒支援のための重要な役割を担っている。また、SENCOは国家資格として、大学院のプログラムを修了しなければならず、高い専門性が要求されている。

訪問調査の際にも、ランチタイムを利用して、教員や学習支援員の情報交換や情報の共有化が盛んに行われていた。また、SENCOと特別な教育的

表10-3　SENCOの通常業務や責務（A小学校）

⑴教員によって記入された個別の教育計画（Individual Education Plan: IEP）の調整、および親への送付
⑵外部機関との協同（スピーチ・言語、教育心理学、作業療法、子ども・青年精神衛生サービスなど）
⑶特別な教育的ニーズのある生徒の親や専門家との会議への参加
⑷定期的な記録の保管、教員や学習支援員によって完了された生徒の発達の追跡
⑸特別な教育的ニーズのある生徒として登録されている生徒の定期的な再検討
⑹ステイトメントのある生徒のための年間再検討会議への参加（現在、新しい特別な教育的ニーズの法制下で、「EHCプラン」へと移行している）
⑺教室で提供される生徒への関わりと支援の計画管理、および教室での計画、日常作業、異なる勉強、適切な機器の使用によって、特別な教育的ニーズのある生徒のニーズを満たしているかの管理
⑻特別な教育的ニーズに関係する最新の知識を得るために開催する、スタッフの専門的なトレーニングの日程編成

ニーズのある生徒の親で、「EHC プラン」の作成のため、その生徒の現状把握と必要な教育的支援についての話し合いが一時間半行われていた。SENCO は、的確な助言を挟みながら、両者が合意に至るまで粘り強く話し合いを続けており、その専門性は高いと思われた。

特別な教育的ニーズのある生徒の親へのインタビュー調査では、SENCO と特別な教育的ニーズのある生徒の親の信頼関係が強く、支援の中核を担う存在が近くにいることは、特別な教育的ニーズのある生徒の親にとって、心強いものであることがわかった。

そして、A 小学校では限られた学校予算を使いながら、多様な特別な教育的ニーズのある生徒の教育的支援を行っていることがわかった。学校予算を活用した特別な教育的ニーズのある生徒への教育的支援の詳細は、**表10-4**の通りである。特に、人的資源に対して重要な資金提供がある。

学習支援員も即戦力として活躍しており、政府が子どもに求める能力(達

表10-4 学校予算を活用した特別な教育的ニーズのある生徒への教育的支援

Ⅰ 人的資源への財源の活用
・教員と学習支援員の専門性向上
・一週間に一日、男児に助言する教員の雇用(男児のいざこざの仲裁)
・教員が養子の生徒への個別支援を一日提供する(新しい国家支援プログラム)
Ⅱ 外部の支援サービスを購入
・言語・学習サポートサービス
・教育心理学
Ⅲ イーストサセックス州自治体からの外部支援
・子ども・青年精神衛生サービス
・学校看護師
・児童保護サービス
Ⅳ 設備・機器
・重度の身体機能の制限がある生徒のための補助機器の提供(車椅子、立つための機器、歩行器、階段用のチェアリフト、調節機能付テーブルなど)
・英語授業の補助機器
・ディスレクシアのための補助機器
・小さな補助機器(鉛筆グリップ、視覚的な時間割表、書き方フレームなど)

成目標）が変化していくため、会議で情報の共有化、知識の共有化などを促進し、互いにサポートし合うことで乗り切っている点も特徴だと思われる。学習支援員の活用に関しては、A小学校のように特別な教育的ニーズのある生徒の親を学習支援員として活用し、子どもの卒業後も、本人のやる気次第で学びの機会を与え、学習支援員として育成していく取り組みも見られた。

　また、近隣の学校でクラスターを作り、学校間で専門性を共有するなど、限られた資金を最大限に生かす工夫が見られた。クラスターでは、共同で「ローカル・オファー」を発表している。

　A小学校は、地方の小さな学校群のスクール・クラスターの一員であり、図10-1の通り、五つの小学校間で専門性を共有している。例えば、クラス

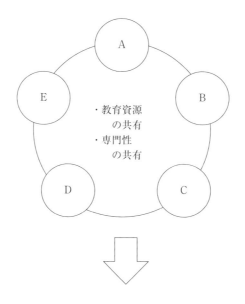

図10-1　スクール・クラスター（小学校群）における連携体制

ター内の他の学校はディスレクシアの専門家がいるため、その専門性を共有化している。そして、クラスター内の五つの小学校で、どのようなサービスを特別な教育的ニーズのある生徒に提供できるかを明記した「ローカル・オファー」を発表している。

「ローカル・オファー」は、州内の情報をはじめとして、子どもや青年がどのような支援を受けられるのか明示しているものである。このことにより、親は、誕生から25歳までの、特別な教育的ニーズや障害のある子どもや青年がどのような支援を受けることができるのかを知ることができ、支援を選択することが容易になったといえる。

しかしながら、「①特別な教育的ニーズのある生徒・その親に対する支援体制」において、特別な教育的ニーズのある生徒の親が不十分だと認識している点も見られた。

それらは、一対一の教育的支援、教員の特別な教育的ニーズに関する専門性であった。特別な教育的ニーズのある生徒の親は学校の努力を認めた上で、より個人的なニーズを満たすプログラムや機器の必要性と教員の専門性の向上を訴えた。

「2．ステイトメントについて」は、ステイトメント制度について、学校が力を入れ、慎重に進められていることがわかった。

今まさに「EHCプラン」への移行期にあり、学校は、申請のために一定期間内に証拠を集め、検査を完了させるなど、複雑な過程を経て、「EHCプラン」は発行されている。学校、特別な教育的ニーズのある生徒の親、教育心理士、地方教育当局が協同して、実態に基づいて書類を完成させる必要があるため、時間と労力を必要とするものであった。ウォーノック論文において、ステイトメント制度はお役所仕事的であるとの指摘があったが、時間のかかる複雑なプロセスはまさにその指摘通りであった。しかしながら、現在、「EHCプラン」への移行期にあるため、どのように改善されていくのかを引き続き注視する必要があると考える。

「3．特別な教育的ニーズのある生徒を取り巻く教育環境」は、概ね充実していた。充実している点は、インクルーシブな学校文化の醸成である。

A小学校は、以下のSENCOの回答に示される通り、受容・理解・共感の文化を育てることや家族支援に熱心に取り組んでいる。

> 「私達の学校は小さく、いじめや特別な教育的ニーズのある生徒に対して否定的な態度を取る子どもの課題がほとんどないことが幸運です。私達は、受容・理解・共感の文化を育てることや家族を支援することにとても熱心に取り組んでいます。それは、イギリスの全ての学校に当てはまることではありませんが、私達は学校という社会として、それらの力を育てることに自信を持って取り組んでいます。子ども達は、人それぞれ違うことについて進んで議論し、そのことで他の子どもを賞賛することができ、自分たち自身に誇りが持てると考えています。」

授業見学時の印象的な出来事として、特別な教育的ニーズや障害の有無に関わらず、一人ひとりが必要な時に必要な支援を教員から受けており、教員による一対一の支援や声掛けが多く見られた。また、一斉授業が中心ではなく、教科毎にレベルによって3グループ程度に分けているため、グループワークや一人ひとりへの対応が多かった。そのため、どの子どもも支援を受けることに違和感がなく、特別な教育的ニーズのある生徒の登録に基づいて支援を受けていても、他の子どもは気にしていない様子であった。つまり、一人ひとりが必要な場面で支援を受けることにより、特別な教育的ニーズのある生徒も疑問なしに学校という社会に受け入れられており、受容するという文化が子ども達の中に育っていることが理解できた。

机の配置などの教室の様子は、**写真10-1**の通りである。グループワークに適した配置になっている。

しかしながら、「②特別な教育的ニーズのある生徒を取り巻く教育環境」において、特別な教育的ニーズのある生徒の親が不十分だと認識している点も見られた。

写真10-1　教室の様子（2015年7月20日筆者撮影）

　特別な教育的ニーズのある生徒の親が不十分だと感じている点は、特別な教育的ニーズのある生徒支援の初期対応と心配事が出来た時の相談についてであった。特別な教育的ニーズのある生徒の親は、教員が子どもの特別な教育的ニーズを認識せず、そのままにしてしまったことを残念に考えており、初期対応の重要性を訴えた。しかしながら、教員、他の子ども、親は友好的であり、日常に困難さを感じることは全くないなど、全体的には肯定的に評価していた。

　「6．インクルーシブ教育政策の成果と課題」については、SENCOと親も共に成果を強調している。

　SENCOは、以下の回答に示される通り、インクルージョンの価値は、知識・理解・共感が、学校における『普通』の子どもにもたらされることにあるとしている。つまり、インクルーシブ教育は、特別な教育的ニーズのある生徒だけではなく、特別な教育的ニーズのない生徒にとってもプラスであると強調している。通常学校教育の改革という視点の下で、実践が行われていると理解できる。

「多くの子どもにとって、通常学校は子どもが学び、発達するのに最も適した場所であり、定型発達の子どもと互いに影響し合う機会です。特別な教育的ニーズのある子どもだけのクラスでは起こらないような出来事を通して発達が促進されることがよくあります。特別な教育的ニーズのある生徒が社会化する機会は、インクルーシブな環境によってもたらされます。インクルージョンの価値は、知識・理解・共感が、学校における『普通』の子どもにもたらされることにあります。特別な教育的ニーズのある生徒は、仲間・友達・遊び仲間として共に学んでいます。そして、全ての子どもには力があり、社会全体として、異なった人々には価値があるということを教えられるということが最も重要な授業です。私は、ほとんどの子どもが、身体障害のある子どもを車椅子の子どもとしてではなく、少し可哀想で、でも生活の中で助けが必要で、しかし、大部分同じように楽しんで生活していると思っていると思います。」

　訪問調査時、身体障害のある生徒は、休み時間、園庭でごく普通に友達と談笑しており、個人的ニーズ支援員は少し離れた所から見守っていた。個人的ニーズ支援員によると、身体障害のある生徒はごく自然に集団に溶け込んでおり、支援員自身が、特別な教育的ニーズや障害のある子どもがクラスの中にいる環境で育ったため、インクルーシブ教育は当たり前のことだと捉えていた。特別な教育的ニーズや障害のある生徒に対する知識・理解・共感は、大人が思っている以上に、ごく自然なこととして、醸成されていた。

　また、「③インクルーシブ教育政策の成果と課題」において、特別な教育的ニーズのある生徒の親もインクルーシブ教育を支持し、成果を強調している。

　以下の特別な教育的ニーズのある生徒の親の言葉の通り、違いを包含する重要性を意識していることが読み取れる。

　　「特別な教育的ニーズのある子どもは他の子どもよりも手が掛かるし、教えるのに時間もかかりますが、彼らは何かしらを提供しています。違いを排除するという考え方はとても危険が先行します。…（中略）…違いを包含するのは人生の

一部であり、他の子どもにとっても有益です。」

しかしながら、SENCO と特別な教育的ニーズのある生徒の親も共に共通の課題を指摘している。

第一に、資金の不十分さについてである。

SENCO は、「6．インクルーシブ教育政策の成果と課題」において、以下の回答の通り、資金は、高いニーズのある子どもへの支援の年間支出に見合っておらず、学校予算でそれを補填する苦しい状態だとした。さらに、学校内の資金でやり繰りするように、政府や地方当局からの圧力もあるとしている。

> 「インクルーシブ教育政策にとって、資金が最も重要な問題です。機器・人材・特別な教育的ニーズのある生徒に対する支援のプログラムは、多額の費用がかかります。小さな学校にとってはとても大変です。法令上の資金は、高いニーズのある子どもへの支援の年間支出に見合っておらず、学校の予算でそれを補填している状態です。これは言われていることで、広く知られていることですが、分離された『特別学校』で学ぶ子どもに対する資金はもっと高額であり、多くのそのような子ども達を通常学校に送り、学校はできるだけ学校内の資金でその子ども達を支援するように圧力をかけられているのです。」

第二に、特別学校の存在意義についてである。

SENCO は、「6．インクルーシブ教育政策の成果と課題」において、以下の回答の通り、特別学校は、通常学校よりも資金的に恵まれていることもあり、通常学校で満たされないニーズをもっている子どもに関しては、特別学校に利点があるかもしれないとの指摘をしている。

> 「財政面・社会的な振る舞い・学力や他の要因によって、子どものニーズが通常学校では満たされない場合も知っています。これらの場合は、未だに『特別学

校』が子どもの支援を強化できるので良いと思います。」

　同様に、特別な教育的ニーズのある生徒の親も、「③インクルーシブ教育政策の成果と課題」において、以下の回答の通り、特別学校の利点を指摘している。

　　「特別な教育的ニーズのスペクトラムはとても広範で何人かの子どもは複雑な
　　ニーズを抱えており、特別学校での支援に利点があるかもしれません。」

「7．教育的支援の継続性」については概ね十分であった。
　十分な点は、親、地方当局、小学校・中学校の教員によって、特別な教育的ニーズのある生徒の学校移行に関する会議が開かれるため、教育的支援の継続性は保障されていることである。
　しかしながら、「⑤教育的支援の継続性」において、特別な教育的ニーズのある生徒の親が不安を感じている部分が見られた。特別な教育的ニーズのある生徒の親は、中学校は規模が大きくなるため、追加的な支援が必要だと捉えていた。特別な教育的ニーズのある生徒の親へのインタビュー調査では、より専門的な支援を受けることができる特別学校と地域の中学校の選択で悩んでいる様子が見られた。
「8．家族支援体制」については、概ね十分であった。
　学校側からは、子どもの個人的な目標と進歩に関する最新の情報が渡され、総務スタッフは、保護者情報窓口として、最新の情報を提供している。もちろん、特別な教育的ニーズのある生徒の親や家族に対する支援の情報も提供されているが、それを選択し、利用するかは家族に一任されていた。
　また、「⑥家族支援体制」において、特別な教育的ニーズのある生徒の親は、親しい友人家族によって、心理的な支援を受けており、特に家族支援は必要としていないとした。

「4．特別な教育的ニーズのある生徒に対する教育予算」については、不十分であることがわかった。

教育予算は、在籍生徒数と関係しており、追加的な予算は、"Pupil Premium"リスト（政府から援助を受けている家族のリスト）、養子、ステイトメント（「EHCプラン」に移行中）を持っている生徒によって受け取っているが、それでも予算は厳しい状態である。また、補助的な機器の購入資金と格闘しており、地方教育当局から支給される資金はごく一部であることがわかった。同様に、特別な教育的ニーズのある生徒の親も、「③インクルーシブ教育政策の成果と課題」において資金や資源獲得の大変さを指摘している。

「5．ソーシャルサービス機関、地方当局との連携体制」については、お互いに協同する関係は形式的には構築されていた。特別な教育的ニーズのある生徒の利用できるサービスは**表10-5**の通りである。

しかし、SENCOと特別な教育的ニーズのある生徒の親も共に、不十分だと認識している点も見られた。

まず、SENCOは、以下の回答に示される通り、地方当局との資金提供に関する折衝がとてもきつく、互いに骨が折れるような関係になっていると指摘している。

> 「地方当局は様々な学校支援の手段を提供してくれています。政府は、特別な教育的ニーズのある生徒への資金提供を司っています。近年、地方当局との間に様々な変化があり、それは、地方当局との関係にも影響を及ぼしています。意外なことではありませんが、お金のかかる支援を必要としている生徒に対する資金提供が限られているため、学校と地方当局がきつくて、骨の折れるような関係になっています。地方当局とのハイレベルな折衝は、SENCOではなく、校長が担っています。」

また、「④ソーシャルサービスと民間支援」において、特別な教育的ニーズのある生徒の親は、以下の通り、多様なサービスはあるものの、サービス

表10-5　特別な教育的ニーズのある生徒の利用できるサービス

・作業療法
・理学療法
・スピーチ・言語センター
・言語・学習支援サービス
・子ども・青年精神衛生サービス

を受けるまでに待っている期間が長く、サービスを受けられる期間も限定的であり、フォローアップが脆弱だと指摘している。

「私達が受けている統合サービス（スピーチ・言語療法、理学療法・作業療法の混合）は限られています。スピーチ・言語療法は、重大な問題ではない場合、療法を受けるために待っている期間が長いです。作業療法は良いですが、6回の訪問で終わってしまいます。初期の設定は良いですが、フォローアップが脆弱です。」

ソーシャルサービス機関側からの意見を聞くために訪問調査を行ったイーストサセックス州のソーシャルサービス機関では、教育支援員が定期的にA小学校に出向き、家庭の事情などで支援が必要な子ども、特別な教育的ニーズや障害のある子どもに関して学校側と協議をしている。学校側は、教育支援員、教育心理士、ケースワーカーに相談し、適切な支援方法を学ぶ機会を得ている。

ソーシャルサービス機関の教育支援員によると、学校に出向いている教育支援員、教育心理士、ケースワーカーは、イーストサセックス州でそれぞれに担当地域を持っており、支援の必要な子どもが多いため、とにかく多忙で時間が足りないとのことだった。ソーシャルサービス機関は、家庭に問題を抱えている子どものためにサマーキャンプを開催するなど、重要な役割を担っている。

このソーシャルサービス機関をはじめとして、多様な機関が様々なサービスを提供しているが、支援が必要な子どもが多いため、サービスが追いついておらず、需要と供給のミスマッチが起こっていることが明らかとなった。結果として、学校とソーシャルサービス機関の連携は取れているものの、提供されるサービスが追いついていないという結論が導き出された。

第4節　考察

前節の分析結果を基に、SENCOと特別な教育的ニーズのある生徒の親の捉え方の差異に焦点を当てながら、インクルーシブ教育政策と実践の間にある成果と課題を考察していく。また、そこから日本への示唆を導き出したいと考える。

A小学校におけるインクルーシブ教育政策と実践の間にある成果は以下の通りである。

第一に、特別な教育的ニーズのある生徒に対する支援体制が構築され、教育的支援も概ね充実している点である。

A小学校では、SENCOを中心とした学校全体で特別な教育的ニーズのある生徒を支える仕組みがあり、学校全体において、特別な教育的ニーズのある生徒の情報共有を形式張らず、活発に行っていた。また、SENCOが特別な教育的ニーズのある生徒支援の中核を担っており、特別な教育的ニーズのある生徒の親にとっての支えであると思われた。SENCOの言葉の通り、インクルーシブ教育は「標準」であり、「守るべき規範」として推進され、インクルーシブ教育実践は積極的に、かつ、ごく自然なこととして推進されていることがわかった。

第二に、特別な教育的ニーズのある生徒を取り巻く教育環境が概ね充実している点である。

A小学校は、インクルーシブな学校文化の醸成に力を入れており、実際、

子ども達の中に、特別な教育的ニーズのある生徒に対する受容・理解・共感は着実に育っていた。また、特別な教育的ニーズや障害の有無に関わらず、一人ひとりが必要な場面で、必要な支援を受けていることにより、支援を受けることは特別なことではないとする考えが浸透していた。そのこともインクルーシブ教育実践を推進する上で重要になっていると思われた。

　第三に、近隣の学校との連携体制が構築されている点である。

　A小学校では、近隣の小学校5校でスクール・クラスターを作り、学校間で専門性と資源を共有するなど、限られた資源を最大限に生かす工夫が見られた。スクール・クラスターでは、協同で「ローカル・オファー」を発表している。また、特別な教育的ニーズのある生徒やその親への情報提供にも力を入れており、A小学校のホームページでも、「ローカル・オファー」の内容がとても分かりやすく明示されており、親の安心に繋がると思われた。

　しかしながら、インクルーシブ教育政策と実践の間には、いくつかの課題やズレも見られた。

　第一に、インクルーシブ教育政策を実践に移した際に、それに見合った資金が学校に支給されていないという点である。

　SENCOと特別な教育的ニーズのある生徒の親の指摘にもあったように、特別な教育的ニーズのある生徒支援の資金面が非常に苦しいといえる。特別な教育的ニーズのある生徒の支援には、人材や機器を含めて多額の費用がかかるが、インクルーシブ教育政策の法令上の資金は、特別な教育的ニーズのある生徒支援の支出に見合っておらず、学校の予算でそれを補填している状態であった。そのような中、前述した通り、A小学校は地域の小学校とスクール・クラスターを組み、専門性と資源を共有するなどして、創意工夫の上で、困難を乗り切ろうと努力していた。

　第二に、インクルーシブ教育政策に実践が追いついていない部分がある点である。

　特別な教育的ニーズのある生徒の親は、一対一の教育的支援、教員の特別

な教育的ニーズに関する専門性、教員の特別な教育的ニーズのある生徒の支援の初期対応、心配事が出来た時の相談に対する不満を指摘していた。特に、教員の専門性に関しては、SENCOに特別な教育的ニーズのある生徒支援の業務が集中しており、自身のクラスの指導以外にも、SENCOとしての多様な業務があり、極めて多忙な様子だった。これらのことから、インクルーシブ教育政策に実践が追いついていない部分があると思われる。

第三に、インクルーシブ教育政策に基づいて用意されたサービスが、実際には利用し難いものになっている点である。

特別な教育的ニーズのある生徒の親の指摘にもあった通り、特別な教育的ニーズのある生徒の教育的支援に関して、インクルーシブ教育政策に基づいて多様なサービスが用意されているが、受けられるまでに待っている期間が長く、受けられる期間も限定的であり、フォローアップも脆弱であるなど、運用上の問題があった。

その背景には、特別な教育的ニーズのある生徒等、支援が必要な子どもの増加に対して、サービス提供者側であるソーシャルサービス機関などの人員が不足しているという現状があった。

第四に、特別学校の存在意義は高く、現時点では、フル・インクルージョンの実施には限界性があり、多様な学びの場が重要視されている点である。

SENCOと特別な教育的ニーズのある生徒の親の両者ともインクルーシブ教育政策の成果を強調しているが、同時に、通常学校ではどうしてもニーズを満たせない子どもに対しては、特別学校が適しているのではないかと指摘している。つまり、通常学校におけるフル・インクルージョンの実施には現時点では限界が少なからずあるように思われる。ウォーノック論文の議論の際、特別学校の閉鎖を訴えるフル・インクルージョンの支持者や団体の声もあったが、本調査結果と政府の特別学校の専門性を高く評価する姿勢から、今後も当面は特別学校が存続すると考えられる。

以上、A小学校におけるインクルーシブ教育政策と実践の間にある成果

と課題を示した。今後はインクルーシブ教育政策と実践の間にある課題の改善を進めながら、特別な教育的ニーズや障害のある子どもの教育的支援が保障されることが重要であると考える。

そして、そこから浮かび上がった日本への示唆は以下の通りである。

第一に、通常学校教育の改革という視点の下、学校全体で年月をかけて、受容・理解・共感というインクルーシブな学校文化を積み重ねていく点は、示唆に富む取組みである。

A小学校では、インクルーシブ教育は「標準」であると認識され、推進されていた。通常学校教育の改革という視点の下で、インクルーシブ教育が推進されているからこそ、インクルーシブな学校文化が醸成されたと考えることができる。

第二に、特別な教育的ニーズや障害の有無によって支援対象を分けるのではなく、子どもを全体として捉え、必要に応じて各々に教育的支援を提供していく考え方の重要性である。

A小学校の取組みから、特別な教育的ニーズや障害の有無に関わらず、一人ひとりが必要な場面で、必要な支援を受けることにより、支援を受けることは特別なことではないとする考えが浸透していくと思われた。

第三に、近隣の学校との連携体制の構築である。

A小学校では、近隣の小学校5校でスクール・クラスターを作り、学校間で専門性と資源を共有するなど、限られた資源を最大限に生かす工夫が見られた。また、スクール・クラスターでは、協同で「ローカル・オファー」を発表し、特別な教育的ニーズのある生徒やその親への情報提供を行っている。

このような近隣の学校との連携体制の構築は、地域におけるネットワーク作りや資源を有効活用する意味でも、示唆に富むと思われる。

第四に、インクルーシブ教育政策に見合った資金を政策主体が学校側に提供する必要性である。

A 小学校では、特別な教育的ニーズのある生徒支援の資金が不足し、足りない部分を学校がやり繰りしているという課題が見られたため、政策主体に対して、実践に見合った資金の提供を求めていく必要性がある。それと同時に、財源は制限されていても、スクール・クラスターの活用など、資源のやり繰りが常に工夫されている点は示唆に富むと考えられる。

　第五に、特別な教育的ニーズのある生徒の教育的支援に関わる専門性の高い教職員養成の必要性である。

　特に、特別な教育的ニーズのある生徒の支援の中核を担う SENCO の養成は喫緊の課題であるといえる。A 小学校の調査では、SENCO に業務が集中し、極めて多忙だったため、教職員の専門性の全体的な底上げとともに、今後、学校内の特別な教育的ニーズのある生徒が増加した際には、SENCO の増員も検討されるべきだと思われる。

　第六に、インクルーシブ教育の推進に対して、他機関と協同して動ける人材の育成が必要である。

　調査結果から、学校の SENCO やソーシャルサービス機関の職員等の連携の重要性が明らかとなった。

　行政や教育実践の場で、特別な教育的ニーズや障害のある子ども等、教育から排除される傾向にある子ども達をいかに教育に包摂していくかを理論と実践の両面から支えることのできる人材が必要とされている。意欲のある人材を育成し、行政や教育実践の場に取り込んでいく必要がある。

　第七に、実践者や利用者の視点に立ったサービスの制度設計の重要性である。

　A 小学校では、インクルーシブ教育政策に基づいて多様なサービスは用意されているものの、サービスが利用し難いものになっている課題が見られたため、実践者や利用者の視点に立った制度設計への改善が必要である。また、実践を担うソーシャルサービス機関等の職員の増員も必要である。

　第八に、通常学校だけではなく、多様な学びの場を保障していく視点の重

要性である。

　SENCO と特別な教育的ニーズのある生徒の親の両者共に、インクルーシブ教育政策の成果を強調すると同時に、通常学校ではどうしてもニーズを満たせない子どもに対しては、特別学校が適しているのではないかとの指摘があった。現時点では、通常学校におけるフル・インクルージョンには、限界が少なからずあると思われる。また、イギリスでは、特別学校の存在意義や専門性は依然として高く、多様な学びの場が重要視されているため、プロセスとしてのインクルージョンの方向性が堅持されると思われる。

　このように、イギリスにおけるインクルーシブ教育政策と実践の間にある成果と課題から、八つの日本への示唆が導き出された。今後、日本において、どのようにインクルーシブ教育を推進していくのかを検討する上で、これらの示唆が一助になればと考える。また、本研究全体を通しての日本への示唆は、「終章　第3節　日本への示唆」において述べることとする。

　なお、本調査は、イーストサセックス州 A 小学校の SENCO と特別な教育的ニーズのある生徒の親、ソーシャルサービス機関の職員に限定した調査であるため、必ずしもイギリス全体の傾向を示しているとはいえない。

　今後の課題としては、インクルーシブ教育政策と実践の間にある成果と課題をより正確に捉えるために、イギリスの異なる地域での調査を実施したいと考える。

付記

　本調査にご協力いただいた A 小学校の教職員の皆様、特別な教育的ニーズのある生徒の保護者の方、ソーシャルサービスの職員の方に深く感謝申し上げる。また、本調査報告に関しては、対象者の人権に配慮し、十分な説明と同意を得ていることを報告する。個人情報保護のため、個人が特定できる表現は削除し、記録した資料は鍵のかかる安全な場所に保管している。

注

1) スクール・アクションプラスとは、学校内の教育的支援だけでは子どものニーズが満たせない場合に、学校外の専門家も活用する段階を指している。
2) 2014年度の OFSTED の "School Data Dashboard" のデータに依拠する。2014年9月から12月にかけて、A小学校の SENCO に行った質問紙調査結果によると、学校において特別な教育的ニーズがあると認識している生徒数は23名であった。
3) 学校査察報告書では、四段階で評価しており、上から Outstanding（大変優れている）、Good（優れている）、Requires Improvement（要改善）、Inadequate（不十分）である。
4) この他にも、インフォーマルな食事の場で、特別な教育的ニーズのある生徒の親に話を伺うことができた。ここでの問題設定とは異なるが、示唆に富むと考えられるため、「終章 第3節 日本への示唆」において取り上げたい。

文献

・Department for Education and Skills（DfES）（University of Manchester & University of Newcastle）（2004）*Inclusion and Pupil Achievement*, DfES Publications.

補 完 資 料

　以下の質問紙調査・回答結果では、質問紙調査の項目に対する回答とそれに基づくインタビュー調査の結果を回答者毎に分析している。参考のために、各対象者の回答を掲載しておく。

・質問紙調査・回答結果
【SENCO】

　SENCOに対する調査結果は以下の通りである。
1．特別な教育的ニーズのある生徒に対する支援体制
1-1. 日常的な関わり
　日常的な関わりは、クラス担任によって行われている。通常授業に参加している全ての特別な教育的ニーズのある生徒の授業はクラス担任によって行われており、小さなグループでの活動では、担任の支援か、グループでの活動に参加している学習支援員の支援がある。学習支援員は、グループでの活動や特別な学習目標のある生徒に対して一対一の支援を担っている。

1-2. SENCOについて
　A小学校では、校長がSENCOの公的な役割を担っているが、実質的には副SENCOがSENCOとして業務のほとんどを行っている。その理由としては、大学院のSENCO国家資格認定プログラムを修了するまで、公的な資格を保持できないためである。

1-3. SENCOの資格と研修
　SENCOは国家資格と研修が必要である。
　SENCOの国家資格の大学院修了プログラムは、修士課程の三分の一に相当するものである。これは、認定されている大学のオンラインプログラムを修了し、学校内の調査を完了することを含み、さらに特別な教育的ニーズに関する文献の再検討、およびエビデンスのオンライン記録の作成も必要である。

1-4. 特別な教育的ニーズのある生徒の最初の発見・気付き
　特別な教育的ニーズがあるのではないかという初めの心配は、両親か学校のスタッフによって提起されている。その後、医師、セラピスト、教育心理士等に紹介し、さらに公式なアセスメント、診断書、支援を得るようにしている。

1-5. 特別な教育的ニーズのある生徒への教育的支援
　特別な教育的ニーズのある生徒への教育的支援は多様であり、外部の支援サービス、イーストサセックス州自治体からの外部支援、設備・機器などに学校予算が活用されている。

1-6. 学校全体で特別な教育的ニーズのある生徒を支える仕組み
　A小学校は小規模の学校であるため、特別な教育的ニーズのある生徒の情報共有を形式張らずに行っている。校長とSENCOは、個々の生徒のニーズについて、他の教員や学習支援員と定期的に議論している。教職員のミーティングでは、子ども達に関する教職員の心配事について、詳細なチェックを含めて、行われている。また、SENCOは、時々、新たな事務仕事の必要や学校の補助スタッフについての大幅な変更点について議論するための学習支援員のミーティングを指揮している。

1-7. 特別学校、近隣の学校との連携
　A小学校は、地方の小さな学校群のスクール・クラスターの一員であり、5つの小学校間で専門性を共有している。例えば、クラスター内の他の学校はディスレクシアの専門家がいるため、その専門性を共有化している。そして、クラスター内の5つの小学校で、どのようなサービスを特別な教育的ニーズのある生徒に提供できるかを明記した「ローカル・オファー」を発表している。

2．ステイトメントについて
2-1. 特別な教育的ニーズのある生徒のステイトメントの発行
　ステイトメント（現在は、「EHCプラン」に移行中である。）を発行するか否かは、教員とSENCOと校長、そして両親からの重要な情報によって、総合的に決定される。

2-2. ステイトメントの発行の基準
　ステイトメント発行の基準は、学校・両親・子ども・検査（例、教育心理学レポート）による実態に基づいて、記入される。その後、地方自治体の担当者によって記入

される。

2-3. ステイトメントの発行手続き
　現在移行中の新制度「EHC プラン」の申請には、とても重要な書類と証拠が必要とされる。学校は、一定期間に一連のことを終えなければならず、証拠を集め、検査を完了させなければならない。EHC プランは、学校が追加的な資金の割り当てを受ける根拠になるため、長期間の複雑な過程と学校内の追加的な特別な教育的ニーズの支援の範囲では、満たすことができない重要な支援のニーズが、子どもにあることが必要になる。

3．特別な教育的ニーズのある生徒を取り巻く教育環境
3-1. 他の子ども達や親の反応
　SENCO は、他の子ども達や親も特別な教育的ニーズのある生徒と共に学ぶことを肯定的に捉えていると評価している。

　　「子どもは、友達が特別な教育的ニーズの登録に基づいて、支援を受けていることに気付いていないことがよくあります。クラスの中で、少しの追加的な支援を受けている子ども（特別な教育的ニーズの登録をされる程の重大な支援が必要ではなくて）がよくいるからです。重要な支援が必要な子どもは、他の子どもの疑問なしに学校という社会に受け入れられています。受容するという文化が子ども達の中に育っており、親達も理解しています。」

3-2. 他の子ども達や親の受容性
　子どもは純真さゆえに、まれに不親切な言動を取ることはあるが、特別な教育的ニーズや障害のある子どもに対して協力的であった。

　　「私達は、ごくまれに子どもが自分と違う子どもに対して、不親切な言動を取ったりするという課題があります。子どもは純真で、身体障害のある生徒に対して、質問を投げかけたりします。しかし、身体障害のある生徒は、友達に受け入れられ、支えられています。他の子ども達は、その生徒が補助器具を上手く使えるようにしてくれたりします（例えば、車椅子に座る時）。子ども達は、ドアを開けて、その生徒が車椅子で通れる場所を取ってあげたり、歩行器具を使うときは持ってきてあげたり、高学年の生徒は、車椅子を操作してあげたりしています

（例えば、その生徒が歌やダンスのクラブに参加する時は、高学年の生徒がその生徒と踊ってあげて、音楽に合わせて、車椅子を動かしてあげたりします）。」

3-3. 他の子ども達や親の考えに影響を与えているもの
　SENCOは、学校全体で受容・理解・共感の文化を育て、家族を支援することに熱心に取り組むことが、影響を与えていると捉えていた。

> 「私達の学校は小さく、いじめや特別な教育的ニーズのある生徒に対して否定的な態度を取る子どもの課題がほとんどないことが幸運です。私達は、受容・理解・共感の文化を育てることや家族を支援することにとても熱心に取り組んでいます。それは、イギリスの全ての学校に当てはまることではありませんが、私達は学校という社会として、それらの力を育てることに自信を持って取り組んでいます。子ども達は、人それぞれ違うことについて進んで議論し、そのことで他の子どもを賞賛することができ、自分たち自身に誇りが持てると考えています。」

3-4. インクルーシブ教育実践を推進する上での障壁
　子どもの社会的・経済的背景によって、親があまり協力的ではない課題が見られた。

> 「私達の学校は、広範な社会的・経済的背景（階級）を抱えた子どもが集まっています。特別な教育的ニーズのある子どもで完全な支援が必要な子どもへの親の関わりは欠かせませんが、歴史的に見て、とても貧困な家庭ととても裕福な家庭の両方があまり協力的ではないという課題もあります。」

3-5. インクルーシブ教育が受け入れられている理由
　インクルーシブ教育は『標準』として受け入れられているが、支援の必要な子どもが予算を使い果たしていると感じられている点が課題として挙げられている。

> 「イギリスでは、インクルーシブ教育は『標準』となっています。そして、一般における受容は一晩ではなしえません。未だに、特に、予算が厳しいという抵抗があります。支援の必要な程度が高い子どもが、学校の予算・資源を使い果たしてしまうと感じられています。」

第10章　イギリスにおけるインクルーシブ教育の成果と課題　307

4．特別な教育的ニーズのある生徒に対する教育予算
4-1. 特別な教育的ニーズのある生徒に対する教育予算について
　SENCO は、予算の厳しさを指摘している。

　　「小さな学校では、私達の全ての予算は、在籍生徒数と関係しています。私達は、追加的な予算を"Pupil Premium"リスト（政府から援助を受けている家族のリスト）、養子、ステイトメントを持っている生徒によって受け取っています。それでもまだ予算は厳しく、資金は、とても慎重に子どものニーズによって調整されています。」

4-2. 教育予算の足りない部分
　SENCO は、補助的な機器の資金を得ることが難しいことを指摘している。

　　「私達は、補助的な機器（椅子・机・エレベーターなど）の資金と格闘しています。ステイトメントに基づいて支給された子どもの資金はごく一部です。」

5．ソーシャルサービス機関、地方当局との連携体制
5-1. ソーシャルサービス機関との連携
　学校は他の機関と連携しており、特別な教育的ニーズのある生徒は様々なサービスを選択できるものの、他の機関との連携体制を全て円満に築くことは難しいとしている。しかし、2015年のオンラインのデータベース方式の導入により、情報の共有化が図られ、円滑になるとしている。

　　「私達の小学校は、不運にも時々、危機的な状況にある家族や様々な理由から、子どもを保護する課題に見舞われています。それは、ソーシャルワーカー、学校看護師（様々な学校で横断的に働いている）、時によっては警察と協力して行われています。」

そして、様々な機関が特別な教育的ニーズのある生徒のために使われている。

　　「様々なサービスが、子どものニーズベースで使われています。私達の学校のクラスターでは、もっと包括的なリストをローカル・オファーにおいて提供しています。SENCO としては、学校によく来るセラピストと強い関係を築くことが

できています。他の機関とは、関係を築くことはなかなか難しいです。この点に関しては、2015年4月に大規模な変化が予定されており、私達は広範囲のサービスを受けることができるようになります。オンラインのデータベース方式になり、もっと簡単に早く個々の子どもにあった広範囲のサービスが受けられるようになります。それによって、複雑なケースの場合、情報をシェアしなくてはならない手間を省くことができます。」

5-2. 地方当局との連携

SENCO は、学校と地方当局との資金に関するハイレベルな折衝が難しく、お互いに大変な関係になってしまっているとしている。

「地方当局は様々な学校支援の手段を提供してくれていますし、特別な教育的ニーズのある生徒への資金提供を司っています。近年、地方当局との間に様々な変化があり、それは、地方当局との関係にも影響を及ぼしています。意外なことではありませんが、お金のかかる支援を必要としている生徒に対する資金提供が限られているため、学校と地方当局がきつくて、骨の折れるような関係になっています。地方当局とのハイレベルな折衝は、SENCO ではなく、校長が担っています。」

6. インクルーシブ教育政策の成果と課題

6-1. インクルーシブ教育政策と実践

学校は、実施要綱に基づいて、インクルーシブ教育政策を実践している。また、「ローカル・オファー」で詳細まで決定し、それを公表することで努力を続けている。

「学校は特別な教育的ニーズの実施要綱に従っています。その実施要綱を満たすように、私達地方の学校はローカル・オファーを作成しており、詳細まで決定し、努力を続けています。」

6-2. 政権交代によるインクルーシブ教育政策への影響

近年の最大の変化は、ステイトメント制度が「EHC プラン」に移行したことにある。このことにより、教育と保健の関係を密接にして、特別な教育的ニーズのある生徒を支援することになった。質問紙調査実施時は選挙前であったが、2015年5月7日の選挙により、保守党のキャメロン政権が政権を維持し、「EHC プラン」もそのまま

移行したといえる。

　「特別な教育的ニーズの実施要綱は過去何年かの間に重要な検討を行い、私達の地方当局は、校長やSENCOに情報を伝え、変化に対応できるように助けてきました。近年の最大の変化は、ステイトメント制度が新たにEHCプランに移行したことです。私達は、ステイトメントからEHCプランへの移行期にあります。最大の違いは、EHCプランは、保健と密接になったことです。学校とNHS（国民保健サービス）の統合によって、子どもの複雑なニーズにも対応できるようになりました。EHCプランは子どもが25歳になるまで有効であり、法的な拘束力を持ちます。5月7日の選挙によって、特別な教育的ニーズに対する対応にどのような変化があるのか不透明です。」

6-3. インクルーシブ教育政策の成果

　SENCOは、通常学校は子どもが学び、発達するのに最も適した場所だとして、インクルージョンの価値は、知識・理解・共感が他の子どもにもたらされることにあるとしている。

　「多くの子どもにとって、通常学校は子どもが学び、発達するのに最も適した場所であり、定型発達の子どもと互いに影響し合う機会です。特別な教育的ニーズのある子どもだけのクラスでは起こらないような出来事を通して発達が促進されることがよくあります。特別な教育的ニーズのある生徒が社会化する機会は、インクルーシブな環境によってもたらされます。インクルージョンの価値は、知識・理解・共感が、学校における『普通』の子どもにもたらされることにあります。特別な教育的ニーズのある生徒は、仲間・友達・遊び仲間として共に学んでいます。そして、全ての子どもには力があり、社会全体として、異なった人々には価値があるということを教えられるということが最も重要な授業です。私は、ほとんどの子どもが、身体障害のある子どもを車椅子の子どもとしてではなく、少し可哀想で、でも生活の中で助けが必要で、しかし、大部分同じように楽しんで生活していると思っていると思います。」

6-4. インクルーシブ教育政策の課題

　インクルーシブ教育政策を実践する上での一番の課題は、資金の不足である。特別学校の資金は高額であるが、通常学校は限られた資金の中での学校運営を強いられて

おり、苦しい状況にあるといえる。

> 「インクルーシブ教育政策にとって、資金が最も重要な問題です。機器・人材・特別な教育的ニーズのある生徒に対する支援のプログラムは、多額の費用がかかります。小さな学校にとってはとても大変です。法令上の資金は、高いニーズのある子どもへの支援の年間支出に見合っておらず、学校の予算でそれを補填している状態です。これは言われていることで、広く知られていることですが、分離された『特別学校』で学ぶ子どもに対する資金はもっと高額であり、多くのそのような子ども達を通常学校に送り、学校はできるだけ学校内の資金でその子ども達を支援するように圧力をかけられているのです。」

6-5. インクルーシブ教育政策を支持するか

SENCOは、インクルーシブ教育政策を支持しているが、一つの例外を指摘している。通常学校では、どうしてもニーズを満たせない子どもがおり、その子どもにとっては、特別学校が十分な支援を提供できるとしている。

> 「大部分では、『はい』と言えます。私は、全ての人々が関わるということに利点があると信じています。しかし、財政面・社会的な振る舞い・学力や他の要因によって、子どものニーズが通常学校では満たされない場合も知っています。これらの場合は、未だに『特別学校』が子どもの支援を強化できるので良いと思います。」

7．教育的支援の継続性

7-1. 継続的な教育的支援

継続的な教育的支援は、地方当局が主導して、学校や親と共に行っている。

> 「特別な教育的ニーズの支援は、地方当局が、中学校への移行に関しても調整しています。特別な教育的ニーズのある生徒は、小学校の最終学年に移行がスムーズに進むように追加的な支援を受けています。一般的には、『移行のための会議』が両親・地方当局・小学校・中学校の教員によって開かれ、子どもの教育の変化について全てが整うように保障されています。」

8．家族支援体制
8-1. 特別な教育的ニーズのある生徒の家族に対する支援
　親には、子どもの目標と進歩に対する最新の情報が与えられている。しかし、きょうだい児支援は学校ではなく、地域単位で提供されている。

> 「親には、子どもの個人的な目標と進歩に関する最新の情報が与えられています。また、自宅で親が子どもの課題達成を手助けできるように、課題の小さなリストを渡しています。地域によって、特別な教育的ニーズのある生徒のきょうだい児に対するプログラムがありますが、学校では特に何かをしていません。」

8-2. 家族支援の種類
　家族支援には、最新のプログラムやサービスがある。学校の総務スタッフが中心となって、家族支援の情報を親に提供している。総務スタッフも訓練を受けていることは特筆すべきことである。特別な教育的ニーズのある生徒の支援の特別な情報は、校長やSENCOによって提供されている。

> 「学校の総務スタッフは、保護者情報窓口としての訓練を受けています。彼らは、子どもや親のための最新のプログラムやサービスを提供しています。特別な教育的ニーズのある生徒の親や家族に対する特別な情報は、校長かSENCOがケースバイケースで、提供しています。」

8-3. 家族支援の提供者
　学校の総務スタッフ、校長、SENCOが提供している。

【特別な教育的ニーズのある生徒の親】
　続いて、特別な教育的ニーズのある生徒の親に対する調査結果は以下の通りである。

①特別な教育的ニーズのある生徒・その親に対する支援体制
①-1. 特別な教育的ニーズの認識
　子どもが学校生活で困っているのを知り、気付いたとしている。

> 「子どもが、苦労していた小学校一年生の時に気付きました。子どもが5歳の時でした。」

①-2. 最初の発見・気付き
　最初に気付いたのは、クラス担任であり、SENCO と教育心理士に助けを求めている。

　　「クラス担任が、SENCO と教育心理士に助けを求め、教育心理士が子どもに特別な教育的ニーズがあると結論付けました。」

①-3. 教育的支援の開始時期
　特別な教育的ニーズの診断から、教育的支援の開始までに一年かかっている。

　　「子どもは、5歳から6歳の時に診断を受けて、6歳から7歳にかけて、二年生の時にいくつかの教育的支援を受けるようになりました。」

①-4. 教育的支援の種類
　受けている教育的支援は、個別の教育計画、フォニックスの強化があり、学校の養育グループは困難な部分や自己肯定感を形成することを助けてくれているとしている。

①-5. 日常的な支援の提供者
　日常的な支援の担い手は、クラス担任や SENCO である。

　　「クラス担任、SENCO、家族や友人が、子どもについて私と話してくれます。学校は、特別な教育的ニーズの教育的支援について情報をくれ、学校と共に、年に一回小児科医の診察を受けています。」

①-6. 教育的支援について
　教育的支援が十分であるかについては、もっと一対一の教育的支援が欲しいとしており、初期対応が遅れていたことも指摘している。

　　「私は一対一の支援が欲しいと思います。クラス担任は、最初から子どもの特別な教育的ニーズを認識していたとは思えません。それにも関わらず、クラス担任は、子どもをどう助けたらいいかわからないまま、特別な教育的ニーズがあるかどうかの調査に着手してしまいました。」

①-7. 教育的支援の足りない部分
　学校内の教育的支援で不足しているのは、一対一の教育的支援と教職員の特別な教育的ニーズに対する専門性についてであった。ただし、教員の努力については肯定的に捉えていた。

　　「特別な教育的ニーズに関する訓練を受けた多数のスタッフは、改善していません。もっと一対一の支援と個人的なニーズを満たすプログラムや機器が必要です。学校の先生はとても熱心に子どもを見てくれるけれども。」

②特別な教育的ニーズのある生徒を取り巻く教育環境
②-1. 学校との情報の共有
　学校との情報の共有については十分であり、教員は相談に乗ってくれるとしている。しかし、他の機関と学校との横の連携には難しいとしている。

　　「学校の先生は、いつも日常的な問題や長期的な計画に関しても、相談に乗ってくれます。他のサービス機関（例えば、スピーチ・言語、作業療法など）と学校の関係は容易くないので。」

②-2. 情報の共有で足りない部分
　学校との話し合いで足りていない部分は、特別な教育的ニーズの初期対応と心配事が出来た時であり、相談できるように改善されるべきであるとしている。

②-3. 他の子ども達や親の受容性
　同じクラスの子ども達や親の態度は受容的かについて、特別な教育的ニーズのある生徒の親は、全てにおいて、肯定的に捉えていた。

　　「子どもは学校でとても友好的に育っています。親や教員は全て子どもに親切です。」

②-4. 他の子ども達や親との関係性
　特別な教育的ニーズのある生徒の親は、他の親や子ども達と上手くやっていくのに困難を感じることは全くないとしている。

③インクルーシブ教育政策の成果と課題
③-1. インクルーシブ教育政策を支持するか
　特別な教育的ニーズのある生徒の親は、インクルーシブ教育政策を強固に支持している。しかしながら、通常学校でニーズを満たせない子どもに関しては、特別学校における支援の利点を示唆している。

　　「もちろんです。特別な教育的ニーズのある子どもは他の子どもよりも手が掛かるし、教えるのに時間もかかりますが、彼らは何かしらを提供しています。違いを排除するという考え方はとても危険が先行します。特別な教育的ニーズのスペクトラムはとても広範で何人かの子どもは複雑なニーズを抱えており、特別学校での支援に利点があるかもしれません。違いを包含するのは人生の一部であり、他の子どもにとっても有益です。」

③-2. インクルーシブ教育政策の成果
　インクルーシブ教育の良い点として、三点を挙げている。きょうだい児と共に学校に通えることも挙げられており、インクルーシブ教育は家族支援の点からも重要であると考えられる。

　　「・違うからといって、特別な教育的ニーズのある子どもを排除しない。
　　・違う能力を持つ子どもと友人関係を築くことができる。
　　・両親と学校に通うきょうだい児を助けることができる。」

③-3. インクルーシブ教育政策の課題
　インクルーシブ教育の課題としては、教員や学校は資源の面（時間・資金・追加的な設備・外部サービスへの支払い）で大変だと思うとしている。

④ソーシャルサービス機関と民間支援
④-1. ソーシャルサービスについて
　子どもの得ているソーシャルサービスは十分だと思うかについては、サービスを受けるまでに時間がかかるか、初期設定は良くてもフォローアップが脆弱だとして、運用上の問題を指摘している。

　　「私達が受けている統合サービス（スピーチ・言語療法、理学療法・作業療法

の混合）は限られています。スピーチ・言語療法は、重大な問題ではない場合、療法を受けるために待っている期間が長いです。作業療法は良いですが、6回の訪問で終わってしまいます。初期の設定は良いですが、フォローアップが脆弱です。」

④-2. ソーシャルサービスの足りない部分
　ソーシャルサービスで足りていない部分については、一度少しの支援を受けて終わったら、また再度、さらなる支援を求めて闘わないといけないことだとしている。いくつかのサービス機関の計画はなかなか実現しないとしている。

④-3. 民間支援について
　民間支援を利用しているかについては、利用しておらず、NHSや学校以外に、他の機関を見つけていないし、紹介されていないとしている。

⑤教育的支援の継続性
⑤-1. 継続的な教育的支援
　継続的な教育的支援については、小学校卒業後、小さな小学校から、大きな中学校へ行くため、追加的な支援がない場合、子どもが迷子になるのではないか心配だとしている。

⑥家族支援体制
⑥-1. 家族支援について
　家族支援については、親しい友人家族が、心理的な支援をしてくれているため、特に他の家族支援は必要ではないとしている。

　　　　　　　　　　　　　　　　　　　　　　　　　　　　　　　　以上

第4部 総括

終章　本研究の総括

第1節　障害児教育政策論の歴史的展開の総括

　本研究では、まず、第2部において、ノーマリゼーション原理から、インクルージョン・インクルーシブ教育に至る障害児教育政策論の歴史的展開を分析・考察した。

　そこから明らかになったことは、以下の三点である。

　第一に、ノーマリゼーション原理は「当事者」、政府や社会省などの「政策主体」、「受け入れる場所（国・地域）」が合致したことで、推進されたことが明らかとなった。

　1950年代のデンマークにおいて、知的障害者の親の会という運動体と政策主体である社会省の行政官であるバンク—ミッケルセン（Bank-Mikkelsen, N. E.）が協同し、法律を作り上げ、ノーマリゼーション原理が推進されたことは、歴史的にも極めて画期的であったといえる。

　その背景には、第二次世界大戦下のナチスによるユダヤ人迫害という社会情勢とバンク—ミッケルセン自身がナチスに抵抗し、投獄されていたという事実があり、人としての権利を取り戻そうとする動きがあった。また、デンマークはユダヤ人迫害に反対し、ナチスに対して毅然として対峙したヨーロッパ唯一の国である。

　さらに、第2章で明らかにしたスウェーデンの行政官であるグルネヴァルト（Grunewald, K.）の指摘の通り、スウェーデンの人々の中には、知的障害児（者）を受け入れる文化が根付き、支援が必要な市民に対して、公共部門が社会的責任を負うことが明確にされていた。デンマークと同様に、ス

ウェーデンにおいて、ノーマリゼーション原理が発展したことがわかる。

そして、スウェーデンのニルジェ（Nirje, B.）が組織化した団体の理念が、国連の1971年「知的障害者権利宣言」に繋がり、ノーマリゼーション原理は、国連の宣言に脈々と受け継がれ、先進諸国を中心として世界に広がったことがわかった。

第二に、ノーマリゼーション原理、インテグレーション概念・統合教育、インクルージョン・インクルーシブ教育の理論は、人としての権利を求めているという点において、通底していることが明らかとなった。

その根底には、「人としての権利を奪われることへの抵抗」、「排除への闘い」があると考えられる。また、障害児（者）の権利保障と発達を保障する視点が重要である。

いかなる歴史的展開の中でインクルーシブ教育の理論が構築され、世界の障害児教育政策の潮流となったのかを明らかにするために、第4章において「障害児教育政策論の歴史的展開の関係図」を示したが、本研究において重要であり、意義があると思われるため、**図終-1**の通り、再掲したい。

ノーマリゼーション原理のバンク―ミッケルセンとニルジェの視点にある様に、障害は、個人の問題にのみ帰結するものではなく、社会の問題として捉えることが重要である。この視点は、インクルージョンにも通底しており、ノーマリゼーション原理からインクルージョン・インクルーシブ教育までを一つの流れとして理解する必要がある。

インテグレーション概念・統合教育の対象は、障害児であったが、時代の流れとともに、学校から排除される傾向にある全ての特別な教育的ニーズのある子どもへと対象を拡大し、インクルーシブ教育へと結実している。その背景には、地域社会や教育から排除される傾向にある多様な子ども達が増加しており、政府や教育を司る省庁などの政策主体にとって、彼等をいかに教育に包摂するかが課題となってきたと指摘できる。

それは、1980年代以降のEUのソーシャル・エックスクルージョンへの闘

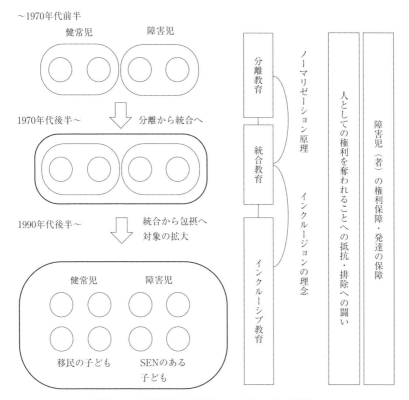

図終-1　障害児教育政策論の歴史的展開の関係図

いの取組みからも明らかである。EUやイギリスでは、ソーシャル・エクスクルージョンに対処する戦略として、ソーシャル・インクルージョンがその中心的な対応策とされている。その中で、インクルーシブ教育政策も重要な一翼を担っているといえる。

　また、ノーマリゼーション原理から、インクルーシブ教育に至る過程において、特別な教育的ニーズや障害のある子ども、親、教員等による、「人としての権利を奪われることへの抵抗」、地域社会や教育からの「排除への闘い」は続いており、現在もその途上にある。

2006年、国連の「障害者権利条約」によって、障害児教育の方向性はインクルーシブ教育が基本となった。排除される傾向にある子ども達をいかに教育へ包摂していくか、通常学校教育の改革という視点をもって、漸進的な取り組みが必要である。

第三に、統合教育、インクルーシブ教育政策の課題は、政府や教育を司る省庁などの政策主体によって、支出を削減できるというメリットのみで推進される危険性を内包している点であることが明らかになった。

通常学校に、単に特別な教育的ニーズや障害のある子どもを統合・包摂するだけであれば、それはダンピングである。政策主体が、インクルーシブ教育の本来の意味や中身を捻じ曲げることがないように、本来の意味として、特別な教育的ニーズや障害のある子どもの権利保障と発達を保障する視点が重要である。そのためにも、通常学校における基礎的環境整備がなされること、特別な教育的ニーズや障害のある子どもや人々に対する社会全体の意識が変革していくように、啓発を促進していくことが必要である。

第2節　イギリスにおけるインクルーシブ教育政策の歴史的展開の総括

第3部では、イギリスにおけるインクルーシブ教育政策の歴史的展開を分析・考察した。また、インクルーシブ教育実践の現状を把握するために調査も行っている。

そこで、「インクルーシブ教育政策の歴史的展開」と「インクルーシブ教育実践の調査結果」に大別して、明らかになった点を明示していく。

まず、「インクルーシブ教育政策の歴史的展開」から明らかになったことは、以下の六点である。

第一に、「特別な教育的ニーズ」概念が、インクルーシブ教育の先導的役割を果たしたことが明らかとなった。

1978年の「ウォーノック報告」、「1981年教育法」によって、従来の医学的な障害カテゴリーではなく、「特別な教育的ニーズ」の新概念が導入されている。「特別な教育的ニーズ」の概念は、特別な教育的ニーズのある子どもとない子どもは連続的な関係にあり、医学的な側面から見て、障害があるとされた子どものみが、特別な教育的支援の対象になるのではなく、環境要因によって、学習に困難のある子どもも対象とするものである。
　これまで、障害カテゴリーに分類されなかったために、学校教育から排除されていた子ども達を包摂し、通常学校教育自体を変えていこうとする概念であり、インクルーシブ教育政策の発展に寄与していると考えられる。
　第二に、人と人との協同によって障害児教育政策・インクルーシブ教育政策が進んでいることが明らかとなった。また、政府や教育を司る省庁などの政策主体と障害者団体との協同が歴史的に根付いていることがわかった。
　障害児教育の成立期から、慈善組織協会、教会の牧師の活躍や宗教および王立の団体などが障害児を支援し、協同している。例えば、ロンドン学務委員会のリードと聴覚障害児を支援していた牧師のステイナーの協同により、19世紀に聴覚障害児の統合教育が開始されている。同様に、ロンドン家庭訪問教育協会の尽力により、視覚障害児の統合教育が開始されている。
　また、ノーマリゼーション原理が誕生する背景には、政策主体側である社会省のバンク―ミッケルセンと知的障害者の親の会との協同があった。現在のインクルーシブ教育政策も学校、親、スクール・クラスター、ソーシャルサービス機関の協同が常に模索され、推進されているといえる。
　第三に、教職員組合、障害者団体の努力が続けられており、教育政策にも影響を与え続けていることがわかった。
　サッチャー政権時、教育に競争原理を持ち込んだ「1988年教育改革法」が施行され、学校の教育達成水準の向上に寄与できない特別な教育的ニーズのある子ども達は、学校から排除される傾向を強めた。学校の教員も、ナショナル・カリキュラム、ナショナル・テスト、学校順位表（リーグ・テーブル）

に縛られ、上からの圧力もあり、フラストレーションを溜めていったといえる。そして、教員達が団結し、親の団体の支持を得てナショナル・テストをボイコットするなど、抑止力となり、結果として、特別な教育的ニーズのある子どもに対する教育の再検討が行われ、その後のインクルーシブ教育の発展に繋がっている。

また、「1995年障害者差別禁止法」の成立においても、障害者団体の精力的な活動が、重要な役割を果たしている。

さらに、政府から委託を受けた多様な障害者団体（Contact a Family など）が活動し、政府から出される報告書に対して意見を表明し、親に対する情報提供やヘルプラインによって支援を行っている。

第四に、イギリスのインクルーシブ教育政策は、その歴史的展開の中で、制度・政策におけるトライ＆エラーを繰り返しながら、早急に修正し、新しい手だてを打ち出して発展していることが明らかとなった。

例えば、2000年にヴィクトリア・クリンビー虐待死事件が起こり、様々な機関が彼女の虐待の状況に気付いて、彼女や家族に接触していたにも関わらず、ソーシャルサービス機関・医療機関・警察の責任の所在が明確化されていなかったために、彼女を助けることができなかったことが明らかとなった。そして、2003年に虐待死事件の報告書である「ラミング報告」が発表され、緑書『全ての子どもが大切だ』に繋がっていく。そこでは、各機関の責任の所在の明確化、横の連携の重要性、子どもだけではなく、家族全体を支援する必要性が強調されている。それまでのイギリスは、家庭や家族の問題には、政府は介入しないという伝統があったが、そういった歴史的伝統が覆されたのである。

その他、政策が実践に正確に反映されることを意図した1994年「実施要綱」の発表、2000年以降には家族支援体制の構築、2014年には新たに横の連携と支援の連続性を重視した「EHCプラン」が導入されるなど、その時々で発展的な修正がなされている。

このように、トライ＆エラーを繰り返しながら、歴史的展開が進んでいる。課題に対して調査を行い、広く意見を集め、議論をし、間違いを正し、良いと思うことは取り入れて、早期に修正をしていく姿勢は、示唆に富むと考えられる。報告書の前書きにおいて、政府や省庁は反省の弁を述べることも多く、その上で修正が行われており、その対応はスピーディーで潔く、評価できると考える。

第五に、1980年代、インクルーシブ教育を下支えする理念である「ホール・スクール・アプローチ」が生まれ、学校全体で子どもを支える仕組みが構築されていることがわかった。

後に、この理念は、SENCOや学習支援員の制度に繋がっていく。特別な教育的ニーズのある生徒の支援を担う教職員だけではなく、学校全体で特別な教育的ニーズのある生徒の支援を行っていくという視点は非常に重要であるといえる。

第六に、現在のインクルーシブ教育政策は、特別な教育的ニーズのある子どもに対する低い期待の文化を転換し、親の不信感を払拭し、信頼を得ようとする方向性にあることが明らかとなった。

2009年「ラム報告」では、これまで、特別な教育的ニーズや障害のある子どもに対して、良い達成の成果を出すということに十分な価値を見出してこなかったシステムや社会を変革し、特別な教育的ニーズのある子どもに対して、教育水準の達成と包摂を両立する方向性が明確化している。

次に、イギリス現地小学校における「インクルーシブ教育実践の調査結果」から、明らかになった点は、以下の六点である。

第一に、インクルーシブ教育は「標準」であると認識され、推進されており、受容・理解・共感というインクルーシブな学校文化が醸成されていることが明らかとなった。

A小学校では、特別な教育的ニーズのある生徒に対する支援体制が構築され、教育的支援と教育環境が概ね充実していた。特別な教育的ニーズや障

害の有無に関わらず、一人ひとりが必要な場面で、必要な支援を受けていることにより、支援を受けることは特別ではないとする考えが浸透していた。通常学校教育の改革という視点の下で、学校全体で、年月をかけて実践を積み重ねていることがわかった。

第二に、近隣の学校との連携体制が構築されていることが明らかとなった。

A小学校では、近隣の小学校5校でスクール・クラスターを作り、学校間で専門性と資源を共有するなど、限られた資源を最大限に生かす工夫が見られた。また、スクール・クラスターでは、協同で「ローカル・オファー」を発表し、特別な教育的ニーズのある生徒やその親への情報提供にも力を入れている。

第三に、特別な教育的ニーズのある生徒の支援のための資金が不足し、足りない部分を学校がやり繰りしているという課題が見られた。

特別な教育的ニーズのある生徒の支援には、人材や機器を含めて多額の費用がかかるが、インクルーシブ教育政策の法令上の資金は、特別な教育的ニーズのある生徒支援の支出に見合っておらず、学校の予算でそれを補填している状態であった。政府、教育省、地方当局に、特別な教育的ニーズのある生徒の支援に見合った、適切な資金提供を求める必要性があるといえる。

しかしながら、財源は制限されているが、スクール・クラスターによる専門性と資源の共有など、資源のやり繰りが常に工夫されていることがわかった。

第四に、インクルーシブ教育政策に実践が追いついていない部分があることがわかった。

教員の専門性に関して、SENCOに特別な教育的ニーズのある生徒支援の業務が集中しており、自身のクラスの指導以外にも、SENCOとしての多様な業務があり、極めて多忙な様子だった。インクルーシブ教育政策に実践が追いついていない部分があると思われる。

第五に、インクルーシブ教育政策に基づいて、特別な教育的ニーズのある生徒の支援の多様なサービスは用意されているものの、サービスが利用し難いものになっている課題が見られた。

　制度・政策と実践の間のズレを解消するために、実践者や利用者の視点に立った制度設計への改善が必要である。また、実践を担うソーシャルサービス機関などの職員が不足しているため、職員の増員が必要であると思われた。

　第六に、現時点では、特別学校の存在意義や専門性は依然として高く、フル・インクルージョンの実施には限界性があり、多様な学びの場が重要視されていることが明らかとなった。

　SENCOと特別な教育的ニーズのある生徒の親の両者共に、インクルーシブ教育政策の成果を強調すると同時に、通常学校ではどうしてもニーズを満たせない子どもに対しては、特別学校が適しているのではないかと指摘している。このことから、通常学校におけるフル・インクルージョンの実施には現時点では限界が少なからずあるように思われる。

　ウォーノック論文の議論の際、特別学校の閉鎖を訴えるグループもあったが、本調査結果と政府の特別学校の専門性を高く評価する姿勢から、当面は特別学校が存続すると考えられる。今後も、「プロセスとしてのインクルージョン」の方向性が堅持されると思われた。

　また、通常学校、特別学校、フリースクールなど、多様な学びの場が重視されている。

第3節　日本への示唆

　本節では、本研究から導き出された日本への示唆を提示する。
　はじめに、日本の障害児教育政策・インクルーシブ教育政策の現状を把握するために、近年の歴史的展開を分析・考察する。

日本では、2006年、「学校教育法」改正時の審議でインクルージョンの国際的動向を踏まえるという附帯決議がなされている（衆議院，2006）。また、「サラマンカ声明」とインクルーシブ教育の理念を流れに汲み、2007年から本格的に開始された特別支援教育は、「障害のある児童生徒一人一人の教育的ニーズを把握し、適切な対応を図る」（文部科学省，2003）として、一人ひとりの教育的ニーズに対応することが明言されている。

　しかし、「障害のある児童生徒」に限定され、従来の盲・聾・養護学校および特殊学級の子ども達に加えて、通常学級に在籍している学習障害、注意欠陥・多動性障害、高機能自閉症などの発達障害のある子どもが新たな対象になっただけであり、それ以外の子どもは、特別な教育的ニーズがあったとしても、その対象ではないのである。その意味では、対象がまだ限定的だといえる。

　また、通常学級にいる障害児が実際に適切な支援を受けているかといえば、そうではなく、特別支援教育支援員[1]の配置についても地域格差が生じている（荒川，2010）。

　そのため、現在も、この特別支援教育の網の目にかからず、支援を必要としている子どもは多数いると考えられる。結果として、通常学級から特別支援学級・特別支援学校に移ることを余儀なくされ、従来の別学体制は変わっていないのである。

　日本はインクルーシブ教育に向けての基礎的環境整備が遅れており、イギリスの状況に比べて、発展途上にあるといえる。

　また、日本政府は、「障害者権利条約」に2007年9月に署名し、国内法の整備に着手した後、ようやく2014年1月に批准している。今、まさにインクルーシブ教育を国内でどのように整備していくのかを具体的に考えなければならない段階にある。今後、日本の教育政策が障害を理由とした別学体制から、障害があろうとも一人の子どもとしての権利が尊重される共学体制へと転換していかなければならないことは明白である。

加えて、2016年4月に「障害を理由とする差別の解消の推進に関する法律」（以下、「障害者差別解消法」）が施行され、基礎的環境整備や合理的配慮についても、具体的な検討が必要である。障害を理由に通常学校教育から排除するのではなく、違いを認め、包摂する通常学校教育の改革が、今まさに求められているのである。

　日本は、通常学級に在籍している発達障害児を含めた特別な教育的ニーズのある生徒をどのように支援していくか、また、どのようにインクルーシブ教育システムを構築するかを検討するために、2013年からインクルーシブ教育システム構築モデル事業（文部科学省）を開始している。

　そこで、2015年2月にモデルスクールである東京都のA小学校において訪問調査（授業見学・インタビュー調査）、モデル地域である東京都B市において、訪問調査（インタビュー調査）を行った[2]。

　その結果、学校や地方自治体の努力は続けられており、通級指導教室など通常学級外における教育的支援は充実してきてはいるが、現状としては、統合教育の段階にあり、どのようにインクルーシブ教育へ進むのか模索されていることがわかった[3]。

　今の段階から、どのようにインクルーシブ教育へと進めていくか、イギリスの歴史的展開からの示唆を導き出すことで、今後推進していくための契機にしたいと考える。

　以下、本研究から導き出された示唆について、「インクルーシブ教育政策の歴史的展開」と「インクルーシブ教育実践」に大別して、明示していく。

　まず、「インクルーシブ教育政策の歴史的展開」に関して、導き出された日本への示唆は、**図終-2**「インクルーシブ教育政策の歴史的展開からの示唆」の通りである。

　内容について、順に説明していく。

　第一に、医学的な障害カテゴリーではなく、「特別な教育的ニーズ」概念へと漸進的に移行していくべきであると考える。

330　第4部　総括

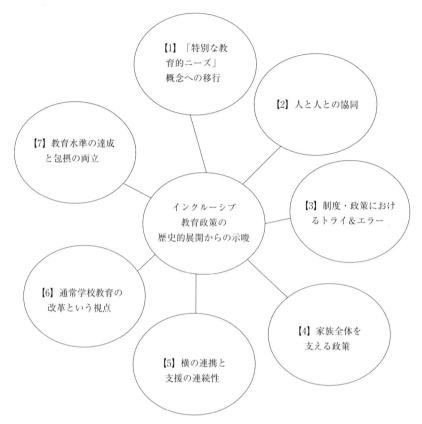

図終-2　インクルーシブ教育政策の歴史的展開からの示唆

　障害カテゴリーには限界があり、特別な教育的ニーズのある子どもとない子どもは明確に区別できず、貧困などの環境要因によって適切に発達できない場合も見られる。また、日本語を母語としない子どもも増加している。
　特別な教育的ニーズや障害の有無に関わらず、全ての子どもが、支援が必要な場面において、適切な支援を受けられる環境を整備していくことが求められている。それが普通になれば、特別な教育的ニーズや障害のある子どもだけが特別な存在ではなく、障害のない子どもとの間にある垣根を越えてい

けるのではないだろうか。

　第二に、人と人との協同を重視した政策の策定が必要である。

　イギリスの歴史的展開において、特別な教育的ニーズのある子どもの支援に関わる人々が協同していくことで、インクルーシブ教育は進んでいくことが明らかとなった。歴史的に根付いている政策主体と障害者団体の協同は、その最たるものである。

　イギリスは、2009年に「障害者権利条約」を批准しており、そのスローガンである"Nothing about us without us（私達抜きで私達のことを決めないで）"という言葉の通り、当事者を巻き込む姿勢の大切さを政策にも反映している。

　また、その背景には、ウォーノックの議論の通り、1980年代以降、ステイトメント制度を巡って学校と親と地方教育当局（現、地方当局）が対立したことに対する反省があったと考えられる。対立ではなく、協同を目指し、学校、地方当局、親、障害者団体などが協同する姿勢は、より鮮明になっているといえる。

　第三に、イギリスの歴史的展開に見られるような、制度・政策において、トライ＆エラーを繰り返しながら、インクルーシブ教育政策を推進していく姿勢が非常に重要であると考える。

　議論を発端として、イギリス政府や教育を司る省庁などは、社会全体に意見を求める報告書を発表し、その意見を政策に取り入れている。その姿勢は見習うべきものがある。

　例えば、「1944年教育法」では、子どもの能力によって教育の場が分けられるべきであるという考え方の下、障害カテゴリーが11種[4]に増え、障害種別の学校が増加した。しかし、どの障害カテゴリーにも分類できないが、どうしても授業についていけない子どもの存在や重複障害児への対応の問題が浮かび上がってきた。

　そして、1973年にウォーノック委員会が設置され、1978年にウォーノック

報告が提出されたのである。そこでは、医学的な障害カテゴリーの撤廃と特別な教育的ニーズという新概念の導入が提起され、「1981年教育法」で法制化されたのである。

また、2005年のウォーノック論文をきっかけとして、特別な教育的ニーズの再検討が行われ、お役所仕事的だと批判されていたステイトメント制度は、2014年に新制度「EHCプラン」に移行している。「EHCプラン」により、誕生から25歳までの特別な教育的ニーズと障害のある子ども・青年は、教育・保健・ソーシャルケアの横断的な支援を受けられるようになっている。つまり、継続教育機関への移行支援、就労に至るまでの連続的な支援が検討されるようになったといえる。

このように、課題に対して調査を行い、広く意見を集め、議論をして、間違いは正し、良いと思うことは取り入れ、早期に修正していく姿勢は潔く、示唆に富むと考えられる。

第四に、子どもだけの支援を考えるのではなく、環境要因も視野に入れ、家族全体を支える政策が考えられている点が示唆に富むと考えられる。

例えば、「1989年子ども法」において、子どもの権利については認められていたが、不幸なことに2000年にヴィクトリア・クリンビー虐待死事件が起こった。このことは、イギリス全体で大きな問題として認識され、世論も高まっていった。その結果、子どもだけではなく、家族全体を支援する必要性が強調されている。

2000年以降、労働党のブレア政権では、貧困層に重点的な支援がなされ、それに続く、2007年から2010年のブラウン政権では、教育だけではなく、家族との関わりが重視されるようになった。それは、「子ども・学校・家族省」が創設されたことからも明らかである。

そして、保守党・自由民主党の連立であったキャメロン政権時の「2014年子ども・家族法」は、特別な教育的ニーズのある子どもに対して、一貫性のある横断的な支援を提供することを目的とし、誕生から25歳までを対象とし

た「EHC プラン」にも繋がっている。今後は、日本でも、特別な教育的ニーズや障害のある子どもとその家族全体を支える取り組みを重視する必要があるといえる。

　第五に、教育だけではなく、保健・社会福祉などの横の連携と支援の連続性の強化が必要である。

　2014年から新たに導入された「EHC プラン」のように、教育・保健・ソーシャルケアの横の連携が欠かせないと考える。

　また、支援の対象年齢の拡大も大切である。「EHC プラン」は誕生から25歳までを網羅しており、支援の連続性を重視している。この視点は、特別な教育的ニーズや障害のある子ども・青年の教育的支援に非常に重要である。支援対象が25歳までになったことにより、移行支援を含む継続教育機関における支援、就労支援などが受けられるようになり、特別な教育的ニーズのある子ども・青年の可能性は広がったといえる。彼等の可能性を広げるという意味においても、支援の連続性は欠かせないと考える。

　第六に、インクルーシブ教育は、通常学校教育の改革であり、学校全体で特別な教育的ニーズのある生徒を含めた子ども達を支援していくという視点が必要である。

　1980年代のイギリスでは、インクルーシブ教育を下支えする理念の発達が認められた。それは、学校全体で子どもを支える「ホール・スクール・アプローチ」であり、この理念は SENCO や学習支援員へと発展し、インクルーシブ教育の推進に寄与していると考えられる。

　インクルーシブ教育は、障害児教育と通常学校教育を別枠で考えるのではなく、同じ枠の中で、共に変化していくものと捉えなければ、成し得ないものである。

　第七に、インクルーシブ教育政策は実践を行う上で、教育水準の達成と包摂を両立する取組みが必要であるといえる。

　競争主義の教育の中で、特別な教育的ニーズや障害のある子どもをどのよ

うに包摂していくのかが課題であるといえる。

　イギリスでは、2009年「ラム報告」において、特別な教育的ニーズや障害のある子どもに対して、教育水準の達成と包摂を両立する方向性が明確化している。教育水準の達成を検討する場合、特別な教育的ニーズや障害のある子どもの教育水準の達成も検討されている。特別な教育的ニーズのある子どもは、キー・ステージのテストも受験でき、その達成の変化についての効果測定もされているのである。

　つまり、特別な教育的ニーズや障害のある子どもを能力主義から脱落するという理由で排除するか、名目的には免除という言葉を用いて排除するのではなく、教育水準の達成と包摂を両立するものとして捉え、政策を策定しているのである。特別な教育的ニーズや障害のある子どもの達成も重視している点は、画期的であり、示唆に富むと考えられる。

　次に、「インクルーシブ教育実践」に関して、導き出された日本への示唆は、**図終-3**「インクルーシブ教育実践からの示唆」の通りである。

　内容について、順に説明していく。

　第一に、通常学校教育の改革という視点の下、学校全体で年月をかけて、受容・理解・共感の文化を醸成していくことが必要である。

　調査結果から、インクルーシブ教育は「標準」であると認識され、インクルーシブ教育実践の成果は、特別な教育的ニーズや障害のある子どもだけにもたらされるものではなく、特別な教育的ニーズや障害のない子どもにも同等かそれ以上に、もたらされるものであることが明らかとなった。受容・理解・共感は、インクルーシブな環境で学んでこそ、得られるものであり、それを育む教育が、インクルーシブ教育であるといえる。

　インクルーシブ教育は、学校教育から排除される傾向にある子どもを含めて、全ての子ども達の教育を受ける権利や発達が保障されるべきものであり、通常学校教育の改革という視点の下、学校全体で年月をかけてインクルーシブな学校文化を醸成する漸進的な取り組みが必要なものである。

終章　本研究の総括　335

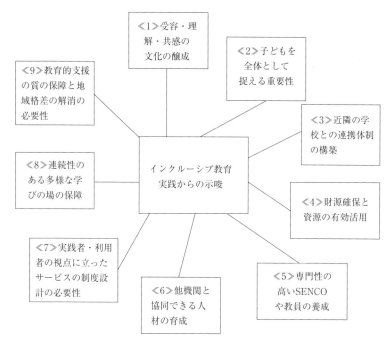

図終-3　インクルーシブ教育実践からの示唆

　第二に、特別な教育的ニーズや障害の有無によって支援対象を分けるのではなく、子どもを全体として捉え、必要に応じて各々に教育的支援を提供していく考え方の重要性である。
　A小学校の取組みから、特別な教育的ニーズや障害の有無に関わらず、一人ひとりが必要な場面で、必要な支援を受けることにより、支援を受けることは特別ではないとする考えが浸透していくと思われた。
　従来の障害のない人が、常に障害者を助ける立場であるとする先入観は取り払うべきであり、障害者も、障害のない人を様々な形で助けていることに人々が気付き、発想を転換し、「助け合える社会」こそ、インクルーシブな社会であると考える。
　特別な教育的ニーズや障害の有無に関わらず、同じ社会の一成員として、

平等で対等であることが本来の社会であり、インクルーシブな社会である。

第三に、近隣の学校との連携体制の構築である。

A小学校では、近隣の小学校5校でスクール・クラスターを作り、学校間で専門性と資源を共有するなど、限られた資源を最大限に生かす工夫が見られた。また、スクール・クラスターでは、協同で「ローカル・オファー」を発表し、特別な教育的ニーズのある生徒やその親への情報提供を行っている。

このような近隣の学校との連携体制の構築は、地域におけるネットワーク作りや資源を有効活用する意味でも、示唆に富むと思われる。

第四に、教職員組合や障害者団体などの運動体が、政策主体に対して、支援に必要な財源確保について訴えていく重要性に加え、既存の資源を有効的に使う試みは示唆に富むと考えられる。

インクルーシブ教育は、本来の意味を理解した上で実践に移すことを考えると潤沢な財源が必要となってくる。そして、資本主義社会の構造と両立できるのかという課題も指摘されている。

しかしながら、学習支援員の活用に関しては、A小学校のように特別な教育的ニーズのある生徒の親を学習支援員として活用し、子どもの卒業後も、本人のやる気次第で学びの機会を与え、学習支援員として育成していく取り組みも見られた。

さらに、前述した通り、イギリスでは、スクール・クラスターによって、教員の専門性や資源を共有化する試みもなされている。財源が潤沢ではなくても、工夫次第でやっていけることを示す好例ではないだろうか。財源の確保と専門性や資源の共有化は、二つの大きな柱として、今後も重要になっていくと考えられる。

第五に、専門性が高く、特別な教育的ニーズのある生徒に対して適切な支援を講じることができる力量のあるSENCOや教員の養成が必要である。

イギリスでは、SENCOには資格を得るための講習や課題提出の義務が課

され、教員の専門性の向上に力が入れられている。日本に限られることではないが、教員の力量によって、特別な教育的ニーズや障害のある生徒の支援に格差が出る状態のため、教員の専門性の向上が重要である。

日本は、イギリスのSENCO制度に倣って、「特別支援教育コーディネーター」制度を導入しているが、国家資格ではなく、トレーニングを受けていない教員がとりあえず担っている場合も多く、制度として形骸化しているといえる。一刻も早く、全国的な基準を設け、専門性の高い教員が特別な教育的ニーズや障害のある生徒や親の支援にあたるべきである。

第六に、インクルーシブ教育の推進に対して、他機関と協同して動ける人材の育成が必要である。

調査結果から、学校のSENCOやソーシャルサービス機関の職員などの連携の重要性が明らかとなった。

行政や教育実践の場で、特別な教育的ニーズや障害のある子ども等、教育から排除される傾向にある子ども達をいかに教育に包摂していくかを理論と実践の両面から支えることのできる人材が必要とされている。意欲のある人材を育成し、行政や教育実践の場に取り込んでいく必要がある。

第七に、制度・政策と実践の間のズレを解消するために、実践者や利用者の視点に立ったサービスの制度設計が必要である。

調査結果から、イギリスでは、インクルーシブ教育政策に基づいて、特別な教育的ニーズのある生徒支援の多様なサービスは用意されているものの、サービスが利用し難いものになっている課題が見られた。また、実践を担うソーシャルサービス機関などの職員が不足しているため、職員の増員が必要であると思われた。

制度・政策が形骸化しては意味がないため、実践者や利用者の視点に立った制度設計をする必要がある。

第八に、インクルーシブ教育は、その実現の過程において、通常学校での教育が強調されるだけではなく、連続性のある多様な学びの場が保障される

ことが重要である。

　通常学校で特別な教育的ニーズを満たせない子どもにとっては、特別学校は重要である。特別学校は接近性を高め、漸進的に通常学校に近づいていく取り組みが必要である。

　イギリスでは、通常学校、特別学校、フリースクールなどが設立され、子どもの実態に応じて、親の選択権が認められている。

　第九に、特別な教育的ニーズのある子どもの教育的支援の質の保障と地域格差の解消が必要である。

　イギリスでは、「ポストコード・ロッタリー（Postcode Lottery）」という言葉がある様に、居住している地域による、支援やサービスの地域格差の問題が指摘されている。

　実際に、イーストサセックス州の町にあるA小学校の特別な教育的ニーズのある生徒の親とウエストサセックス州の都市の特別な教育的ニーズのある生徒の親へのインタビューの結果、都市の親の方が、満足度が高いことが明らかとなった。その都市は、人権を尊重する文化が根付き、障害児（者）を「受け入れる場所（国・地域）」として適しており、インクルーシブ教育を含め、インクルージョンが進められていることがわかった。

　ノーマリゼーション原理でも、デンマークやスウェーデンが推進する国として適していたという事実があり、国や地域性の影響を受け、格差は広がりやすいと思われる。

　今後は、地域格差を是正する全国的な指針を設けた上で、地域ごとに拠点となる教員養成校や現職の学び直しの場となる大学ができると良いのではないだろうか。どのような環境に置かれても、子どもの教育的支援の質が担保されることこそが、インクルーシブ教育実践の本質であると考える。

　以上、本研究から、「インクルーシブ教育政策の歴史的展開」に関しては七つの示唆、「インクルーシブ教育実践」に関しては九つの示唆が導き出された。今後、日本において、どのようにインクルーシブ教育を構築・推進し

ていくのかを検討する上で、有益な示唆であり、これらの示唆が一助になればと考える。

第4節　今後の研究課題

　本研究で十分に検討できなかった以下の三点を今後の研究課題としたいと考える。
　第一に、イギリスでは、2018年3月末まで、「EHC プラン」の移行期であるため、どのような結果が出るのか、引き続き注視していきたいと考える。
　また、その成果だけではなく、課題に対する修正がいかに行われるかについても検討していきたい。
　第二に、日本の障害児教育政策・インクルーシブ教育政策の歴史的展開、およびインクルーシブ教育システム構築モデル事業の成果と課題について、さらに検討していきたいと考える。
　また、2016年4月に施行された「障害者差別解消法」についても研究を進めたいと考える。
　本研究の主たる研究対象はイギリスであったため、今後はその先進的な取り組みからの示唆を大切にして、日本におけるインクルーシブ教育の実現について検討してきたい。
　第三に、特別な教育的ニーズや障害のある子どもとその家族を支える支援体制の構築について研究を進めていきたいと考える。
　本研究で示した通り、イギリスでは、2000年以降、特別な教育的ニーズや障害のある子どもだけではなく、家族全体を支える制度・政策が実施されている。
　この視点は重要であるため、今後も引き続き検討を続け、日本における特別な教育的ニーズや障害のある子どもとその家族を支える支援体制の構築を検討する上での、有益な示唆を導き出したいと考える。

注
1）「特別支援教育支援員は、発達障害を含む様々な障害のある児童生徒に対する学校生活上の介助や学習活動上の支援などを行う。」
文部科学省「特別支援教育支援員の配置状況及び地方財政措置（平成20年度）について」
(http://www.mext.go.jp/a_menu/shotou/tokubetu/main/005.htm, 2016. 9. 27)
2）調査対象校・自治体に関しては、情報保護の観点から、学校名・都市名が特定できない様、記号で記述した。
3）インクルーシブ教育システム構築モデル事業の訪問調査に関する詳細な分析・考察については、稿を改めて論じたいと考える。
4）盲、弱視、聾、難聴、虚弱、糖尿、教育遅滞、てんかん、不適応、肢体不自由、言語障害の11種類である。

文献
・荒川智（2010）『障害のある子どもの教育改革提言―インクルーシブな学校づくり・地域づくり―』全国障害者問題研究会出版部、p.67
・文部科学省（2003）『今後の特別支援教育の在り方について（最終報告）』
(http://www.mext.go.jp/b_menu/shingi/chousa/shotou/054/shiryo/attach/1361204.htm, 2016. 9. 27)
・文部科学省「特別支援教育支援員の配置状況及び地方財政措置（平成20年度）について」
(http://www.mext.go.jp/a_menu/shotou/tokubetu/main/005.htm, 2016. 9. 27)
・衆議院（2006）「学校教育法等の一部を改正する法律案に対する附帯決議」『第164回国会・文部科学委員会第20号』
(http://www.shugiin.go.jp/internet/itdb_kaigiroku.nsf/html/Kaigiroku/009616420060614020.htm, 2016. 9. 27)

参 考 資 料

「イギリス障害児教育・インクルーシブ教育史年表」

イギリス障害児教育・インクルーシブ教育史年表

	西暦	イギリスの社会情勢・【国連・その他の動向】	イギリス障害児教育・インクルーシブ教育の動向
盲・聾唖教育の展開	1601	エリザベス救貧法（旧救貧法）制定：国家単位での救貧行政。有能貧民、無能貧民、児童に分け、就労強制、徒弟強制を規定	
	1699		・キリスト教知識普及協会設立。貧困児童に対して「慈善学校」（Charity School）を普及させる ・ウォリスとホールダーが、聾唖児に個別指導開始（17世紀後半）
	1722	ワークハウステスト法制定：労役場で労働能力のある者に作業させる	
	1760	産業革命始まる（1760年頃）	ブレイウッド、聾唖児の教育に着手
	1782	ギルバート法（Gilbert's Act）：院外救済始まる。院外の居宅保護へ転換	
	1783		ブレイドウッド、ロンドン郊外にハックニー聾唖院設立
	1788	ロンドン博愛協会設立	
	1791		リバプールに貧困盲学校（School for the Indigent Blind）設立
	1792		ロンドンのバーモンジーにバーモンジー貧困聾学校施設設立
	1793		ブリストル盲養育院（Bristol Blind Asylum）設立
	1795	スピーナムランド制度実施：労働貧民の賃金補助制度	
	1799	労働者団結禁止法制定	ロンドン盲院設立
	1800		ノーウィック盲院設立
	1801	アイルランド併合	
	1802	・工場法 ・徒弟の健康と道徳を維持するための法律制定	
	1805	・トラファルガー沖海戦 ・ロンドン乞食防止協会設立	ノーウィック盲学校、グラスゴー盲学校設立

西暦	イギリスの社会情勢・【国連・その他の動向】	イギリス障害児教育・インクルーシブ教育の動向
1807	奴隷貿易廃止法成立	
1812	エジンバラに物乞い撲滅協会（The Society for the Suppression of Public Begging）が設立：盲児や肢体不自由児が見世物にされることを防止する目的	バーミンガムに聾唖児指導施設（The General Institution for the Instruction of Deaf and Dumb Children）設立
1815	・穀物法制定 ・ウィーン議定書：フランス革命、ナポレオン戦争後のヨーロッパの秩序再建、領土分割 ・ワーテルローの戦い ・少年矯正協会設立	ダブリン盲学校設立
1816	・オーウェン、人格形成学院創設：工場に幼児の学校を併設 ・監獄規律改良協会設立	
1819	チャルマーズの隣友運動開始：COSの先駆的な活動	スミス（Smith, A.）が『聾唖幼児教育術（The Art of Instructing the Infant Deaf and Dumb）』を出版：聾の弟が通常学校で他の子どもの模倣から話し言葉を学習した経緯を述べた ⇒聾児は通常学校で学ぶべきであるとの主張へ
1824	労働者団結禁止法廃止	
1829	カトリック解放法成立	
1833	・英国内の奴隷制廃止 ・工場法制定：工場監督官を設置	ヨークシャー盲学校設立
1834	新救貧法制定：救貧法委員会設置、救済から予防へ	
1838	人民憲章：チャーティスト運動の下、議会の民主化目指す	
1840	・アヘン戦争 ・児童労働雇用委員会設置	
1842	所得税創設	ムーン、ブライトンに盲院設立
1846	穀物法廃止	バースに白痴院設立

344　参考資料 「イギリス障害児教育・インクルーシブ教育史年表」

	西暦	イギリスの社会情勢・【国連・その他の動向】	イギリス障害児教育・インクルーシブ教育の動向
肢体不自由・知的障害児教育の展開	1847	・女性と未成年者の10時間労働法（53年に10時間半に延長） ・救貧庁設置	ハイゲートに白痴院設立
	1848	公衆衛生法制定	
	1851	ロンドン万国博覧会	メリルボーンに設立された女児授産学校に女子肢体不自由ホーム追加
	1855		アールスウッド精神薄弱者施設設立
	1856	アロー戦争	
	1859		コルチェスターに白痴院設立
	1860		マンチェスター聾院、幼稚部設置（4～6歳）
	1861	人身保護法制定	
	1862	精神病法制定	1862年初等教育法（Elementary Education Act 1862）：学業不振児のための「ゼロ学級」設置
	1865		ロンドンに全英肢体不自由児男児授産ホーム設立
	1867	首都貧民法制定：療養所地区の組織化	
	1868		英国視覚障害者協会（Royal National Institute of Blind People）設立
	1869	ロンドン慈善救済組織および乞食撲滅協会（The London Society for Organizing Charitable Belief and Repress Mendicity）設立	
公教育制度成立期	1870	慈善組織協会（Charity Organization Society: COS）設立	1870年初等教育法（Elementary Education Act 1870）：義務教育始まる
	1871	・救貧庁が地方自治庁に吸収される ・労働組合法制定	大学入学時の国教徒審査廃止
	1872		アーノルド、聾唖者のためのノーサンプトン・ハイスクールを設置 ロンドンに口話法による通学制聾学校設立
	1875	新公衆衛生法制定	
	1876		改正初等教育法（Elementary Education Act 1876）：教育の義務を親に課す

参考資料 「イギリス障害児教育・インクルーシブ教育史年表」 345

西暦	イギリスの社会情勢・【国連・その他の動向】	イギリス障害児教育・インクルーシブ教育の動向
1878	工場法改正	
1880		1880年教育法（Education Act 1880）：就学の義務化
1883	疾病予防法制定	
1884	・フェビアン協会（Fabian Society）結成、ハインドマンを指導者とする社会民主連盟（Social Democratic Federation）、ウィリアム・モリスを指導者とする社会主義同盟（Socialist League）が結成される ・トインビー・ホール創設	
1885	医療救護法制定	盲・聾王立委員会（The Royal Commission on the Blind and Deaf）
1886	・ブース、ロンドン調査開始 ・精神薄弱者法（Idiot Act 1886）：知的障害者対象であり、施設に収容を基本とする	
1889		盲・聾王立委員会報告書：軽度精神薄弱児問題の提起
1890	・精神病院法制定 ・精神異常法（Lunacy Act 1890）：精神病と知的障害者対象であり、施設に収容を基本とする	英国聾者協会（British Deaf Association：BDA）設立
1891		初等教育の無料化実現
1892		ロンドンとレスターに精神薄弱児のための特殊学級設置
1893	・ケア・ハーディを指導者とする独立労働党（Independent Labour Party）結成 ・シェフィールドにおける「分散ホーム」の実験。老齢貧民のための王命委員会設置	1893年初等教育（盲・聾児）法（Elementary Education (Blind and Deaf Children) Act 1893）：盲・聾教育の就学義務制
1895	工場法	
1896		欠陥児およびてんかん児専門委員会
1898		欠陥児およびてんかん児専門委員会報告書

盲・聾唖児の就学義務制の開始

参考資料 「イギリス障害児教育・インクルーシブ教育史年表」

	西暦	イギリスの社会情勢・【国連・その他の動向】	イギリス障害児教育・インクルーシブ教育の動向
知的障害・肢体不自由児の就学義務制の開始	1899	ラウントリー、ヨーク市第一次調査実施	1899年初等教育（欠陥児およびてんかん児）法（Elementary Education（Defective and Epileptic Children）Act 1899）：軽度知的障害児、肢体不自由児、てんかん児に対する特別な学校を設立する権限を地方教育当局に与え、教育を行う
	1900	労働代表委員会成立	
	1902	日英同盟	1902年教育法（Education Act 1902）：特殊教育は、地方教育当局の監督下に
	1903		ロンドンで弱視学級設置
	1905	失業労働者法制定	
	1906	・労働者保障法 ・労働代表委員会、労働党と改称	1906年教育法：貧困学童に給食
	1907		1907年教育法：学校保健制度開始
	1908	・老齢年金法 ・児童法	
	1909	・職業紹介所法 ・最低賃金法制定	
	1911	国民保険法（National Insurance Act）	
	1913	・精神保健法（Mental Health Act） ・精神遅滞法（Mental Deficiency Act 1913）	
	1914	・第一次世界大戦勃発 ・精神薄弱者ケア全国協会結成	1914年教育法：知的障害児の就学義務制
	1917	労働省設置	
	1918	・第一次世界大戦終結 ・議会改革法：婦人参政権一部賦与	1918年教育法（フィッシャー法）：肢体不自由児・病虚弱児の就学義務制
	1919	・保健省設置 ・国家健康保険法制定	
	1920	失業保険法制定	
	1921	失業保険法改正	1921年教育法：障害児の教育の場は、特殊学校や特殊学級と定める
	1922	【世界児童憲章】	
	1924	【児童の権利に関するジュネーブ宣言】	

参考資料 「イギリス障害児教育・インクルーシブ教育史年表」 347

西暦	イギリスの社会情勢・【国連・その他の動向】	イギリス障害児教育・インクルーシブ教育の動向
1928	普通選挙法：女性普通選挙権	
1929	・世界恐慌 ・地方自治法（Local Government Act 1929）：地域におけるケアの推奨	ウッド委員会：教育遅滞児の在宅ケアを強調
1934	失業法	
1939	第二次世界大戦勃発	
1940	≪第一次チャーチル内閣（挙国一致内閣）（〜1945）≫	
1941		バトラーが教育院総裁に着任
1942	「社会保険および関連サービス」ベヴァリッジ報告（Beveridge Report）	
1943		白書「教育再建（Educational Reconstruction）」
1944		・1944年教育法（Education Act 1944）（バトラー教育法）：11種の障害カテゴリーを定義。重度障害児は就学免除。地方教育当局が教育全体に責任を負う。唯一のカリキュラムは「宗教教育」のみ。国－地方－学校の良好なパートナーシップ関係が成立 ・フレミング報告「パブリックスクールと普通教育制度」（教育省） ・障害者雇用法制定
1945	≪第一次アトリー内閣（労働党）（〜1950）≫	「わが国の学校」パンフレット（教育省）：三分岐型学校制度に賛成し、コンプリヘンシブ・スクールに反対する主張
1946	・国民保険法（National Insurance Act 1946） ・国民保健サービス法（National Health Services Act 1946） ・イングランド銀行国有化	
1947		・義務教育修了年齢15歳に引き上げ ・中央教育審議会(Central Advisery Council for Education: CACE) 報告「学校と生活」（教育省）
1948	【国連世界人権宣言】 ・英国国籍法（British Nationality Act）：英国市民と英国臣民を区別	

障害種別の多様化

参考資料 「イギリス障害児教育・インクルーシブ教育史年表」

	西暦	イギリスの社会情勢・【国連・その他の動向】	イギリス障害児教育・インクルーシブ教育の動向
ノーマリゼーション原理の影響下・就学免除の廃止	1948	・独占禁止法 ・ガス供給国有化 ・国民扶助法	
	1950	≪第二次アトリー内閣（労働党）（～1951)≫ 【欧州人権条約】	
	1951	≪第二次チャーチル内閣(保守党)(～1955)≫ 【デンマーク・知的障害者の親の会結成】	
	1953	【バンク－ミッケルセンと親の会が協同して要望を社会大臣に提出】	
	1954		中等教育審議会（CACE）報告「早期退学」（教育省）：低い社会経済的集団の子ども達が退学しやすいと指摘
	1955	≪イーデン内閣(保守党)(～1957)≫	
	1957	≪マクミラン内閣(保守党)(～1963)≫ 精神病と精神遅滞に関する王立委員会（Royal Commission on Mental Illness and Mental Deficiency）報告書：巨大で老朽化した施設での長期間の収容生活の問題に言及	
	1958	【EEC 正式発足】	障害者雇用法（Disabled Persons (Employment) Act）改正
	1959	【デンマーク・知的障害者福祉法】	クラウザー報告「15～18歳」：継続教育の拡大。労働者階級の退学者の才能の損失について指摘
	1960	【国際知的障害者福祉連盟創設】	
	1961	【EEC 加入申請】	
	1962	【労働党 EEC 加盟反対声明】 ソーシャルワーク訓練協議会設立	・中等教育修了資格（CSE）試験導入 ・英国自閉症協会設立
	1963	≪ダグラス＝ヒューム内閣（保守党）（～1964)≫ 【EEC 加盟、ドゴールにより拒否】	・ニューサム報告「前途半ば」：学校卒業年齢を16歳まで引き上げ。能力の劣る生徒への資金の再分配 ・ロビンズ報告「高等教育」（教育省）：高等教育の拡大について

西暦	イギリスの社会情勢・【国連・その他の動向】	イギリス障害児教育・インクルーシブ教育の動向
1964	≪第一次ウィルソン内閣（保守党）（～1970)≫ 教育省（Ministry of Education）が教育科学省（Department of Education and Science）になる 【国際知的障害研究協会創設】	
1965		労働党、総合制中等学校制度導入を提起
1967	【EC発足】 ポンド切り下げ。利子率引き下げ	プラウデン報告「子どもと彼等の小学校(Children and Their Primary Schools)」（教育科学省）：教育の中心に子どもがいるという主張
1968	・シーボーム報告：社会福祉行政の統合化、分権化が提起 ・国防費削減、緊縮策発表 【スウェーデン・1968年法】 【知的障害者の一般的権利および特別な権利宣言】	
1969	選挙権を21歳から18歳に引き下げ	
1970	≪ヒース内閣（保守党）（～1974)≫ ・地方自治体社会サービス法 ・精神保健法（Mental Health Act）改正 ・ソーシャルワーカー協会設立 【ニルジェがイギリスの学術誌にノーマリゼーション原理を紹介】	1970年教育（障害児）法(Education (Handicapped Children) Act 1970)：重度の精神遅滞児等を教育から除外する規定を廃止。全員就学へ
1971	・ロールスロイス社、国有化 ・白書「知的障害者のためのよりよいサービス（Better Services for the Mentally Handicapped)」：脱施設化とコミュニティ・ケアの推進の明確化 【知的障害者権利宣言】	オープン・ユニバーシティでの講義開始：大学教育を大衆化
1972	炭鉱スト	
1973	・オイルショック ・雇用および訓練法（Employment and Training Act) 【ECに正式加盟】 ・IRAの爆破事件頻発	障害児(者)教育調査委員会(The Committee of Enquiry into the Education of Handicapped Children and Young People)設置

350　参考資料「イギリス障害児教育・インクルーシブ教育史年表」

	西暦	イギリスの社会情勢・【国連・その他の動向】	イギリス障害児教育・インクルーシブ教育の動向
インテグレーション概念・統合教育の展開	1974	≪第二次ウィルソン内閣（労働党）（〜1976）≫	
	1975	【障害者権利宣言】 ・性差別禁止法（Sex Discrimination Act） ・男女同一賃金法（Equal Pay Act）	
	1976	≪キャラハン内閣（労働党）（〜1979）≫ 人種差別禁止法（Race Relations Act 1976）	・教育大論争（Great Debate）：労働党キャラハン首相、オックスフォード大学ラスキンカレッジにおいて経済成長と結び付く教育改革を唱える。教育改革論争に火がつく ・1976年教育法（Education Act 1976）：統合教育推進の明示化
	1977		・テーラー報告「わが国の学校の新しい協力」（教育科学省） ・緑書「学校の教育」（教育科学省）
	1978		「ウォーノック報告（The Report of the Committee of Enquiry into the Education of Handicapped Children and Young People）」答申
	1979	≪第一次サッチャー内閣（保守党）（〜1983）≫	
	1980	【WHO、国際障害分類試案ICIDH-1：機能障害、能力障害、社会的不利という三つの次元により定義】 【デンマーク「社会サービス法」】	白書「教育における特別なニーズ（Special Needs in Education）」：①子どもの特別な教育的ニーズに対応できること、②共に教育を受ける子どもの効果的な教育と両立すること、③親の意思を適切に考慮することができる場合に、統合教育は推進されるとしている
	1981	【国際障害者年】 ・青少年職業機会提供制度（Youth Opportunities Programme）：16歳で学校を去り、失業している者に対して、1年から2年の職業訓練を受けさせるもの ・移民法：英連邦の市民は自由に英国に入国できない ・社会民主党結成	1981年教育法（Education Act 1981）：「特別な教育的ニーズ」の新概念導入、統合教育の推進、ステイトメント制度の開始、親の権利の拡大
	1982	フォークランド紛争 【障害者のための世界行動計画】	

参考資料 「イギリス障害児教育・インクルーシブ教育史年表」 351

西暦	イギリスの社会情勢・【国連・その他の動向】	イギリス障害児教育・インクルーシブ教育の動向
1983	≪第二次サッチャー内閣（保守党）（～1987)≫ 【国連・障害者の十年（～1992)】	
1984	炭鉱スト拡大	アダム・スミス研究所、教育政策文書「オメガ・レポート（Omega Report -Education Policy-)」
1986	【発達の権利宣言（Declaration on the Right to Development)】	
1987	≪第三次サッチャー内閣（保守党）（～1990)≫	放送大学開設：生涯教育、基礎学力の要請
1988		1988年教育改革法（Education Reform Act 1988)：ナショナル・カリキュラム（National Curriculum)（全国共通教育課程）の導入、教育の市場化
1989	子ども法（Child Act 1989) 【子どもの権利条約採択】	
1990	≪第一次メージャー内閣（保守党）（～1992)≫ 人頭税（Community Charge）導入への反対高まる。 【UNESCO、ジョムティエン（タイ）で世界教育会議開催、「万人のための教育についての世界宣言」採択】	
1992	≪第二次メージャー内閣（保守党）（～1997)≫ 欧州通貨制度を離脱	・1992年教育法（Education Act 1992)：教育水準局が創設。定期的（6年毎）に学校査察とその結果報告を行う ・ポリテクニック（高等専門学校）が大学に昇格
1993	【世界人権大会・国連総会で「障害者の機会均等化に関する標準規則」採択】	1993年教育法（Education Act 1993)：「実施要綱」の公布について規定、初等・中等学校の監査制度の導入
1994	【UNESCO、特別なニーズ教育における原則、政策、実践に関するサラマンカ声明ならびに行動大綱】	「実施要綱―特別な教育的ニーズの発見と評価―（Code of Practice -on the Identification and Assessment of Special Educational Needs-)：「SENポリシー」作成の義務、特別な教育的ニーズコーディネーター（SENCO）の配置、「特別な教育的ニーズ裁定委員会（SENT)」の設置など

西暦	イギリスの社会情勢・【国連・その他の動向】	イギリス障害児教育・インクルーシブ教育の動向
1995	EU白書「包摂的な学習社会の構築」	・政策文書「選択と卓越性（Choice and Excellence）」：親・学校長・教員の合意に基づく変革企図 ・監査結果が「学校監査年次報告書」として毎年公表 ・障害者差別禁止法（Disability Discrimination Act 1995: DDA）
1996	【子どもの権利の行使に関する欧州条約（European Convention on the Exercise of Children's Right: ECECR）】	・1996年教育法（Education Act 1996）：「1993年教育法」を修正 ・学校監査法（School Inspection Act）制定
1997	≪第一次ブレア内閣（労働党）（～2001）≫ ・労働党選挙公約発表「新労働党—よりよい英国のために—（New Labour because Britain Deserves Better）」：教育を労働党の最優先課題とした ・EU「アムステルダム条約」 ・労働党・社会的排除対策室（SEU）設置	・白書「学校における卓越さ（Excellence in Schools）」 ・緑書「全ての子どもに卓越さを（Excellence for All Children）」：インクルーシブ教育の原則を採用
1998		・クリック報告書（Crick Report）「学校におけるシティズンシップのための教育と民主主義の教育（Education for Citizenship and the Teaching of Democracy in Schools）」：シティズンシップのための教育を概念化する枠組み ・学校の水準と枠組みに関する法律（School Standards and Framework Act 1998）：各学校は勧告をもとに"学校改善計画"を地方教育当局に提出することが義務付けられた ・白書「特別な教育的ニーズ行動計画（Meeting Special Educational Needs: A Programme of Action）」：特別学校の役割を認めつつ、より多くの生徒を通常学校に包摂する方策を示す
1999		障害者権利委員会（Disability Rights Commission）発足

インクルーシブ教育の展開

参考資料 「イギリス障害児教育・インクルーシブ教育史年表」 353

西暦	イギリスの社会情勢・【国連・その他の動向】	イギリス障害児教育・インクルーシブ教育の動向
2000	【UNESCO、世界教育会議、万人のための教育に向けた「ダカール行動枠組み」採択】 EUサミット「社会的排除との闘いの欧州モデル」構築	・パレカ報告書（Parekh Report）「多民族の英国の将来（The Future of Multi-Ethnic Britain）」 ・介護者および障害児法（Carers and Disabled Children Act） ・障害者権利委員会（Disability Rights Commission）活動開始 ・ヴィクトリア・クリンビー（Victoria Climbié）虐待死事件：アフリカ系移民の少女が虐待の上、殺害される
2001	≪第二次ブレア内閣（労働党）（〜2005）≫ 【WHO、ICIDHを改定し、生活機能分類（ICF）採択：社会環境要因を重視し、身体機能、活動、参加の三つの次元のモデルを提唱】 保健およびソーシャルケア法（Health and Social Care Act）	・教育技能省（Department for Education and Skill）「インクルーシブな学校教育（Inclusive Schooling）」 ・白書「学校：成功を達成する（Schools: Achieving Success）」 ・特別な教育的ニーズおよび障害法（Special Educational Needs and Disability Act 2001） ・「特別な教育的ニーズ実施要綱（Special Educational Needs –Code of Practice–）」：「実施要綱」の改定
2003	イラク戦争	・ラミング報告書（The Victoria Climbié Inquiry） ・緑書「全ての子どもが大切だ（Every Child Matters）」
2004	子ども法（The Child Act 2004）	・緑書「全ての子どもが大切だ：子どものための変革（Every Child Matters: Change for Children）」 ・教育技能省「子どもと学習者のための五ヶ年計画（Five Year Strategy for Children and Learners）」
2005	≪第三次ブレア内閣（労働党）（〜2007）≫ ⇒ 貧困層に重点的に投資	・2005年教育法（Education Act 2005）：学校監査が6年毎から3年毎に変更 ・障害者差別禁止法（Disability Discrimination Act 2005: DDA）：障害の範囲がHIV感染者、がん患者にも広げられた

354　参考資料 「イギリス障害児教育・インクルーシブ教育史年表」

西暦	イギリスの社会情勢・【国連・その他の動向】	イギリス障害児教育・インクルーシブ教育の動向
2006	【障害者権利条約（Convention on the Rights of Persons with Disabilities）採択】	・教育技能省「五ヶ年計画―卓越した発展の維持―(Five Year Starategy for Children and Learners: Maintaining the Excellent Progress)」 ・下院教育技能委員会・報告書「特別な教育的ニーズ（House of Commons Education and Skills Committee Report on Special Educational Needs)」
2007	≪ブラウン内閣（労働党）（〜2010)≫ ⇒ 教育だけではなく、家庭との関わりを重視 【イギリス、障害者権利条約署名（2007.3)】	
2009	【イギリス、障害者権利条約批准（2009.6)】	子ども・学校・家族省「ラム調査報告書：特別な教育的ニーズと親の信頼（Lamb Inquiry: Special Educational Needs and Parental Confidence)」
2010	≪第一次キャメロン内閣（保守党・自由民主党）（〜2015)≫	平等法（Equality Act 2010)：「合理的配慮」提供の義務を課した
2011	Pupil Premium 導入：貧困家庭の子どもを受け入れている学校に付加的な財政支援	緑書「支援と大志：特別な教育的ニーズと障害への新たなアプローチ（Support and Aspiration: A New Approach to Special Educational Needs and Disability)」
2012		緑書「進展と次なる一歩（Support and Aspiration: A New Approach to Special Educational Needs and Disability -Progress and Next Steps-)」
2014		・子ども・家族法（Children Families Act 2014) ・「特別な教育的ニーズと障害に関する実施要綱：誕生から25歳まで（Special Educational Needs and Disability Code of Practice: 0 to 25 years)」 ・「EHC プラン（Education, Health and Care Plan)」導入：一貫性のある横断的な支援を提供することを目的とする（対象は誕生から25歳まで）
2015	≪第二次キャメロン内閣（保守党）（〜2015)≫	

参 考 文 献

- 阿部菜穂子（2007）『イギリス「教育改革」の教訓』岩波書店
- Ainscow, M. (1999) *Understanding the Development of Inclusive School*, Falmer Press.
- Ainscow, M. (2011) 'Some Lessons From International Efforts to Foster Inclusive Education', *Innovacion Educativa*, n. 21.
- Ainscow, M., Booth, T. & Dyson, A. et al. (2006) *Improving Schools, Developing Inclusion*, Routledge.
- Ainscow, M. & Florek, A. (1989) 'A Whole School Approach', In Ainscow, M. & Florek, A. (eds.), *Special Educational Needs: Towards a Whole School Approach*, David Fulton Publishers & The National Council for Special Education.
- Ainscow, M. & Florek, A. (eds.) (1989) *Special Educational Needs: Towards a Whole School Approach*, David Fulton Publishers.
- Alliance for Inclusive Education (2015) *Inclusion Now –A Voice for the Inclusive Movement in the UK- Issue 41*, Alliance for Inclusive Education.
- 青柳まゆみ・中村満紀男（2001）「19世紀末イギリスにおける視覚障害者の生活実態と社会の期待―1889年盲・聾等王命委員会公聴会証言を中心に―」『心身障害学研究』25、筑波大学
- 荒川勇（1974）「第二章 聾教育史」梅根悟監修『世界教育史大系 33 障害児教育史』講談社
- 荒川智（2000）「20世紀と障害児教育―『特殊教育』から『特別ニーズ教育』へ―」『障害者問題研究』27（4）、全国障害者問題研究会
- 荒川智（2003）「第3章 公教育制度と障害児教育―帝国主義・ファシズム期の障害児教育」中村満紀男・荒川智編著『障害児教育の歴史』明石書店
- 荒川智（2003）「第5章 特別ニーズ教育とインクルージョン―21世紀に向けて」中村満紀男・荒川智編著『障害児教育の歴史』明石書店
- 荒川智（2005）「特別ニーズ教育の比較教育的考察」『障害者問題研究』33（2）、全国障害者問題研究会
- 荒川智（2008）「第1部 インクルーシブ教育の基本的な考え方」荒川智編著『イ

ンクルーシブ教育入門―すべての子どもの学習参加を保障する学校・地域づくり―』クリエイツかもがわ
・荒川智（2008）「第3部　インクルーシブ教育の課題」荒川智編著『インクルーシブ教育入門―すべての子どもの学習参加を保障する学校・地域づくり―』クリエイツかもがわ
・荒川智（2010）『障害のある子どもの教育改革提言―インクルーシブな学校づくり・地域づくり―』全国障害者問題研究会出版部
・荒川智・越野和之（2013）『インクルーシブ教育の本質を探る』全国障害者問題研究会出版部
・Audit Commission & Her Majesty's Inspectorate of Schools (1992) *Getting in on the Act -Provision for Pupils with Special Educational Needs: the National Picture-*, H. M. S. O.
・Audit Commission & Her Majesty's Inspectorate of Schools (1992) *Getting the Act Together -A Management Handbook for Schools and Local Education Authorities-*, H. M. S. O.
・Bank-Mikkelsen, N. E. (1969) 'A Metropolitan Area in Denmark: Copenhagen', In Kugel, R. B. & Wolfensberger, W. (eds.), *Changing Patterns in Residential Services for the Mentally Retarded,* Washington D. C. : President's Committee on Mental Retardation.
・バンク―ミッケルセン，N. E.（中園康夫訳）（1978）「(翻訳) ノーマリゼーション (normalization) の原理」『四国学院大学論集』42
・Barton, L. & Slee, R. (1999) 'Competition, Selection and Inclusive Education: Some Observations', *International Journal of Inclusive Education* 3 (1), Taylor & Francis.
・Bawden, A. (2005, June 10) 'Anger over Warnock's Criticism of Special Schools', *The Guardian.*
・Beveridge, S. (1993) *Special Educational Needs in Schools,* Routledge.
・Beveridge, S. (1997) 'Implementing Partnership with Parents in Schools', In Wolfendale, S. (ed.), *Working with Parents of SEN Children After the Code of Practice,* David Fulton Publishers.
・Bhalla, A. S. & Lapeyre, F. (2004) *Poverty and Exclusion in a Global World -Second Revised Edition-*, Palgrave Macmillan.
・Booth, T. (1992) 'Integration, Disability and Commitment: A Response to Mårten

Söder', In Booth, T. et al. (eds.), *Policies for Diversity in Education*, Routledge.
- Booth, T. (1999) 'Inclusion and Exclusion Policy in England: Who Controls the Agenda?', In Armstrong, D. et al. (eds.), *Inclusive Education: Contexts and Comparative Perspectives*, David Fulton Publishers.
- Booth, T. & Ainscow, M. (2011) *Index for Inclusion: Developing Learning and Participation in Schools*, Centre for Studies on Inclusive Education.
- Briggs, S. (2016) *Meeting Special Educational Needs in Primary Classrooms –Inclusion and How to Do it–*, Routledge.
- Brown, H. & Smith, H. (1992) 'Assertion, not Assimilation: A Feminist Perspective on the Normalisation Principle', In Brown, H. & Smith, H. (eds.), *Normalisation: A Reader for the Nineties*, Routledge.
- Byrne, D. (ed.) (2008) *Social Exclusion: Critical Concepts in Sociology Vol. 1*, Routledge.
- Campbell, L. (2002) 'Rights and Disabled Children', In Franklin, B. (ed.), *The New Handbook of Children's Rights –Comparative Policy and Practice–*, Routledge.
- Cheminais, R. (2015) *Rita Cheminais' Handbook for SENCOs 2nd Edition*, SAGE.
- Chitty, A. & Dawson, V. (2012) *Special Educational Needs –A Parent's Guide–*, Need2know.
- Cootes, R. J. (1984) *The Making of the Welfare State –Second Edition–*, Longman.
- Daniels, H. & Garner, P. (eds.) (1999) *Inclusive Education –World Yearbook of Education 1999–*, Kogan Page. (= ハリー・ダニエルズ、フィリップ・ガーナー編著 中村満紀男・窪田眞二監訳 (2006)『世界のインクルーシブ教育―多様性を認め、排除しない教育を』明石書店)
- Department for Children, Schools and Families (DCSF) (2008) *Designing for Disabled Children and Children with Special Educational Needs –Guidance for Mainstream and Special Schools–*, TSO.
- Department for Children, Schools and Families (DCSF) (2009) *Lamb Inquiry: Special Educational Needs and Parental Confidence*, DCSF Publications.
- Department for Education (DfE) (1993) *Education Act 1993*, H. M. S. O.
- Department for Education (DfE) (1994) *Code of Practice –on the Identification and Assessment of Special Educational Needs–*, H. M. S. O.
- Department for Education (DfE) (1995) *Disability Discrimination Act 1995*, H. M. S. O.

- Department for Education (DfE) (2011) *Support and Aspiration: A New Approach to Special Educational Needs and Disability -A Consultation-, Cm. 8027*, The Stationery Office.
- Department for Education (DfE) (2012) *Support and Aspiration: A New Approach to Special Educational Needs and Disability -Progress and Next Steps-*, The Stationery Office.
- Department for Education (DfE) (2014) *Children and Families Act 2014*, TSO.
- Department for Education (DfE) (2015) *Statistical First Release -Special Educational Needs in England: January 2015-*, DfE.
  (https://www.gov.uk/government/statistics/special-educational-needs-in-england-january-2015, 2016.9.27)
- Department for Education and Department of Health (DfE and DH) (2015) *Special Educational Needs and Disability Code of Practice: 0 to 25 Years*, DfE.
- Department for Education and Employment (DfEE) (1996) *Education Act 1996*, The Stationery Office.
- Department for Education and Employment (DfEE) (1997) *Excellence in Schools*, H. M. S. O.
- Department for Education and Employment (DfEE) (1997) *Excellence for All Children: Meeting Special Educational Needs*, DfEE.
- Department for Education and Employment (DfEE) (1998) *School Standards and Framework Act 1998*, The Stationery Office.
- Department for Education and Employment (DfEE) (1998) *Meeting the Special Educational Needs: A Programme of Action*, DfEE.
- Department for Education and Employment (DfEE) (2001) *Special Educational Needs and Disability Act 2001*, DfEE.
- Department for Education and Skills (DfES) (2001) *Special Educational Needs -Code of Practice-*, DfES.
- Department for Education and Skills (DfES) (2003) *Every Child Matters, Cm. 5860*, TSO.
- Department for Education and Skills (DfES) (2004) *National Statistics First Release -Special Educational Needs in England: January 2004-*, DfES.
- Department for Education and Skills (DfES) (2004) *Children Act 2004*, H. M. S. O.
- Department for Education and Skills (DfES) (2004) *Every Child Matters: Change*

for Children, DfES Publications.
- Department for Education and Skills (DfES) (2004) *Removing Barriers to Achievement –The Government's Strategy for SEN–*, DfES Publications.
- Department for Education and Skills (DfES) (2004) *Five Year Strategy for Children and Learners, Cm. 6272*, T. S. O.
- Department for Education and Skills (DfES) (2006) *Five Year Strategy for Children and Learners: Maintaining the Excellent Progress*, DfES Publications.
- Department for Education and Skills (DfES) (2006) *Government Response to the Education and Skills Committee Report on Special Educational Needs, Cm. 6940*, H. M. S. O.
- Department for Education and Skills (DfES) (University of Manchester & University of Newcastle) (2004) *Inclusion and Pupil Achievement*, DfES Publications.
- Department of Education and Science (DES) (1967) *Children and Their Primary Schools: A Report of the Central Advisory Council for Education* (The Plowden Report), H. M. S. O.
- Department of Education and Science (DES) (1970) *Education (Handicapped Children) Act 1970*, H. M. S. O.
- Department of Education and Science (DES) (1976) *Education Act 1976*, H. M. S. O.
- Department of Education and Science (DES) (1978) *Special Educational Needs: Report of the Committee of Enquiry into the Education of Handicapped Children and Young People*, H. M. S. O.
- Department of Education and Science (DES) (1981) *Education Act 1981*, H. M. S. O.
- Department of Education and Science (DES) (1988) *Education Reform Act 1988*, H. M. S. O.
- Department of Education and Science (DES) (1989) *The National Curriculum: From Policy to Practice*, H. M. S. O.
- Dessent, T. (1988) *Making the Ordinary School Special*, The Falmer Press.
- Ekins, A. (2015) *The Changing Face of Special Educational Needs –Impact and Implications for SENCOs, Teachers and Their Schools– Second Edition*, Routledge.

- Emerson, E. (1992) 'What is Normalisation?', In Brown, H. & Smith, H. (eds.), *Normalisation: A Reader for the Nineties*, Routledge.
- 遠藤俊子 (2010)「特別支援教育の現状・課題・未来―インクルージョンを手がかりとして―」『日本女子大学人間社会研究科紀要』16
- Farrell, M. (1998) 'Notes on the Green Paper: An Initial Response', *British Journal of Special Education* 25 (1), NASEN.
- 藤井泰 (2006)「第7章 教育水準向上のための『優れた学校』―イギリス」二宮皓編著『世界の学校―教育制度から日常の学校風景まで―』学事出版
- 藤本文朗 (1983)「障害児教育におけるインテグレーションの系譜と動向」『障害者問題研究』32、全国障害者問題研究会
- 藤本文朗 (1986)「第一部 教育的インテグレーションの現状, Ⅳ 臨教審『改革』で障害児教育はどうなるか」藤本文朗・渡部昭男編(科学的障害者教育研究会)『障害児教育とインテグレーション』労働旬報社
- 藤本文朗・渡部昭男編(科学的障害者教育研究会)(1986)『障害児教育とインテグレーション』労働旬報社
- 福田誠治 (2007)『競争しても学力行き止まり―イギリス教育の失敗とフィンランドの成功―』朝日新聞社
- 福原宏幸編著 (2007)『社会的排除/包摂と社会政策』法律文化社
- 古川孝順 (1998)『社会福祉基礎構造改革 その課題と展望』誠信書房
- Garner, P. (2009) *Special Educational Needs -The Key Concepts-*, Routledge.
- Garnett, J. (1989) 'Support Teaching: Taking a Closer Look', In Ainscow, M. & Florek, A. (eds.), *Special Educational Needs: Towards a Whole School Approach*, David Fulton Publishers & The National Council for Special Education.
- Gillie, C. (2012) *The Green Paper on Special Educational Needs and Disability*, House of Commons Library.
- Gov. UK. (2016) *The National Curriculum* (https://www.gov.uk/national-curriculum, 2016.9.13)
- Grunewald, K. (1969) 'A Rural County in Sweden: Malmohus County', In Kugel, R. B. & Wolfensberger, W. (eds.), *Changing Patterns in Residential Services for the Mentally Retarded*, Washington D. C. : President's Committee on Mental Retardation.
- Grunewald, K. (1974) *The Mentally Retarded in Sweden*, The Swedish Institute.
- Gulliford, R. (1971) *Special Educational Needs*, Routledge.

- 花村春樹（1998）『「ノーマリゼーションの父」N. E. バンク—ミケルセン』ミネルヴァ書房
- Hegarty, S. (1994) '6. England and Wales', In Meijer, Cor J. W., Pijl, S. J. & Hegarty, S. (eds.), *New Perspectives in Special Education –A Six-Country Study of Integration–*, Routledge.
- Hegarty, S., Pocklington, K. & Lucas, D. (1981) *Educating Pupils with Special Needs in the Ordinary School*, NFER-Nelson.
- Hodkinson, A. (2010) 'Inclusive and Special Education in the English Educational System: Historical Perspectives, Recent Developments and Future Challenges', *British Journal of Special Education* 37 (2), NASEN.
- 洪浄淑（2005）「A. ガートナーとD. K. リプスキーにおける特殊教育批判とフル・インクルージョンの提唱」『心身障害学研究』29、筑波大学
- 堀正嗣（1997）『新装版 障害児教育のパラダイム転換―統合教育への理論研究―』明石書店
- 星野常夫（1998）「障害児を含むすべての子どもたちのための新しい教育システムに関する一考察―『特別なニーズ教育』構想を通して―」『文教大学教育学部紀要』32
- House of Commons Education and Skills Committee (2006) *Special Educational Needs: Third Report of Session 2005-06 Volume 1*, The Stationery Office.
- 岩田正美（2008）『社会的排除―参加の欠如・不確かな帰属』有斐閣
- 池田浩明（2010）「特別支援教育とインクルーシブ教育―就学の場に着目して―」『藤女子大学紀要』47
- 石部元雄他編（1981）『心身障害辞典』福村出版
- 一番ケ瀬康子（1994）『一番ケ瀬康子 社会福祉著作集 第三巻 生涯福祉・ノーマライゼーション』労働旬報社
- 加藤博史（1991）「ノーマリゼーションの思想的系譜―『国民優性法』制定に関する批判思想の検討から―」『社会福祉学』32（2）、日本社会福祉学会
- 河東田博（2005）「新説1946年ノーマライゼーションの原理」『立教大学コミュニティ福祉学部紀要』7
- 河東田博（2008）「ノーマライゼーション原理具現化の実態と課題」『立教大学コミュニティ福祉学部紀要』10
- 河合康（1991）「イギリスにおける視覚障害教育の史的発達」『上越教育大学研究紀要』11（1）

・河合康（2001）「イギリスにおける特別な教育的ニーズの判定書をめぐる親の不服申し立てに関する一考察」『上越教育大学研究紀要』20（2）
・河合康（2002）「イギリスにおける『2001年特別な教育的ニーズ・障害法』の内容と意義―『1996年教育法』の修正に焦点を当てて―」『上越教育大学研究紀要』21（2）
・河合康（2005）「イギリスの高等教育における障害学生に対する差別の禁止」『上越教育大学研究紀要』24（2）
・河合康（2007）「イギリスにおけるインテグレーション及びインクルージョンをめぐる施策の展開」『上越教育大学研究紀要』26
・河合康・石部元雄（1986）「イギリス特殊教育の動向―『ウォーノック報告』及び『1981年教育法』以降における―」『心身障害学研究』10（2）、筑波大学
・木村元（2009）「第10章 共生の教育 unit 28 特別ニーズ教育／インクルーシブ教育」木村元・小玉重夫・船橋一男『教育学をつかむ』有斐閣
・国立特別支援教育総合研究所「盲学校小学部・中学部学習指導要領（文部省告示第77号）」・「聾学校小学部・中学部学習指導要領（文部省告示第78号）」・「養護学校小学部・中学部学習指導要領（文部省告示第79号）」『特別支援教育学習指導要領等データベース』
（https://www.nise.go.jp/blog/2000/01/shido_db.04_index.html, 2016.9.27.）
・小宮山倭（1974）「序章 心身障害者処遇の変遷―"虐待"から"教育を受ける権利"まで―」梅根悟監修『世界教育史大系33 障害児教育史』講談社
・越野和之（2011）「インクルーシブ教育構想の具体化と広範な合意形成にむけて」『障害者問題研究』39（1）、全国障害者問題研究会
・厚生省（1981）『厚生白書 昭和56年版』
（http://www.mhlw.go.jp/toukei_hakusho/hakusho/kousei/1981/, 2016.9.27）
・窪田知子（2006）「イギリスのホール・スクール・アプローチに関する一考察―1980年代のインテグレーションをめぐる議論に焦点を当てて―」『京都大学大学院教育学研究科紀要』52
・熊谷恵子（2004）「第3章 諸外国におけるLD・ADHD・高機能自閉症への対応―イギリスを中心として―」『LD・ADHD・高機能自閉症への教育的対応・東京都立中野養護学校のセンター化機能の実際―近隣の小中学校への研修支援―』ジアース教育新社
・Lewis, A. (1995) *Children's Understanding of Disability*, Routledge.
・Liasidou, A. (2012) *Inclusive Education, Politics and Policymaking*, Continuum.

- Lindley, P. & Wainwright, T. (1992) 'Normalisation Training: Conversion or Commitment?', In Brown, H. & Smith, H. (eds.), *Normalisation: A Reader for the Nineties*, Routledge.
- Lipsky, D. K. & Gartner, A. (1997) *Inclusion and School Reform: Transforming America's Classroom*, P. H. Bookes.
- Lord Laming (Presented to Parliament by the Secretary of State for Health and Secretary of State for the Home Department) (2003) *The Victoria Climbié Inquiry, Cm. 5730 (Report of an Inquiry by Lord Laming)*, TSO.
- Mason, M. (1992) 'The Integration Alliance: Background and Manifesto', In Booth, T. et al. (eds.), *Policies for Diversity in Education*, Routledge.
- Meijer, Cor J. W., Pijl, S. J. & Hegarty, S. (eds.) (1994) *New Perspectives in Special Education –A Six-Country Study of Integration–*, Routledge.
- Ministry of Education (1944) *Education Act 1944*.
- Ministry of Health (1959) *Mental Health Act 1959*.
- Mittler, P. (1993) 'Special Needs at the Crossroads'. In Visser, J. & Upton, G. (eds.), *Special Education in Britain After Warnock*, David Fulton Publishers.
- Mittler, P. (2002) *Working Towards Inclusive Education: Social Contexts*, Routledge.
- 宮崎孝治（1996）「イギリスにおける全員就学に関する考察―障害児に関する教育法制・実態の推移から―」『江戸川女子短期大学紀要』11
- 水野和代（2012）「インクルーシブ教育の理論および起源に関する研究―1970年代以降のイギリスを中心に―」『人間文化研究』18、名古屋市立大学大学院人間文化研究科
- 水野和代（2013）「ノーマリゼーション原理に関する一考察―その起源と本質的把握の試み―」『人間文化研究』19、名古屋市立大学大学院人間文化研究科
- 文部科学省（2003）『今後の特別支援教育の在り方について（最終報告）』（http://www.mext.go.jp/b_menu/shingi/chousa/shotou/054/shiryo/attach/1361204.htm, 2016.9.27）
- 文部科学省「特別支援教育支援員の配置状況及び地方財政措置（平成20年度）について」（http://www.mext.go.jp/a_menu/shotou/tokubetu/main/005.htm, 2016.9.27）
- 内閣府（2006）『平成18年度 障害者の社会参加促進等に関する国際比較調査』（http://www8.cao.go.jp/shougai/suishin/tyosa/hikaku/gai you.html, 2016.9.27）

・中村健吾（2002）「EU における『社会的排除』への取り組み」『海外社会保障研究』141、国立社会保障・人口問題研究所
・中村満紀男（2003）「第 1 章 障害児教育の黎明―近代以前の障害者と障害児の教育」中村満紀男・荒川智編著『障害児教育の歴史』明石書店
・中村満紀男（2003）「第 2 章 障害児教育の本格始動―市民革命・産業革命期の障害児教育」中村満紀男・荒川智編著『障害児教育の歴史』明石書店
・中村満紀男・荒川智編著（2003）『障害児教育の歴史』明石書店
・中園康夫訳（バンク―ミッケルセン，N. E.）（1978）「（翻訳）ノーマリゼーション（normalization）の原理」『四国学院大学論集』42
・中園康夫（1981）「ノーマリゼーションの原理について（I）―特に1970年代における若干の文献を中心にして―」『四国学院大学論集』48、四国学院文化学会
・中園康夫（1981）「『ノーマリゼーションの原理』の起源とその発展について―特に初期の理念形成を中心として―」『社会福祉学』22（2）、日本社会福祉学会
・NASEN（2014）*Everybody Included: The SEND Code of Practice Explained*, NASEN.
・Nirje, B.（1969）'A Scandinavian Visitor Looks at U. S. Institutions', In Kugel, R. B. & Wolfensberger, W.（eds.）, *Changing Patterns in Residential Services for the Mentally Retarded*. Washington D. C.：President's Committee on Mental Retardation.
・Nirje, B.（1969）'The Normalization Principle and Its Human Management Implications', In Kugel, R. B. & Wolfensberger, W.（eds.）, *Changing Patterns in Residential Services for the Mentally Retarded*, Washington D. C.：President's Committee on Mental Retardation.
・Nirje, B.（1970）'Symposium on "Normalization" -The Normalization Principle- Implications and Comments', *British Journal of Mental Subnormality*.
・丹羽詔一（2009）「特別支援教育の現状と課題―教員養成に望まれるカリキュラムについて―」『愛知教育大学教育実践総合センター紀要』12
・野村武夫（2004）『ノーマライゼーションが生まれた国・デンマーク』ミネルヴァ書房
・Norwich, B.（2008）'What Future for Special Schools and Inclusion? Conceptual and Professional Perspectives', *British Journal of Special Education* 35（3）.
・Norwich, B.（2010）'A Response to 'Special Educational Needs: A New Look'', In Terzi, L.（ed.）, *Special Educational Needs -A New Look-*, Continuum.

・OECD（2009）'Trends in Expenditure on Disability and Sickness Programmes, in Percentage of GDP, 1990, 2000 and 2007, and in Percentage of Unemployment Benefit Spending and Total Public Social Spending, 2007', *OECD Social Expenditure Database*.
（http://www.oecd.org/els/social/expenditure, 2016.2.6）
・OECD（2011）'Public Spending on Family Benefits in Cash, Services and Tax Measures, in Percent of GDP, 2011', *OECD Family Database*.
（http://www.oecd.org/els/social/ amily/database, 2016.2.6）
・OECD（2014）'Expenditure on Educational Institutions as a Percentage of GDP, by Level of Education（2011）', *Education at a Glance 2014: OECD Indicators*, OECD.
・大城英名（2003）「イギリスにおける特別な教育的ニーズを有する子どもの指導に関する調査」『「主要国の特別な教育的ニーズを有する子どもの指導に関する調査研究」研究報告書』国立特殊教育総合研究所
（http://www.nise.go.jp/kenshuka/josa/kankobutsu/pub_f/F-101/chapter03/chapter03_e01.html, 2016.9.27）
・大田直子（1996）「イギリス1944年教育法再考―戦後教育史研究の枠組みを越えて」『人文学報（東京都立大学人文学部）』270
・岡田武世（1985）「社会科学的障害者福祉論とノーマライゼーションの『思想』」『社会福祉学』26（1）
・岡崎幸友（2010）「『ノーマリゼーション』の今日的意味と役割」『吉備国際大学研究紀要（社会福祉学部）』20
・Oliver, S. & Austen, L.（1996）*Special Educational Needs and the Law*, Jordan Publishing Limited.
・Oppenheim, C.（1998）'Poverty and Social Exclusion: An Overview', In Oppenheim, C.（ed.）, *An Inclusive Society: Strategies for Tackling Poverty*, IPPR.
・Oppenheim, C.（ed.）（1998）*An Inclusive Society: Strategies for Tackling Poverty*, IPPR.
・Owen, H.（1903）'33&34 Vict. c. 75, sec. 74（7）, Elementary Education Act 1870.', *The Education Acts, 1870-1902, and Other Acts Relating to Education. With Summary of the Statutory Provisions and Notes.*, Knight & Co.
・Owen, H.（1903）'39&40 Vict. c. 79, sec. 4 & 5, Elementary Education Act 1876.',

The Education Acts, 1870-1902, and Other Acts Relating to Education. With Summary of the Statutory Provisions and Notes., Knight & Co.
- Parliament of the United Kingdom (2010) *Equality Act 2010.*
- Percy-Smith, J. (2000) 'Introduction: The Contours of Social Exclusion', In Percy-Smith, J. (ed.), *Policy Responses to Social Exclusion: Towards Inclusion?*, Open University Press.
- Pritchard, D. G. (1963) *Education and Handicapped 1760-1960*, Routledge & Kegan Paul.
- Riddell, S. & Brown, S. (1994) 'Special Educational Needs Provision in the United Kingdom -The Policy Context-', In Riddell, S. & Brown, S. (eds.), *Special Educational Needs Policy in the 1990s -Warnock in the Market Place-*, Routledge.
- Riddell, S. & Brown, S. (eds.) (1994) *Special Educational Needs Policy in the 1990s -Warnock in the Market Place-*, Routledge.
- 臨時教育審議会 (1988)『教育改革に関する答申―臨時教育審議会第一次〜第四次（最終）答申』大蔵省印刷局
- Rispens, J. (1994) 'Rethinking the Course of Integration: What Can We Learn From the Past?', In Meijer, Cor J. W., Pijl, S. J. & Hegarty, S. (eds.), *New Perspectives in Special Education -A Six-Country Study of Integration-*, Routledge.
- Royal Commission on the Law Relating to Mental Illness and Mental Deficiency (1957) *Report of Committees Royal Commission on the Law Relating to Mental Illness and Mental Deficiency, Cmnd. 169*, H. M. S. O.
- 真城知己 (1994)「19世紀末イギリス公立基礎学校における肢体不自由児―在籍率とそのとらえられ方―」『特殊教育学研究』32 (3)、日本特殊教育学会
- 真城知己 (1996)「イギリスにおける慈善組織協会の障害児教育への貢献に関する研究―肢体不自由教育への意義を中心に―」『特殊教育学研究』34 (2)、日本特殊教育学会
- 真城知己 (1996)「イギリスにおける特別なニーズ教育をめぐる制度的課題」『大阪教育大学障害児教育研究紀要』19
- 真城知己 (1999)「イギリス―障害概念の拡大と特別な教育的ニーズ―」『世界の障害児教育・特別なニーズ教育』三友社出版
- 真城知己 (2010)「19世紀イギリス肢体不自由教育史研究序説―問題の所在と課題

設定―」『千葉大学教育学部研究紀要』58
- 真城知己・石部元雄（1989）「戦後のイギリス特殊教育に関する一考察―ウォーノック報告に焦点を当てて―」『心身障害学研究』14（1）、筑波大学
- 真城知己・名川勝（1995）「イギリス1993年教育法の特別な教育的ニーズを持つ子どもに関する規定」『筑波大学リハビリテーション研究』4（1）
- 佐藤満雄（2003）「『今後の特別支援教育の在り方（中間まとめ）』についての一考察―イギリスの特別支援教育からみた―」『情緒障害教育研究紀要』22、北海道教育大学
- 佐藤満雄・佐藤貴虎（2002）「日本の特殊教育とイギリスのインクルージョンの比較における一考察」『情緒障害教育研究紀要』21、北海道教育大学
- Sebba, J. & Sachedev, D. (1997) *What Works in Inclusive Education?*, Barnardo's.
- The Secretary of State for the Health Department, the Secretary of State for Education and Science, the Minister of Housing and Local Government and the Minister of Health (1968) *Report of the Committee on Local Authority and Allied Personal Social Services* (The Seebohm Report), H. M. S. O.
- The Secretary of State for Social Security (1999) *Opportunity for All: Tackling Poverty and Social Exclusion*, Cmnd. 4445.
- 妹尾正（1974）「（論苑）重度化と労働問題」『愛護』194、日本精神薄弱者愛護協会
- 清水貞夫（1987）「ノーマリゼーション概念の展開―ウォルフェンスベルガーの論考を中心として―」『宮城教育大学紀要　第2分冊　自然科学・教育科学』22
- 清水貞夫（2002）「イギリス労働党政権下でのインクルージョンに向けた取り組み」『宮城教育大学紀要』37
- 清水貞夫（2007）「インクルーシブ教育の思想とその課題」『障害者問題研究』35（2）、全国障害者問題研究会
- 清水貞夫（2010）『インクルーシブな社会をめざして―ノーマリゼーション・インクルージョン・障害者権利条約―』クリエイツかもがわ
- 清水貞夫（2012）『インクルーシブ教育への提言―特別支援教育の革新』クリエイツかもがわ
- 衆議院（2006）「学校教育法等の一部を改正する法律案に対する附帯決議」『第164回国会・文部科学委員会第20号』
  （http://www.shugiin.go.jp/internet/itdb_kaigiroku.nsf/html/Kaigiroku/009616420060614020.htm, 2016.9.27）
- Solity, J. (1992) *Special Education*, Cassell.

- Stirling, M.（1992）'How Many Pupils Are Excluded?', *British Journal of Special Education* 19（4）, NASEN.
- 杉野昭博（1992）「『ノーマライゼーション』の初期概念とその変容」『社会福祉学』33（2）、日本社会福祉学会
- Szivos, S.（1992）'The Limits to Integration', In Brown, H. & Smith, H.（eds.）, *Normalisation: A Reader for the Nineties*, Routledge.
- 高島進（1981）「第3章 イギリスにおける社会福祉の展開」一番ヶ瀬康子・高島進編『講座社会福祉第2巻 社会福祉の歴史』有斐閣
- 滝一二三・渡部昭男（1986）「第一部 教育的インテグレーションの現状、Ⅲ 似て非なるインテグレーションの実態」藤本文朗・渡部昭男編（科学的障害者教育研究会）『障害児教育とインテグレーション』労働旬報社
- 滝村雅人（2007）「『特別支援教育』のあり方を考える」『人間文化研究』8、名古屋市立大学大学院人間文化研究科
- 玉村公二彦（1998）「イギリスにおける障害者差別禁止法制と障害者施策―『1995年障害についての差別に関する法律（Disability Discrimination Act 1995）』の成立を中心に―」『奈良教育大学紀要』47（1）
- 玉村公二彦（2007）「第5章 特別ニーズ教育の国際動向」日本特別ニーズ教育学会編『テキスト 特別ニーズ教育』ミネルヴァ書房
- 田中耕二郎（1983）「インテグレーション概念をめぐる諸問題―イギリスにおける S. Hegarty らの議論―」『障害者教育科学』7、科学的障害者教育研究会
- 田中良三（2004）「『特別支援教育』の矛盾と克服」『愛知県立大学文学部論集（児童教育学科編）』53、愛知県立大学
- Tansley, A. E. & Gulliford, R.（1960）*The Education of Slow Learning Children*, Routledge.
- Timpson, E.（2014）*New Arrangements For Supporting Children and Young People With Special Educational Needs（SEN）and Disabilities*, Department for Education（DfE）.
- Tizard, J.（1969）'Residential Services Within the Service Continuum', In Kugel, R. B. & Wolfensberger, W.（eds.）, *Changing Patterns in Residential Services for the Mentally Retarded*. Washington D. C.: President's Committee on Mental Retardation.
- Tjernberg, C. & Mattson, E. H.（2014）'Inclusion in Practice: A Matter of School Culture', *European Journal of Special Needs Education* 29（2）, Routledge.

- Tomlinson. S. (2001) 'Sociological Perspectives on Special and Inclusive Education', *Support for Learning* 16 (4), NASEN.
- Tomlinson, S. (2001) *Education in a Post-Welfare Society*, Open University Press.
- Tyne, A. (1992) 'Normalisation: from Theory to Practice', In Brown, H. & Smith, H. (eds.), *Normalisation: A Reader for the Nineties*, Routledge.
- UNESCO (1990) *World Declaration on Education for All and Framework for Action to Meet Basic Learning Needs*.
  (http://unesdoc.unesco.org/images/0012/001275/127583e.pdf, 2016.9.27)
- UNESCO (1994) *The Salamanca Statement on Principles, Policy and Practice in Special Needs Education and Framework for Action*.
  (http://unesdoc.unesco.org/images/0009/000984/098427eo.pdf, 2016.9.27)
- UNESCO (2005) *Guidelines for Inclusion: Ensuring Access to Education for All*.
  (http://unesdoc.unesco.org/images/0014/001402/140224e.pdf, 2016.9.27)
- UNESCO (2009) *Policy Guidelines on Inclusion in Education*.
  (http://unesdoc.unesco.org/images/0017/001778/177849e.pdf, 2016.9.27)
- United Nations (1971) *Declaration on the Rights of Mentally Retarded Persons*, United Nations.
- United Nations (1975) *Declaration on the Rights of Disabled Persons*, United Nations.
- United Nations (1982) *World Programme of Action Concerning Disabled Persons*.
  (http://www.un.org/documents/ga/res/37/a37r052.htm, 2016.9.27)
- United Nations (1993) *The Standard Rules on the Equalization of Opportunities for Persons with Disabilities*.
  (http://www.un.org/esa/socdev/enable/dissre00.htm, 2016.9.27)
- United Nations (2006) *Convention on the Rights of Persons with Disabilities*.
  (http://www.un.org/disabilities/convention/conventionfull.shtml, 2016.9.27)
- Warnock, M. (2005) 'Special Educational Needs: A New Look', In Terzi, L. (ed.) (2010), *Special Educational Needs –A New Look–*, Continuum.
- 渡部昭男（2012）『日本型インクルーシブ教育システムへの道―中教審報告のインパクト―』三学出版
- Watson, J. (1992) 'My Story', In Booth, T. et al. (eds.), *Policies for Diversity in Education*, Routledge.
- Wolfensberger, W. (1972) *The Principle of Normalization in Human Services*,

National Institute on Mental Retardation.
・Wolfensberger, W. (1983) 'Social Role Valorization: A Proposed New Term for the Principle of Normalization', *Mental Retardation* 21 (6), American Association on Mental Deficiency.
・山口二郎（2005）『ブレア時代のイギリス』岩波書店
・山口洋史（1993）『イギリス障害児「義務教育」制度成立史研究』風間書房
・矢野裕俊（1980）『英国の障害児教育――ウォーノック報告に見る改革への道――』日本盲人福祉研究会
・吉田多美子（2005）「イギリス教育改革の変遷――ナショナルカリキュラムを中心に――」『レファレンス』11月号、国立国会図書館調査及び立法考査局
・吉原美耶子（2005）「イギリスにおける包摂的教育の政策とその特質――社会的排除と社会的包摂の概念に着目して――」『東北大学大学院教育学研究科研究年報』53（2）

謝　　辞

　本書は、2016（平成28）年度に名古屋市立大学大学院人間文化研究科に提出した学位請求論文「イギリスにおけるインクルーシブ教育政策の歴史的展開に関する研究」に若干の加筆・修正を行ったものである。

　本書の刊行に際しては、独立行政法人日本学術振興会 2018（平成30）年度科学研究費助成事業（科学研究費補助金）（研究成果公開促進費）（課題番号18HP5215）の助成を受けている。

　博士前期課程・博士後期課程に渡る八年間の研究成果をまとめ上げ、こうして刊行することができ、感慨もひとしおである。研究期間から刊行に至るまで、ご指導、ご支援を賜り、支えてくださった全ての皆様に感謝の意を表したい。

　まず、大学院入学後から七年間ご指導をいただいた故滝村雅人先生（元名古屋市立大学大学院人間文化研究科教授）に、心より感謝を申し上げる。先生からいただいたご指導と温かい励ましがあったからこそ、ここまで研究を続けることができたと思う。先生の教えは、私の中に生き続けている。

　そして、滝村先生亡き後、私の指導教官となり、導いてくださった伊藤恭彦先生（名古屋市立大学大学院人間文化研究科教授）には、言い様のない感謝の気持ちで一杯である。私が滝村先生の下で積み上げてきた研究を尊重した上で、新たな気付きを提示してくださるご指導、貴重なご助言をいただいた。ご指導を通して、伊藤先生の研究者としての姿勢に深い感銘を受け、多くのことを学ばせていただいた。心より感謝申し上げる。

　また、副指導教官である安藤究先生（名古屋市立大学大学院人間文化研究科教授）には、イギリスにおける調査に関して、丁寧にご指導いただいた。無事に調査結果をまとめ上げることができたのは、安藤先生のきめ細やかなご指

導があったからである。時間を惜しまず、ご指導してくださる安藤先生の真摯な姿勢に、多くのことを学ばせていただいた。厚く御礼申し上げる。

同じく、副指導教官の田中良三先生（愛知みずほ短期大学特任教授・愛知県立大学名誉教授）には、滝村先生亡き後、何度も研究所にお邪魔させていただき、ご指導、ご助言とともに、いつも温かい言葉で支えていただいた。辛い時期を乗り越えることができたのは、田中先生が変わらぬ姿勢でいつも励ましてくださったからである。感謝してもしきれない思いとともに、厚く御礼申し上げる。

加えて、イギリスの調査において、惜しみないご協力をいただいた現地小学校の教職員と保護者の皆様、ソーシャルサービス機関の職員の皆様にも心より感謝申し上げる。イギリスにおける実際のインクルーシブ教育実践から学ばせていただいたことは、私にとって大きな宝となった。

そして、共に学び、励まし合ってきた滝村ゼミの皆様にも御礼申し上げたい。

本書の刊行に際しては、株式会社風間書房の風間敬子氏、編集部の大高庸平氏に大変お世話になった。刊行に関する様々な事柄への対応や丁寧な校正作業をしていただき、心より感謝申し上げる。

最後に、私の八年間に渡る研究生活を支え、イギリスにおける調査も含めて、常に応援してくれた大切な家族、両親に心から感謝の意を表したい。

私の研究生活を支えてくださった方々に対して、言い尽くせない感謝の思いを込めて謝辞とさせていただくとともに、研究生活の中で、一度も揺らぐことなく追及してきた、全ての人々を教育・社会に包摂するインクルーシブ教育およびインクルーシブな社会の創造と実現を、今後も研究の軸として真摯に追及していく所存である。

2018（平成30）年10月

水 野 和 代

著者略歴

水野 和代（みずの かずよ）

1996年　愛知県立大学 外国語学部 英米学科 卒業
企業勤務を経て，
2012年　名古屋市立大学大学院 人間文化研究科 博士前期課程 修了
2017年　名古屋市立大学大学院 人間文化研究科 博士後期課程 修了
　　　　博士（人間文化）
2017年　名古屋市立大学大学院 人間文化研究科 研究員
　　　　特定非営利活動法人 見晴台学園大学 客員共同研究員
　　　　現在に至る。

専門
障害児(者)教育制度・政策研究，インクルーシブ教育制度・政策研究

主要論文等
「インクルーシブ教育の理論および起源に関する研究―1970年代以降のイギリスを中心に―」『人間文化研究』18．名古屋市立大学大学院 人間文化研究科，2012年
「ノーマリゼーション原理に関する一考察―その起源と本質的把握の試み―」『人間文化研究』19．名古屋市立大学大学院 人間文化研究科，2013年
「アメリカ合衆国における知的障害者の高等教育機関進学の背景と現状」『中部社会福祉学研究』9．2018年

イギリスにおけるインクルーシブ教育政策の歴史的展開

2019年2月5日　初版第1刷発行

　　　著　者　　水　野　和　代
　　　発行者　　風　間　敬　子
発行所　　株式会社風間書房
〒101-0051　東京都千代田区神田神保町1-34
電話 03(3291)5729　FAX 03(3291)5757
振替 00110-5-1853

印刷　藤原印刷　製本　井上製本所

©2019　Kazuyo Mizuno　　　　NDC分類：378
ISBN978-4-7599-2261-5　Printed in Japan
JCOPY《(社)出版者著作権管理機構 委託出版物》
本書の無断複製は，著作権法上での例外を除き禁じられています。複製される場合はそのつど事前に(社)出版者著作権管理機構（電話 03-5244-5088，FAX 03-5244-5089，e-mail:info@jcopy.or.jp）の許諾を得てください。